Persönliches Exemplar

Uwe Voigt
Barschule Rostock

Das große Lehrbuch der Barkunde

Ein praktischer Leitfaden
für Berufsbarkeeper,
Barmeister und Barmanager

Meinen Söhnen Ronny und Kay
sowie in Dankbarkeit meinen Eltern

Wappen der Familie Voigt

Uwe Voigt

Barschule Rostock

Das große Lehrbuch der Barkunde

Ein praktischer Leitfaden
für Berufsbarkeeper,
Barmeister und Barmanager

2., überarbeitete Auflage

MATTHAES VERLAG GMBH

Grußwort

In dieser Neuerscheinung entfaltet der Autor ein Spektrum an fachlichen Kenntnissen, das von den Anfängen der Bar bis zu den täglichen Arbeitsabläufen des professionellen Barkeepers reicht.

Ein interessanter Leitfaden über die Geschichte der Bar. Cocktails, Berufsbild, Maschinen, Geräte, Früchte, Garnituren und vieles mehr werden hervorragend dokumentiert. Für alle, die im Barwesen neu anfangen, ist dieses Nachschlagewerk besonders lehrreich.

Der Autor Uwe Voigt ist Barmeister, Inhaber und Kursleiter der staatlich anerkannten Privatschule in Rostock. Ein exzellenter Kenner der Materie. Nicht nur über klassische Bars berichtet er, sondern auch über Trends hier in Europa oder in den USA; auch Freestyle und Showmixen wurden berücksichtigt. Natürlich gehören Warenkunde, Kalkulation, Bewertungen von Drinks und Fachausdrücke ebenso dazu.

Kurzum – für jeden Barkeeper und Hobbymixer ist dieses neu erschienene Buch sicherlich eine hervorragende Ergänzung an jeder Bar.

Ich selbst begrüße die Veröffentlichung dieses Werks ganz besonders und wünsche allen Bar- und Fachinteressierten viel Spaß beim Lesen und ein erfolgreiches Arbeiten mit diesem Fachbuch.

Bernhard Stöhr

Präsident der Deutschen Barkeeper-Union (DBU)

An einem lauen Sommerabend betritt ein junges Paar in einer Fußgängerzone eine Cocktailbar. Am Counter wird es lächelnd von einem adretten Mitarbeiter begrüßt und nach dem Platzwunsch gefragt. Auf die Frage Raucher oder Nichtraucher antwortet das Paar, es sei nicht generell abgeneigt und vielleicht auch eine Zigarre probieren würde.

Der Barwaiter geleitet die Gäste an einen netten Tisch und entzündet eine Kerze. Wenige Augenblicke später steht ein Krug mit Eiswasser auf dem Tisch, zwei Gläser standen bereits da. Eine junge Frau in zweckmäßig guter Barkleidung kommt jetzt zu ihnen und sagt, sie wäre Pamela und heute Abend für sie zuständig. Das Gästepaar erhält jetzt die Empfehlung für den Drink des Tages und auch einen Küchentipp. Pamela steht dabei nicht, sondern sie hockt gekonnt in einer Stellung, die einen Augenkontakt auf gleicher Ebene erlaubt. Das Paar bestellt, die Barfrau bedankt sich, und nach kurzer Zeit stehen ein Mojito und ein Glas Champagner auf den Cocktailservietten. Jetzt werden noch Nachos serviert, und die Dame bekommt ein Schälchen mit frischen Erdbeeren zum französischen Edelgetränk. Alle weiteren Drinks haben eine super Qualität, auch die Cohiba hat einen perfekten Service.
Als die beiden zahlen möchten, werden sie noch auf einen Espresso eingeladen. Der Mann vom Counter kommt an den Tisch und fragt, ob ein Taxi gewünscht wird. Das Paar will aber noch spazieren gehen und lehnt dankend ab. Beim Verlassen der Bar erhalten beide ein give away, ein Feuerzeug für den Herrn, einen Schlüsselanhänger für die Dame. Natürlich ist auf beidem gut sichtbar die Telefonnummer der Bar zu lesen. Man geht und ist zufrieden, es war ein schöner Abend.

Alles nur ein Traum?

Diese Bar steht in einer Stadt in den Vereinigten Staaten und ist für einen Amerikaner nichts weiter als eine normale Cocktailbar!

Viele ähnliche Erfahrungen habe ich in den letzten Jahren sammeln können, leider überwiegend im Ausland. Vielleicht ist auch dies einer der Gründe für dieses Buch.

Barkeeper – ein Beruf?

Eigentlich darf diese Frage gar nicht stehen, denn er war es schon immer.
Wir Europäer tun uns etwas schwer mit dem Gedanken, sehen wir doch sehr oft fleißige Studenten und sonstige Hilfskräfte oder auch Azubis hinter dem Tresen. Aber die Zeit ist reif für das nicht ganz so neue Berufsbild des Barkeepers. Sehr bald werden auch wieder deutsche Berufsfachschulen in der Gastronomie diese Ausbildung offerieren.

Mit unserem Buch wollen wir Hilfe anbieten, um dieses umfangreiche Wissen zu erwerben. Wenn man die Bar mit der Küche vergleicht, wird man häufig Parallelen finden. Es gibt verschiedene Herstellungsarten und Techniken, man verarbeitet Roh- und Endprodukte zu einem „Gericht", was an der Bar schlechthin als Drink bezeichnet wird. Und dann noch die Vielfalt der Rezepturen mit den unterschiedlichsten Ansichten: Was ist nun wirklich original?

Auch meine lange Erfahrung hinterm Tresen in verschiedenen Städten und Ländern reicht nicht aus, um alles zu erfassen, und schon gar nicht, um mit allen Barkeepern auf einen Punkt zu kommen.

Doch warum schon wieder ein neues Mixbuch? Können wir uns doch derzeit etwa 600 verschiedene in Deutschland kaufen. Obwohl sich etwa alle 2 bis 3 Jahre neue Trends in der Bar einstellen, muss ein sehr umfangreiches Grundwissen erst einmal da sein.

Namhafte Kollegen standen mir in einigen Abschnitten zur Seite und übernahmen dort spezielle Ausführungen. Besonders Kent Steinbach vom American Bar Concept, Düsseldorf, Robin Weiß, der deutsche Präsident der Flair Bartender Association, sowie Oliver Lah und Frank Lupo, bewandert in der Kunst der Barzauberei, haben all ihr Wissen eingearbeitet. Mein Dank gilt ebenfalls den Kollegen der Deutschen Barkeeper-Union und vielen Profi-Bartendern für ihre nützlichen Praxistipps.

Ein gut gemachter Drink ist nicht nur ein bleibendes Erlebnis für den Gast, sondern vor allem harte Arbeit und exzellentes Wissen der Leute, die ihn zubereiten.

Und das sind wir – die Berufsbarkeeper!

Uwe Voigt
Barschule Rostock
American Cocktail College

Inhalt

Calvados Boulard

CAFE

Im Jahr 1862, als man in Europa fast ausschließlich Purgetränke genoss, schrieb Jerry Thomas in New York das erste Mixbuch der Welt mit etwa 600 Rezepturen. Berühmt-berüchtigt war sein „Blue Blazer", eine fast tödliche Mischung aus unverdünntem Whiskey mit ein wenig kochendem Wasser, etwas Zucker und einem Zitronenschnitz. Brennend goss er diese Mischung mit Hilfe von zwei Metallbechern aus der rechten in die linke Hand und zurück. Der Hüne von Goldgräber, der ihn orderte, sank nach dem Genuss zu Boden wie ein Blatt im Herbstwind des Indian Summer. Ohne es zu wissen, wurde damit Jerry Thomas auch der erste Showbarkeeper oder, wie man heute sagt, Flair Bartender.

Seit über 200 Jahren kennt man in den USA den Begriff „Cocktail". Die anfängliche Verwendung des Drinks bei Wetten in Tierkampfarenen, bei regionalen Wahlkämpfen um ein Bürgermeisteramt und nicht zuletzt gegen den „Brummschädel" am Morgen danach änderte sich mit immer besseren Rezepturen.

Der Ursprung der Bars ist ebenso umstritten wie die Geschichten um das Wort Cocktail.
Geht man aber von der geschichtlichen Entwicklung der großen Einwanderungswellen aus, ist nachfolgende Story am wahrscheinlichsten.
Es begann mit den Stores in den Siedlerorten und den Niederlassungen westwärts ziehender Trucks. In diesen teilweise recht simplen „Landverkaufsstellen" konnten alle Waren erworben werden, die man für das tägliche Leben benötigte. All das wurde in einem großen Schrank aufbewahrt. Um diese Sachen zu schützen, besonders gegen Diebstahl und Zerstörung, baute man eine recht grobe Holzbarriere als Verkaufstisch davor.

Der Storekeeper erkannte recht schnell, dass es einen höheren Gewinn brachte, wenn er Alkohol verkaufte. Es ist also nicht verwunderlich, dass aus Stores dann Saloons wurden. Aus der Erfahrung wusste man auch von der Schutzwirkung der großen Holzbarriere, und so nannte man später diesen Treffpunkt einfach Bar. Es waren die ersten drei Buchstaben des Worts Barriere.

Amerikanisches Barambiente in den Gründerjahren der ersten Bars.

Dass hier der gesellschaftliche Mittelpunkt einer Kleinstadt zu finden war, können wir bis in die Gegenwart nachvollziehen. Die Einstellung der Amerikaner zum Alkohol und damit zu gemixten Sachen war in dem riesigen Land jedoch nicht überall gleich.

Bereits vor den großen Einwanderungswellen war besonders in den Neuenglandstaaten der Verkauf von Alkohol an Indianer verboten. Einige Bundesstaaten begrenzten die Zahl der Gasthäuser und Saloons, andere schränkten die so genannte Trinkzeit der Gäste ein – teilweise auf nur 1 Stunde am Tag.
Es kam die Zeit der ersten Prohibition, an der sich nur wenige Bundesstaaten beteiligten. Man gründete Anti-Saloon-Ligas und später sogar die gefürchteten „Pan-Ladies“ (Pfannenfrauen).
Diesen Damen war es gestattet, mit Bratpfannen auf trinkende Gäste (meist Männer!) in den Wirtshäusern einzuschlagen.
Am 16. Januar 1919 wurde dann die Prohibition über alle Staaten der USA verhängt. Sinn dieser Aktion war, den Alkoholmissbrauch auszuschalten, die wirtschaftliche Situation zu verbessern und familiäre Probleme durch zu viel Alkoholgenuss zu vermeiden. Vergleicht man den damaligen Lohn eines normalen Arbeiters mit dem Preis von Spirituosen, kommt man etwa zu folgendem Ergebnis: Der Tageslohn entsprach etwa 8 Flaschen Rum, der zum Teil in Fassstärke abgefüllt, das heißt unverdünnt, verkauft wurde.
Natürlich waren nicht alle Amerikaner mit einer totalen Alkoholsperre einverstanden. Von Chicago aus organisierte die Mafia unter Al Capone ein flächendeckendes Netz von Schmugglern, die anfangs die noch vorhandenen Spirituosen verkauften.
Später dann wurden Moon-shine-clipper eingesetzt, die besonders Rum aus der Karibik einschleusten. Aus Kanada besorgte man Whisky, aus Mexiko Tequila. Es gab aber auch unzählige Schwarzbrennereien in den ländlichen Gebieten.

Der jetzt knappe Alkohol wurde gepanscht, gestreckt und vermixt, und kurioserweise war deshalb die Prohibition die Blütezeit der Cocktails.
Unzählige Kriegsschiffe der US-Navy waren einzig und allein Alkoholjäger und steigerten die Kosten der Überwachung in vielfache Millionenhöhe.

Am 5. Dezember 1933 endete die Prohibition, die der Mafia volle Kassen gebracht hatte und ein Riesendefizit im Staatssäckel.

Die Bars in Europa

Mit Rückkehrern nach Europa begann die Geschichte der Bars zunächst in England. Nach amerikanischem Muster mixte man in Londoner Hotels bereits Mitte des 19. Jahrhunderts die ersten Drinks. Natürlich waren sie den besonderen Gästen der Oberschicht vorbehalten, der normale Gast in den Pubs trank nach wie vor Bier und Whisky im Purausschank.
Auch in Deutschland, Frankreich und Italien konnte man hier und da schon Drinks erhalten.

Der große Boom begann nach dem Ende des Zweiten Weltkriegs in den Casinos der alliierten Armeen, anfangs nur in Westeuropa.
Vor allem den amerikanischen Soldaten fehlten hier auf dem Kontinent ihre gewohnten Drinks. So war es auch nicht verwunderlich, dass viele US-Soldaten als Bartender in Europa blieben. Anfangs nur in Casino- und Hotelbars erhältlich, hielten diese Drinks im Laufe der Zeit auch in der „normalen" Gastronomie Einzug.
Heute können wir uns diesem Trend kaum noch verschließen. Zerlegt man ein Alster-Radler in seine Einzelteile, so haben wir es bereits mit einem Mixgetränk zu tun. In fast allen Gastronomieformen erhält man Gin Tonic oder Campari-Orange.

Unsere Berufung ist es nun, diese Getränke fachlich richtig zuzubereiten und sie dann auch noch niveauvoll zu verkaufen.

Titelbild des 1898 erschienenen illustrierten Katalogs für Barzubehör der Brunswick-Balke-Collender Company.

Legenden um das Wort Cocktail

Es gibt keinen eindeutig belegbaren Beweis, wie der Cocktail zu seinem Namen kam.
Die Wahrheit liegt zwischen Schwank und Anekdote, und sogar total aus der Luft gegriffene Storys behaupten sich hartnäckig.

Hier in Kurzform die interessantesten Varianten:

- Eine Kürzung der Schwanzhaare bei Rennpferden in England, die keiner reinen Zucht entstammen.
- Eine englische Speise, bei der man Hahnenfleisch mit Gewürzen und Bier einlegte. Dieser Aufguss konnte auch getrunken werden.
- Von Apothekern in den Südstaaten erfundene Bittermischungen zum Wohlbefinden.
- Das Zusammenmischen von Flaschen- und Gläserresten für arme Gäste.
- (Lieblingsvariante vieler Barbücher und Barkeeper) Entstammt von eigentlich verbotenen Hahnenkämpfen in den Südstaaten bzw. Mexiko, wo es Sitte war, auf den Siegerhahn zu trinken. Als Trophäe durfte die Schwanzfeder des toten Hahns behalten werden. Der Besitzer spendierte eine Runde scharf gemischten Alkohols mit dem Spruch: Let's have a drink "on the cock´s tail", was hier als Schwanzfeder des Hahns übersetzt werden kann.
- Eine andere Version über die Herkunft des Namens Cocktail ist diese: Betsy Flanagan, eine Soldatenwitwe, unterhielt im Jahre 1776 eine Gaststätte an der Halls Corner in Elmsford in New York, die hauptsächlich von französischen Offizieren besucht wurde. Die Franzosen liebten es, Betsy Flanagan mit einem Engländer zu necken, der in der Nachbarschaft Hühner züchtete. Als Betsy eines Tages von dem Gerede genug hatte, ging sie kurzerhand zur Hühnerfarm des Nachbarn und riss den Hähnen die Schwanzfedern aus. Den französischen Offizieren servierte sie darauf ein Mixgetränk, das sie, um dem Gerede über die angebliche Sympathie zu dem Engländer nun endgültig ein Ende zu bereiten, mit den farbenprächtigen Federn dekorierte. Ein französischer Offizier rief darauf aus: »Vive le coq's tail!«

Der Hahn mit den üppigen Schwanzfedern ziert heute das Vereinssymbol der Deutschen Barkeeper-Union.

Für diese Geschichten gibt es allerdings keine wissenschaftlichen Beweise, es sind eben nur Legenden.

Aber wie so viele Sachen an der Bar, ist eine gut klingende Story für den Gast interessanter als eine nüchterne Aufzählung von Fakten.

Kapitel 02

Der Barkeeper und sein Berufsbild

Der Beruf des Barkeepers liegt zwischen einem Restaurantfachmann und einem Koch. Auch deshalb halte ich beide Berufsgruppen für geeignet, den Kellner mit seinem umfangreichen Wissen über Getränke und Service sowie den Koch mit seinem handwerklichen Geschick und der „trainierten Zunge“. Der Hauptgrund aber, warum ein bestimmter Bartender eingestellt wird, ist dessen Persönlichkeit und die Fähigkeit des Dienens. Was aber bedeutet das letzte Wort?

Dienst kommt von Dienen, so der geistige Vater des weltberühmten Drinks **„Bellini“**, Arrigo Cipriani. Er eröffnete 1931 in Venedig die Harry's Bar.

Dienen

Es gibt die Seele, und es gibt die Dinge,
Stell dir eine Welt vor,
Die nur aus Gegenständen besteht,
Eine Welt unbenutzter Dinge,
Ein Restaurant mit nichts als Tischen und Stühlen,
Ein großes leeres Theater,
Einen verlassenen Platz im Sommer,
Sie alle verlangen nach dem Dienst
des Menschen,
Dem Dienst, der ihnen Leben schenkt,
Wir fordern den Menschen auf,
Seine herrlichen Fähigkeiten zu entfalten,
Und wir beobachten ihn mit ungeteilter
Aufmerksamkeit,
Denn die feinen Unterschiede in der Qualität
seines Dienstes
Bilden den reinen Maßstab für seine Gesinnung,
Sie offenbaren uns, was seine Seele wert ist,
Denn dienen
Bedeutet zuallererst lieben.

Die Barphilosophie von Arrigo Cipriani

Viele erfahrene Barkeeper und Barbesitzer haben eigene Checklisten erstellt. Der Beruf, der übrigens mit in die Kategorie der so genannten Weltberufe fällt, verlangt eine Reihe von Fähigkeiten und Fertigkeiten. Hier die wichtigsten im Überblick:

Der Bartender (Barman/Barmaid) – Anforderungen –

- Persönliche Hygiene und saubere Kleidung (Hände, Fingernägel, Frisur, Körperhygiene, Schuhe, Rasur, Hemd/Bluse, Schürze).
- Korrektes und höfliches Auftreten (Diplomatie, Taktgefühl, Einfühlungsvermögen).
- Beherrschen der englischen Umgangssprache bzw. der fachspezifischen Barsprache und deren Besonderheiten.
- Gute Allgemeinbildung und Ausdrucksweise, möglichst akzentfreie Muttersprache.
- Kenntnisse von Trinkgewohnheiten anderer Länder und deren möglichen Vorschriften zum Alkoholgenuss (Auslandserfahrungen sind vorteilhaft).
- Fachkenntnisse über die Herstellung, Herkunft und Verwendung von Getränken (national und international).
- Gedächtnis für Rezepturen und Fähigkeit zum Entwickeln neuer Drinks (Kreativität).
- Interesse an der Entwicklung und Veränderung des Getränkemarktes sowie Innovationen im Barbereich (Tresen und Equipment).
- Persönliche Weiterbildung in Berufsverbänden oder an Fachschulen.
- Wissen des aktuellen Tagesgeschehens (Politik, Sport usw.).
- Kenntnisse über die Region der Arbeitsstelle (Stadt, Ferienzentrum ...).

Wie wir bereits wissen, liegt der amerikanische Standard momentan noch weit über dem der europäischen Länder.

Den Ablauf des Gästeservice in Kanada und in den USA will ich im Folgenden erklären. Die Fähigkeit, Drinks zu mixen, reicht nicht aus, um ein professioneller Barkeeper zu sein. Da das Bargeschäft mittlerweile ein hart umkämpfter Markt ist, läuft nichts mehr ohne guten Service.

Wie bringe ich den Gast dazu, stets wieder in meine Bar zu kommen?
In den meisten Bars werden heute Drinks zu etwa den gleichen Preisen verkauft. Deshalb ist einer der Hauptgründe, weshalb der Gast wieder kommt, der Barkeeper. Exzellenter Service ist nicht nur das Erkennungsmerkmal, sondern auch die nicht unwesentliche Frage Ihres Trinkgelds. Diese Extras verdienen Sie sich nicht über die Einrichtung des Betriebs, sondern ausschließlich mit perfektem Service und Persönlichkeit.

▶ *Be friendly* – Seien Sie freundlich

Begrüßen Sie den Gast, nehmen Sie ihm die Garderobe ab, und fragen Sie nach seinem Platzwunsch. Geleiten Sie den Gast zum Tisch oder an die Bar, und servieren Sie einen Krug mit Eiswasser.

▶ *Be alert* – Seien Sie aufmerksam

Empfehlen Sie den Drink des Tages, oder versuchen Sie auf Grund Ihrer Erfahrung, Gästewünsche zu erkennen. Achten Sie besonders auf Trendgetränke und Modedrinks.
Ist es ein Stammgast, erinnern Sie sich an seinen Lieblingsdrink und bereiten ihm diesen nach Zustimmung zu.

▶ *Be polite* – Seien Sie höflich

Sprechen Sie unbekannte Gäste mit Herr oder Frau an.
Duzen Sie niemals zuerst, auch nicht bei offensichtlich jüngeren Gästen. Das „Du“ ist Vertrauenssache und entwickelt sich von allein. Bedanken Sie sich nach jeder Bestellung, schauen Sie dabei dem Gast in die Augen.

▶ *Be neat* – Seien Sie sauber

Der Tresen ist das Spiegelbild unserer Arbeit. Schmutzige Stellen werden sofort gesäubert, das Barbrett soll stets trocken sein. Wechseln Sie den Aschenbecher nach der zweiten oder dritten Zigarette aus.
Jeder neue Drink erhält selbstverständlich eine neue Cocktailserviette.
Räumen Sie ein leer getrunkenes Glas erst ab, wenn der neue Drink fertig ist oder der Gast die Bar verlässt.

▶ *Be careful* – Seien Sie sorgfältig

Der zweite Drink muss genauso gut sein wie die Erstbestellung. Achten Sie streng auf gleiche Rezeptur und eine identische Dekoration. Veränderungen führen zu Fragen, zu Misstrauen oder zu Reklamationen.

▶ *Be efficient* – Seien Sie effizient

Beobachten Sie Ihre Gäste indirekt! Ist ein Drink fast ausgetrunken, fragen Sie, ob es das Gleiche noch einmal sein darf, oder empfehlen Sie ein anderes Getränk. Versuchen Sie, bei mehreren Gästen möglichst gleichzeitig eine Neubestellung aufzunehmen.

▶ *Ladies first* – Damen zuerst

Bei Bestellungsannahme und Service werden Damen zuerst bedient. Ordert ein weiblicher Gast Wein oder Champagner, erhält dieser auch den Testschluck.

▶ *Don't drink on the job* – Trinken Sie nicht im Dienst

Eine verbreitete Unsitte ist das Mittrinken von Alkohol auf Einladung. Lehnen Sie das freundlich ab, oder schlagen Sie etwas Alkoholfreies vor. Sie können nicht gleichzeitig arbeiten und trinken! In gut geführten Häusern wird das eine sofortige Entlassung zur Folge haben.

▶ *Say: good bye* – Verabschieden Sie sich

Verlässt der Gast unseren Betrieb, wird er freundlich verabschiedet. Wir schauen ihm dabei in die Augen. Ein netter Hinweis auf Aktionen in den nächsten Tagen kann ihn zum Wiederkommen animieren. Wenn hausüblich, geben Sie ihm ein kleines Geschenk (Feuerzeug, Süßigkeit usw.) mit.

All diese Grundregeln gelten unabhängig von Art und Größe der Bar. Nur der Gast entscheidet über einen zweiten Besuch! Ein positiver Eindruck ist der wichtigste Schlüssel zum Erfolg.

Barmaid einer Trend- und Szenebar (Cocktailbar Farellis, Rostock)

Klassischer Hotelbarkeeper (Hotel Neptun, Warnemünde)

Kapitel 03

Der Dienst an der Bar

Unsere Hauptaufgabe ist die Herstellung und der Service von Getränken, im Besonderen aber auch der Gästeservice. Neben den bereits genannten Grundregeln gibt es aber auch spezielle Verhaltensformen während des Dienstes. Im Mutterland der Drinks sprechen wir dabei von den „do's" und den „dont's". Schauen wir uns im Folgenden einmal die Unterschiede an.

Do's

- Arbeite sauber und routiniert bei der Herstellung von Getränken.
- Blicke dem Gast in die Augen bei Bestellungsannahme, Service, Inkasso und beim Verabschieden.
- Lächle bei Augenkontakt zurück. (Japanisches Sprichwort: „Wer nicht lächeln kann, kann auch nicht verkaufen!")
- Vermeide ein Dauergrinsen, denn das wirkt künstlich und unnatürlich.
- Bedanke dich nach jeder Bestellung, besonders aber beim Entgegennehmen von Geld.
- Versuche Stammgäste zu erkennen und zu werben. (Mache den Gast zum Freund und nicht den Freund zum Gast!)
- Frage nach der Zufriedenheit des Gastes beim Abräumen von Gläsern oder Tellern. (Keine Phrasen oder Standardsätze!)
- Arbeite mit hochwertigen Produkten bei der Zubereitung von Getränken.

  Merke:
  Jeder Drink ist nur so gut wie sein schlechtester Bestandteil!
- Stehe möglichst gerade hinter der Bar, lehne dich nicht an oder stütze dich irgendwo auf.
- Verlasse nicht deinen Arbeitsplatz ohne Ablösung, wenn Gäste am Tresen sitzen.
- Betreue deine Gäste durch Smalltalk, wenn es die Zeit erlaubt.
- Biete Feuer an für Raucher, auch bei Männern gilt dieser Service. Lehnt der Gast ab, so lege ein Päckchen Streichhölzer zu den Zigaretten.
- Unterbrich sofort das Gespräch mit einem Gast, wenn eine neue Order kommt. Jeder Gast wird verstehen, dass wir zuerst Drinks bereiten müssen, bevor wir einen Smalltalk weiterführen.

Dont´s

- Sprich nie über die so genannten „no-nos“ (Politik, Religion, soziale Belange, betriebsinterne Sachen, Arbeitskollegen, Gäste, wenn sie nicht anwesend sind).
  Die besten Barkeeper schweigen zu diesen Themen oder bringen geschickt andere Sachen zur Sprache!

- Streite niemals, auch wenn der Gast Unrecht zu haben scheint. Wir würden ein Gespräch vielleicht gewinnen, aber einen Gast verlieren.

- Tratsche nicht. Informationen von und über andere werden oft fälschlich weitergegeben.

- Bevorzuge niemanden, auch keine Stammgäste. Es liegt völlig in unserem Geschick, für einige etwas mehr Aufmerksamkeit zu haben. Ein Stammgast in spe muss sich seinen Platz nicht erkaufen!

- Spendiere keine Drinks und nimm auch keine an. Ist ein give away Firmenphilosophie, so halte dich daran. In guten Bars werden Eiswasser und Kaffee gratis gereicht.

- Lehne jeglichen Alkohol ab, auch von Freunden. Der „gute Gast“ schätzt die Ehrlichkeit und erhöht vielleicht auch das Trinkgeld.

- Buhle nicht um Gäste. Trifftst du in deiner Freizeit einen deiner Stammgäste in einer anderen Bar, ist dem das meist peinlich. Vergraulte Gäste kommen sowieso nicht wieder.

- Bediene keine Betrunkenen. Neben dem gesetzlichen Verbot hinterlässt das bei anderen Gästen stets einen schlechten Eindruck.

- Erlaube nicht, dass Gäste die Atmosphäre stören. Laut grölende, singende Barbesucher oder Personen, die Gäste anderweitig belästigen, werden auf ihr Fehlverhalten angesprochen und, wenn nötig, aus der Bar gewiesen.

- Beteilige dich nicht an Spielen oder Wetten. Solche Sachen erfordern viel Aufmerksamkeit, die wir während unseres Dienstes anderen Dingen widmen müssen.

- Esse, trinke oder rauche nicht hinter der Bar. Dafür stehen andere Räume zur Verfügung. Auch das Kaugummikauen und das Tragen von Sonnenbrillen fällt unter dieses Tabu (Ausnahme: Strandbars).

- Berühre während der Arbeit nicht den eigenen Kopf oder Körper. Das Kratzen am Rücken, das Durchstreifen der Haare oder des Bartes und ähnliche Dinge gelten als unhygienisch.

- Verleihe kein Geld, lasse keine „Schuldzettel“ zu. In den meisten Fällen kann dieses Geld gleich ausgebucht werden. Späteres Diskutieren über offene Beträge ist nicht nur peinlich, sondern hat auch nur selten Erfolgsaussichten.

- Sei nicht neugierig. Was Stammgäste dir erzählen wollen, tun sie meist allein. Vorsicht mit so genannten nachhakenden Fragen.

- Versuche nie, Gästeprobleme zu lösen. Was wir auch immer dabei tun würden, es ist nicht unser Job, und wir haben dafür keine Ausbildung. Vielen Gästen reicht schon ein aufmerksames Zuhören.

- Weise keine erfüllbaren Wünsche zurück. Möchte der Gast ein Taxi, Zigaretten oder einen anderen Tisch, so wird dieser Wunsch möglichst rasch erfüllt. Auch bei Sachen, die keinen Umsatz bringen und nur als Dienstleistung gelten.

- Streite nie bei einer Reklamation über ein Getränk. Geschmack ist sehr individuell, vielleicht kennt der Gast dieses Getränk anders. Wir wechseln das Getränk sofort kostenfrei aus und empfehlen einen anderen Drink. Ist dafür keine Zeit mehr, erhält der Gast einen Gutschein für seinen nächsten Barbesuch.

Obwohl dies alles sehr theoretisch klingen mag, ist es doch umsetzbar. Einige Sachen verstehen sich von selbst, andere bedürfen etwas Übung. Da wir unseren Beruf als Frontjob verstehen, präsentieren wir teilweise unbewusst die Leistungsfähigkeit der Bar. Ein guter Chef stellt nur Leute ein, die diese Philosophie umsetzen können.

Woran erkennt man nun den Profi?

Automatisch schaut man Kollegen bei der Arbeit zu, und nicht alles würde man ebenso tun. Arbeiten Sie beständig an Ihren Fertigkeiten, und vergleichen Sie gelegentlich Ihren Stand mit diesen Eckpunkten.

- Wir arbeiten mit Boston Shakern.
- Wir berühren Garnituren im Beisein der Gäste nicht mehr mit den Händen.
- Wir arbeiten „on top", das heißt, der Gast kann die Zubereitung seines Drinks verfolgen.
- Wir berühren Gläser nicht am „Trinkrand" (etwa 1 bis 2 cm von der Oberkante abwärts).
- Wir verwenden kaum Messbecher (Ausnahme: teure Edelspirituosen), wenn wir die Zähltechniken beherrschen.
- Wir stellen alles an den vorgesehenen Platz zurück.
- Wir haben stets etwas zu tun, ohne Hektik aufkommen zu lassen.
- Wir versuchen ruhig zu bleiben, auch wenn die Bar sehr voll ist.
- Wir führen keine Privatgespräche mit unseren Kollegen und Mitarbeitern während des Dienstes.
- Wir verwenden nur hochwertige Basisprodukte in allen Bereichen.
- Wir haben ein Gedächtnis für Stammgäste und deren Getränke.
- Wir können rasch Sonderwünsche bei Gästerezepturen oder Unentschlossenheit umsetzen. (Gast: „Machen Sie mir etwas Schönes!")
- Wir haben stets den momentanen Überblick und beherrschen unvorhersehbare Situationen.
- Wir tun nichts, was wir nicht vollkommen können (versuchte Show- oder Effektelemente).
- Wir lassen das Geld des Gastes so lange auf dem Zahlteller liegen, bis das Wechselgeld daneben liegt und der Gast bestätigt hat. (Achtung: Geldschein(e) jetzt nicht vergessen!)
- Wir danken dem Gast, auch wenn keine Tips (Trinkgelder) gegeben wurden oder der Betrag recht klein erscheint.

Souveränität darf niemals arrogant wirken! Wie auch immer späterer Erfolg aussieht, er ist das Ergebnis dieser grundlegenden Regeln.
Vergessen wir nie, für wen wir das alles tun – für unsere Gäste!

Um einen reibungslos funktionierenden Arbeitsablauf zu garantieren, ist ein optimaler Bararbeitsplatz eine der Grundvoraussetzungen. Verschiedene Gastronomien verlangen auch verschiedene Arbeitsplätze. Je nach Charakter und Aufgabe unterteilt man in nachfolgende Bartypen.

AMERICAN BAR

Die klassische Cocktailbar mit Schwerpunkt Mixgetränken, der Speisenanteil ist untergeordnet. Meist stilvoll und aufwendig in schwerem Holz gestaltet, dezente Musik unterstreicht das Ambiente. Der Gast sitzt meistens an einem großen Tresen und bewundert die Vielzahl der aufgestellten Spirituosen. Oft ist die Rückbar verspiegelt, die Flaschen sind treppenförmig aufgereiht, und indirektes Licht gibt den Eindruck einer gewaltigen Fülle wieder. Der Einsatz von professionellen Barkeepern ist hier ein Muss.

SPORTS BAR

Eine in den Staaten beliebte Untergruppe der American Bar. Die Atmosphäre ist lockerer und ungezwungener. Im Sortiment stehen zusätzlich viele Kaffeegetränke, auch der Speisenanteil ist höher (meist Fastfood). Über der Rückbar (Büfett) befinden sich mehrere TV-Geräte, die ununterbrochen Sportveranstaltungen übertragen, wobei meist jedes Fernsehgerät eine andere Sportart zeigt. Um Belästigungen anderer Gäste zu vermeiden, sind die Fernseher ohne Ton. Beliebt ist bei Gästen, dabei zu wetten. Den Bartendern ist jedoch eine Wettbeteiligung sowie die Übernahme der „Bank" verboten.

COFFEE BAR

Dem Zeitgeist entsprechend und nur in der Mainstream-Gastronomie eingesetzte Coffeeshops. Verkauft werden vor allem heiße und kalte Kaffeespezialitäten, ein Standardprogramm an Cocktails und Mixgetränken sowie Fertigspeisen. Kuchen und Desserts gehören ebenso zum Programm wie Baguettes, Bagels und kleine heiße Gerichte (Fingerfood).

ESPRESSO BAR

In südeuropäischen Ländern (vor allem in Italien) eine häufig anzutreffende Barform.
Alle Arten von Espressos, Latte Macchiatos und beste Cappuccinos sind hier anzutreffen. Ein großes Sortiment an Einzelspirituosen (Grappa und Weindestillate) sowie einfache Mixgetränke sind ebenfalls zu finden. Da diese Bars sehr zeitig öffnen, sind sie nur auf kurze Verweildauer des Gastes ausgerichtet.

APERITIF BAR

Wir finden diese überwiegend in Frankreich oder in großen Städten Südeuropas. Der Gast geht vor dem Abendessen noch auf einen Ricard mit Wasser dorthin, er erwartet Freunde oder Gäste, um später ein Restaurant aufzusuchen. Eine Spezialform davon sind die direkten Restaurantbars, die sich eigentlich nur große und teure Häuser leisten. Der eintreffende Gast wird dort mit Sherry oder Champagner begrüßt. Bei vollem Betrieb dient diese Bar auch als „Auffang", bis der nächste Tisch frei ist. Nach dem Menü geht man eventuell noch auf einen After-Dinner-Drink oder Digestif an den Tresen.

HOTELBAR

Der klassische Treffpunkt in jedem Hotel, sehr oft im Stil einer American Bar. Auch Gäste, die nicht im Hause wohnen, finden sich gern dort ein. Größere Betriebe leisten sich zum Teil einen Klavierspieler. In manchen Häusern ist die Hotelbar mit der Rezeption gekoppelt, was sehr unvorteilhaft sein kann. Gäste müssen eventuell warten (an der Bar oder Rezeption), und die Kollegen müssen laufend ihren Aufgabenbereich wechseln. Für den Hotelchef ist die Hotelbar die beste Informationsquelle.

DISKOTHEK

Im weitesten Sinne sehr oft keine richtige Bar. Da das Personal selten richtig ausgebildet ist, werden nur einfache Mixdrinks, Szenegetränke und Bier angeboten. Allerdings setzt sich in letzter Zeit auch der Gästewunsch nach mehr Qualität durch, und gute Diskos haben zumindestens eine Cocktailbar, an der ein Profi steht. Auch die Effizienz von alkoholfreien Mixgetränken wird zunehmend erkannt, und der positive Trend in Richtung Bar setzt sich langsam durch. Eine Diskothek ohne Cocktailbar ist etwa wie ein Raum tanzender Leute ohne Musik

DANCING BAR

Fast die teuerste Form und nur noch wenig anzutreffen. Die Preise für Livekapellen und Showeinlagen sind stark gestiegen, Verkaufserfolge sind überwiegend nur am Wochenende zu erzielen. Dieses Konzept wird auch bei der „Mischbar" mit Mehrfachnutzung (Büfett und Bar gleichzeitig) praktiziert.

BUSINESS BAR

In den großen kanadischen und amerikanischen Metropolen zu finden. Das Programm entspricht etwa dem der American Bar, allerdings wird selten Musik gespielt. Geschäftsleute treffen sich vor oder nach dem Essen, um Gespräche zu führen oder wichtige Geschäfte abzuschließen.

PUB

In Irland und England und heute schon fast in jeder europäischen Stadt anzutreffen, erfreut sich der Pub bei jungem Publikum zunehmender Beliebtheit. Im Verkauf stehen besonders die „Inselbiere" vom Fass ganz oben, gefolgt von einer Fülle an verschiedenen Whiskys. Teilweise spartanisch bis ländlich eingerichtet, vermittelt der Pub eine ungezwungene Atmosphäre, die oft von landestypischer Musik begleitet wird.

MILCHBAR

Lange Zeit war sie ein Stiefkind und nur noch vereinzelt anzutreffen. Ein breites Programm von Eisvariationen und Mixgetränken erwartet uns hier. Teilweise werden neben Süßspeisen und Kuchen auch kleine Imbissvarianten angeboten. Die Vielfalt der heutigen Eisarten erlaubt auch ein gutes Cocktailangebot, besonders im alkoholfreien Bereich. Diese Bar ist derzeit wieder voll im Trend.

SNACK BAR

Angelehnt an den „American Diner" hat dieser Bartyp sehr gute Zukunftschancen. Ob als „Drive-in" an Autobahnen und Interstates oder als normale „Stadtvariante" liegt sie im Zeitgeist. Das Programm enthält Fingerfood oder Fastfood (auch am Tresen!) und alle möglichen Getränkevarianten bis hin zum Cocktail. In den USA sehr oft in Verbindung mit einer Tankstelle zu finden.

CATERINGBAR

Diese so genannte Mobilbar wird je nach Bedarf an verschiedenen Orten eingesetzt. Vom Aufbau her handelt es sich um eine American Bar in einfacher Form. Mit meistens nur 2 bis 3 Arbeitsplätzen ausgestattet, dient sie der Versorgung bei Events und Veranstaltungen mit oft mehr als 1000 Gästen. Das Sortiment ist eingeschränkt und wird von „Runnern" (beliebte Drinks) angeführt. Cateringbars müssen robust, transportabel und leicht aufbaubar sein. Auf große Optik und edle Materialien wird meist verzichtet. Absolute Profibar!

POOL- UND BEACHBAR

Der kleine Bruder der Cateringbar, teils mobil, aber auch stationär. In großen Feriendörfern, Hotelketten und auf Cruiselinern ein gern besuchter Punkt in sehr lockerer Atmosphäre. Die Drinks werden in ausgehöhlten Früchten (Ananas, Melone) kredenzt, da Glasware aus Sicherheitsgründen verboten ist.

ETHNISCHE BAR

Die Vielzahl von ausländischen Gastronomiebetrieben gibt auch Gelegenheit, Getränkegruppen aus der ganzen Welt kennen zu lernen. Genannt seien hier z. B. Kuba, Mexiko, Karibik, Brasilien, Australien und Afrika. Mixgetränke aus den Heimatspirituosen stehen hoch in der Gunst der Gäste. Selbstverständlich werden auch klassische Barsortimente geführt, und so kann man auch in „Südafrika" einen Manhattan ordern. Problematischer ist es schon mit dem Organisieren bestimmter Basisspirituosen dieser Regionen. Um an einen originalen Arrak aus Asien heranzukommen, bedarf es einiger Anstrengungen, da die großen Vertriebsgesellschaften sich mit derartigen Randgruppen weniger beschäftigen. Die Vielfalt der Getränke in diesen Trendbars ist fast so umfangreich wie das Speisenangebot.

MINI- ODER MAXIBAR

Erstere ist sehr umstritten und gehört in die Gruppe der „stummen Verkäufer", also keine Bar in herkömmlichem Sinn. Dem hohen Schwund an nicht angegebenem Verzehr versucht man heute mit Elektronik zu begegnen. Sensoren unter den Flaschen erfassen nach kurzer Zeit die Entnahme automatisch und buchen sie auf die Zimmer. Einige Hotelketten bewerten sie als Service, da sich die Gewinne in Grenzen halten. Die effektivere Maxibar steht auf den Fluren der Hotelzimmer. Eine Entnahme ist meist per Key-card oder durch Münzen möglich. In Nordamerika befindet sich ein Eisautomat direkt daneben, die Eisboxen und das notwendige Equipment in den Gästezimmern. Eine 100-prozentige Abrechnung ist gewährleistet.

ALL IN ONE BAR

Der Name verrät schon, dass hier eine größere Anzahl von Teilgastronomie vereint wird. Tests haben bewiesen, dass solche Konzepte recht zukunftsträchtig sind. Meist größere Betriebe, die alle Verkaufszeiten erfassen (breakfast to breakfast) und nur kurz oder gar nicht schließen. Staffelungen sind nach Wochentagen und Events möglich. Fazit: Essen und Trinken satt, stets und ständig und für Mainstream- oder Fokusgastronomie gedacht.

▶ SONDERFORMEN VON BARS

Eine interessante Art ist seit geraumer Zeit in London zu beobachten, man nennt sie Grassbar. Nicht zu vergleichen mit einschlägigen Betrieben in den Niederlanden, in denen mit dort legalen Drogen gehandelt wird. Die englischen Betriebe sehen eher aus wie Gärtnereien, und man sieht nur eine Vielzahl von Kräutertöpfen im Verkaufsraum. Der gestresste Manager holt sich hier seinen „Vitaminschock", indem er den Saft der frisch zerkleinerten Pflanzen als kleinen Schluck zu sich nimmt.

Clubbars sind „for members only", und der normale Gast hat keinen Zutritt. Golfplätze leisten sich manchmal rollende Bar Caddys, welche den Spielern hinterherfahren, um eventuell am 4. Abschlag einen Gin Tonic zu reichen. Nicht zu vergessen und mit steigender Beliebtheit sind Cigar-Bars, denen die elegante Kombination zwischen einer Cohiba und einem Mojito gelingt.

▶ BARKETTEN

International schon länger tätig, finden wir diese Barform zunehmend auch in Europa und damit auch in Deutschland. Ursprünglich aus Kanada und den Vereinigten Staaten stammend, hatten sie das Ziel, dem Gast mit dem Namen der Kette eine gewohnt gleich bleibende Bargastronomie zu garantieren. Ähnlich wie bekannte Burgerhersteller erlangten diese Firmen einen internationalen Ruf.

Erwähnt seien hier

- TGI-Friday (Thanks God it's Friday)
- Hooters
- Louisiana
- Chillie's
- Appleby's
- Planet Hollywood

Bartender in diesen Gruppen arbeiten bei Mixgetränken zum Teil mit Hausrezepturen, die weltweit gleich sind. Sehr oft weichen diese sogar von den bekannten Originalen ab.

Der Einsatz von Premixern (siehe Abschnitt Premixer) wird fast ausnahmslos angeordnet. In einigen Betrieben werden diese vorgefertigten Halbprodukte von den Barmanagern selbst zusammengestellt, und der Barkeeper weiß die genaue Zusammensetzung nicht. Man verhindert damit, dass die umsatzträchtigsten Drinks von anderen Bars in der Stadt kopiert werden.

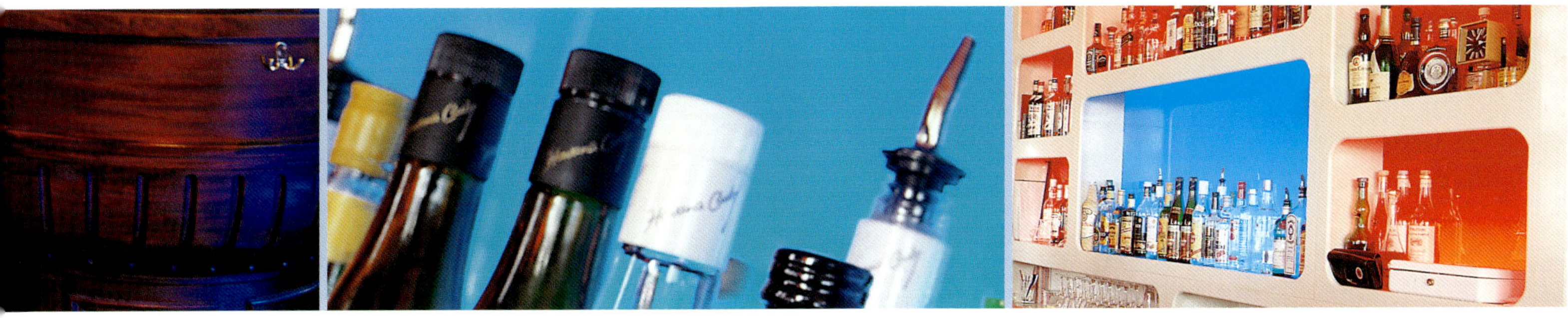

Wo gibt es Jobs?

Nach erfolgreicher Ausbildung zum Bartender stehen viele Möglichkeiten für Arbeitsplätze offen. Da wir es bei unserem Beruf mit einem Weltberuf zu tun haben, ist das Land, die Jahreszeit und sogar die Wirtschaftslage fast unwichtig. Es wird immer Gäste geben, die feiern wollen, in fremde Länder reisen oder einfach nur einen Drink schlürfen wollen.

Im Folgenden interessante Stellen für Bartender:

- Hotels
- Tanzlokale
- Diskotheken
- Kreuzfahrtschiffe
- Flugzeuge
- Reisezüge (Flächenländer: Südafrika, USA, Kanada)
- Bowling Center
- Airports (Take off Bar)
- Restaurants
- Sportzentren/Sports Bars
- Cocktailcaterer (Eventgastronomie)
- Feriendörfer
- Clubs und Clubanlagen
- Konzertsäle, Musicalveranstalter
- Szenegastronomie, Ethnische Gastronomie
- Kur- und Erholungsheime
- Kasinos und Clubs des Militärs

Hotel Intercontinental, Berlin
Marlene Bar

Hotel Neptun, Warnemünde
Lobbybar

Hotel Esplanade, Berlin
Harry's New York Bar

Billy Wilder's, Berlin
All in One Bar

Label 205, Berlin
Coffee Bar

Newton Bar, Berlin
Business Bar

Tucher, Berlin
Restaurant Bar

Marc Aurel, Berlin
Club Bar

Farelli's Bar, Rostock
Szene Bar

Universum, Berlin
Lounge Bar

Strecker's, Berlin
American Bar

Aida,
das Clubschiff

Der Arbeitsplatz Bar

Die amerikanische Bar

Im Leben eines Bartenders, eines Bartenders, der sich seinem Beruf mit Leib und Seele verschrieben hat, dreht sich oft, manche meinen viel zu oft, alles um das Thema Bar, und zwar sowohl bei der Arbeit als auch im Privatleben.
Haben nicht bei jedem von uns Freunde schon einmal die Augen verdreht, wenn ein Barbesuch wieder zur Fachkritikveranstaltung wurde? Wahrscheinlich mehr als einmal! Wir Bartender sind nun mal eine eigene Spezies, und wir werden es bleiben.
Weil das so ist, gehen wir mit offenen Augen durch die Bars dieser Welt. Wir lassen uns begeistern von der Atmosphäre dieser Bars, die geprägt ist von unseren Kollegen und ihrer Arbeit, aber auch von der Präsentation der Produkte und dem Ambiente.

Besonders in angelsächsischen Ländern fasziniert uns die unnachahmliche Lässigkeit der Bartender, die animierende Produktpräsentation und ganz besonders die Schnelligkeit, diese wahnsinnige Schnelligkeit, mit der die Drinks produziert werden. Selbst im größten Stress wartet man niemals länger als 5 Minuten auf seinen Drink, serviert mit einem netten Spruch, ganz so, als hätte der Bartender eigentlich gar nichts zu tun. Haben Sie sich schon mal gefragt, warum das so ist, warum die Bartender selbst im nervenaufreibenden Happy-Hour-Geschäft noch gut gelaunt und lässig, fast stressfrei ihre Arbeit tun, ab und zu sogar noch Zeit für einen Smalltalk mit ihren Gästen finden? Oder warum man sich sofort vom Bartender eingebunden fühlt, ohne die uns übliche Distanz mittendrin im Geschehen?
Es ist der perfekte Arbeitsplatz, die optimal gestaltete Bar.

Nun stellt sich natürlich die Frage: Was kennzeichnet eine optimale Bar?

Man kann es auf folgende 5 Merkmale konzentrieren:

1. Durch ihre Gestaltung ermöglicht sie den Bartendern, sich extrem effizient zu organisieren, für schnelles, lässiges Arbeiten und die gewisse Zeit für Verkauf und Smalltalk.

2. Ist für kurze Wege ausgelegt und erlaubt den Bartendern, ständig in ihrer Station zu bleiben, um auch während des Mixens engen Kontakt mit den Gästen zu halten.

3. Ist besonders verkaufsfördernd designt, zeigt, was der Gast sehen, und versteckt, was er nicht sehen soll, um ihn zu mehr Verzehr zu animieren, so dass die Bartender entlastet werden und sich auf Umsatzsteigerung konzentrieren können.

4. Durch ihren optimal gestalteten Barcounter schafft sie eine kommunikative Atmosphäre zwischen Gast und Bartender sowie zwischen den Gästen selbst.

5. Sie ist so gebaut, dass die Gäste möglichst bequem daran stehen oder sitzen können, um die Verweildauer zu steigern.

Nur eine Bar, die alle 5 Merkmale erfüllt, ist eine optimal gestaltete Bar!

Aber wie kommt man zu einer solchen Bar?
Man kann natürlich, wie in Deutschland üblich, mit seinem Architekten eine Bar speziell für seine Anforderungen entwickeln.

Dadurch entstehen jedoch folgende Probleme:

- Sind für Architekten in Deutschland Funktionen und Ablauf einer Bar meist sekundär und müssen sich der Architektur unterordnen, wie dies in vielen phantastisch gestalteten, aber nicht funktionierenden Bars hierzulande zu bewundern ist.

- Das dafür erforderliche Know-how ist auf Grund der fehlenden Barkultur und Tradition schlicht nicht vorhanden, denn die typisch deutsche Trinkgaststätte ist die Kneipe bzw. Schankwirtschaft, so wie in England der Pub oder in den USA die Bar. In diesen traditionellen Kneipen wird hauptsächlich Bier vom Fass getrunken, nebenbei vielleicht noch einfache Spirituosen, alkoholfreie Getränke und offener Wein. Nichts also, was man aufwendig herstellen oder irgendwie präsentieren müsste. Dementsprechend sind die deutschen Tresen für diese Aufgaben optimal gestaltet. Sie bestehen aus einem großen Edelstahl-, Kupfer- oder Messingschanktisch mit Spüle und Zapfanlage als „Schmuckstück", darunter Kühlschränke und die Gläser im Rückbüfett. Diese Anordnung entspricht aber nicht den Anforderungen, die man an eine moderne Bar stellt!

Es bleibt also nur die Möglichkeit eines kompletten, auf den eigenen Erfahrungswerten und denen des Architekten beruhenden Neuentwurfs mit aufwendigen und teuren handgearbeiteten Extras und Einbauten.

So wie sich auch die Begründer der deutschen Barkultur in Ermangelung des entsprechenden Know-hows der Barbauer mit dem behalfen, was sie bekommen konnten. Sie mischten den sichtbaren Stil der amerikanischen Bars (Rückbar, Barverkleidung und Bartop) mit modifizierter deutscher Thekentechnik (Schanktisch, Kühlschränke usw.) und gaben ihren Bars damit aus Sicht des Gastes das Ambiente einer American Bar, ohne eine wirklich optimale Bar gestaltet zu haben.

Dies führte zum Beispiel zum Anachronismus des in der Barszene weit verbreiteten „Shakers" (statt Bartenders), der an einer einzigen Station alle Cocktails für die Bar produziert, die dann von Verkäufern(innen) verkauft werden, so dass er keinen direkten Gastkontakt hat.

Warum also das Rad neu erfinden? Meistens funktioniert es sowieso nicht, denn jede dieser neu entwickelten Bars ist ein zwangsläufig mit Fehlern behafteter Prototyp. Leider merkt man das erst im laufenden Geschäft, und dann ist es für Änderungen zu spät.

Profitieren Sie besser vom Know-how der Amerikaner mit ihrer über 150-jährigen Bartradition.
Die amerikanischen Barbauer und Architekten haben aus ihren Erfahrungen eine alle Bereiche der Bar umfassende Norm entwickelt. Das Ergebnis ist eine immer optimal gestaltete Bar, und zwar unabhängig vom Design, ob klassisch mit viel Holz oder hypermodern mit Licht und High-Tech-Materialien.

Die Geschichte der amerikanischen Bar und damit der Bar an sich beginnt mit den Saloons im neu besiedelten „Westen" Amerikas. Zuallererst waren die Saloons Meetingpoints, wo man sich mit anderen traf, kommunizierte und sich amüsierte – kurz der pulsierende Mittelpunkt der Stadt. Um die Saloons zu finanzieren, verkauften die Wirte Speisen und Getränke. Insoweit unterschieden sich die Saloons kaum von den Kneipen in Deutschland oder den Pubs in England. Außer dass die vielleicht etwas größer waren und es zuweilen ein wenig lebhafter zuging. Die großen Unterschiede waren aber schon damals die Struktur des Publikums und das Warensortiment, das der Betreiber seinen Gästen anbot. Im Gegensatz zu Europa, wo sich feste Strukturen etabliert hatten und man in die Kneipe ging, um sich immer mit den gleichen Leuten aus der Nachbarschaft zu treffen, herrschte in den amerikanischen Saloons ein ständiges Kommen und Gehen. Durchreisende auf dem Weg in den Westen trafen sich mit Ortsansässigen und neu angekommenen Siedlern. Um diese Fremden zusammenzuführen, bedurfte es einer möglichst kommunikativen Atmosphäre. Diese wurde geschaffen durch die Aufstellung langer hoher Stehtische inmitten des Raums, an denen die Gäste stehend ihre Drinks nahmen und sich viel schneller näher kamen als an den kleinen Tischen. Gleichzeitig dienten sie als Counter, über den Getränke verkauft wurden, und als Schutz für den Verkäufer bei Raufereien und Schießereien. Um diesen Schutz zu verbessern und mehr Waren unter dem Counter verstauen zu können, wurde dieser unter der Tischplatte geschlossen. Es entstand die Barriere, abgekürzt Barre, die der Bar ihren Namen gab. Damit hatte der amerikanische Barkorpus seine heute noch gebräuchliche Form erhalten.
„Mann" trank damals hauptsächlich Whiskey, amerikanischen Whiskey. Frisches Bier war für die Verhältnisse zu kompliziert und zu aufwendig, Wein oder gar Champagner waren absolute Luxusgetränke. Whiskey war also der Hauptumsatzträger, und der musste so gut wie möglich verkauft werden. Da die Amerikaner hervorragende Geschäftsleute sind, brachten sie zu dieser Zeit eine Unmenge von verschiedenen Whiskeysorten auf den Markt, und durch die vielen Reisenden im Lande wurden diese auch verbreitet. Jeder hatte seinen eigenen Lieblingswhiskey und wollte diesen auch in seinem Saloon trinken. Die Saloonbesitzer waren also gezwungen, sich ein großes Sortiment anzuschaffen, das dann natürlich auch verkauft werden musste. Also wurden große Rückbars mit Spiegeln und Beleuchtung hinter die Barcounter gebaut, in denen das immer größer werdende Warensortiment optimal präsentiert werden konnte. Somit war die amerikanische Bar in ihrer heutigen Form – mit dem Prinzip oberhalb des Bartops präsentieren und unterhalb lagern – geboren.

Im Laufe der Zeit erhielt die Bar natürlich viele nützliche Erweiterungen wie Eiswannen, Waschbecken, Speedrails, Kühlschränke usw.; aber das Grundprinzip blieb bis in die heutige Zeit erhalten.

Der Arbeitsplatz Bar

Charakter/Merkmale der amerikanischen Bar

BARCOUNTER

Er dient als eine Art langer Stehtisch und Counter – er ist 107 bis 110 cm hoch und hat ein tiefes (55 bis 65 cm) Bartop mit Armlauf und einen ausreichenden Überstand (zirka 25 cm), um die Beine darunter bewegen oder daran sitzen zu können, ohne gegen die Verkleidung zu stoßen. Im unteren Bereich der Frontverkleidung ist eine Fußleiste angebracht, an der sich stehende Gäste abstützen können.

Auf der Bartenderseite hat das Bartop ebenfalls einen Überstand von etwa 25 cm inklusive einer 10 cm tiefen, leicht abgesenkten Arbeitsleiste, die dem Bartender als Arbeitsfläche dient. Hier produziert er alle Getränke direkt vor den Augen der Gäste.
Darunter befinden sich – für den Gast nicht einsehbar – die Unterbarsysteme. Jeder Bartender hat seinen eigenen Arbeitsplatz, von dem aus er alle Drinks selbst herstellen kann. Eine Bar verfügt immer über ebenso viele Arbeitsplätze wie Bartender, die bei Hochbetrieb arbeiten. Jeder Arbeitsplatz besteht als zentrale Einheit aus einer großen, gut isolierten, aber nicht gekühlten Eiswanne (Kapazität mindestens 30 kg) mit Schmelzwasserablauf und Eistrennung (Crushed-/Würfeleis) inklusive Saftflascheneinsätzen (durch Eis gekühlt), Single- oder Doppelspeedrail für die wichtigsten Flaschen davor, Garniturbehälter für vorgeschnittene Früchte und mit einer Softdrinkpistole mit flexiblem Schlauch. Neben dieser zentralen Einheit sind ein Müllmodul und die Mixerspüle mit tief gesetztem Stellplatz für die Mixer angeordnet. Darüber hinaus können die Arbeitsplätze durch zusätzliche Module, wie Flaschentreppen für eine größere Flaschenkapazität, Arbeits- und Ablageflächen, Spülmaschine, Glaslagerregale oder Glasfroster und Flaschenkühlschränke mit Eingriff von oben, ergänzt werden.

Bierzapfanlagen werden meist auf dem Bartop, manchmal auch hängend unter dem Bartop montiert. Alle Module sind kompakt gestaltet und innerhalb von etwa 2 m angeordnet und damit vom Bartender aus dem Stand zu erreichen. Eismaschinen werden grundsätzlich nicht in der Bar, sondern in einem rückwärtigen Raum untergebracht.

Profil der amerikanischen Bar (hier als Rahmensystem, ohne Füße)

Schritt 1: Amerikanische Bar. Bartender holt Gläser/Ware von Rückbar.

Schritt 2: Bartender arbeitet beidhändig. Glas/Mixbehälter steht auf Arbeitsplatte.

Der Arbeitsplatz Bar

Professioneller Bartender-Arbeitsplatz

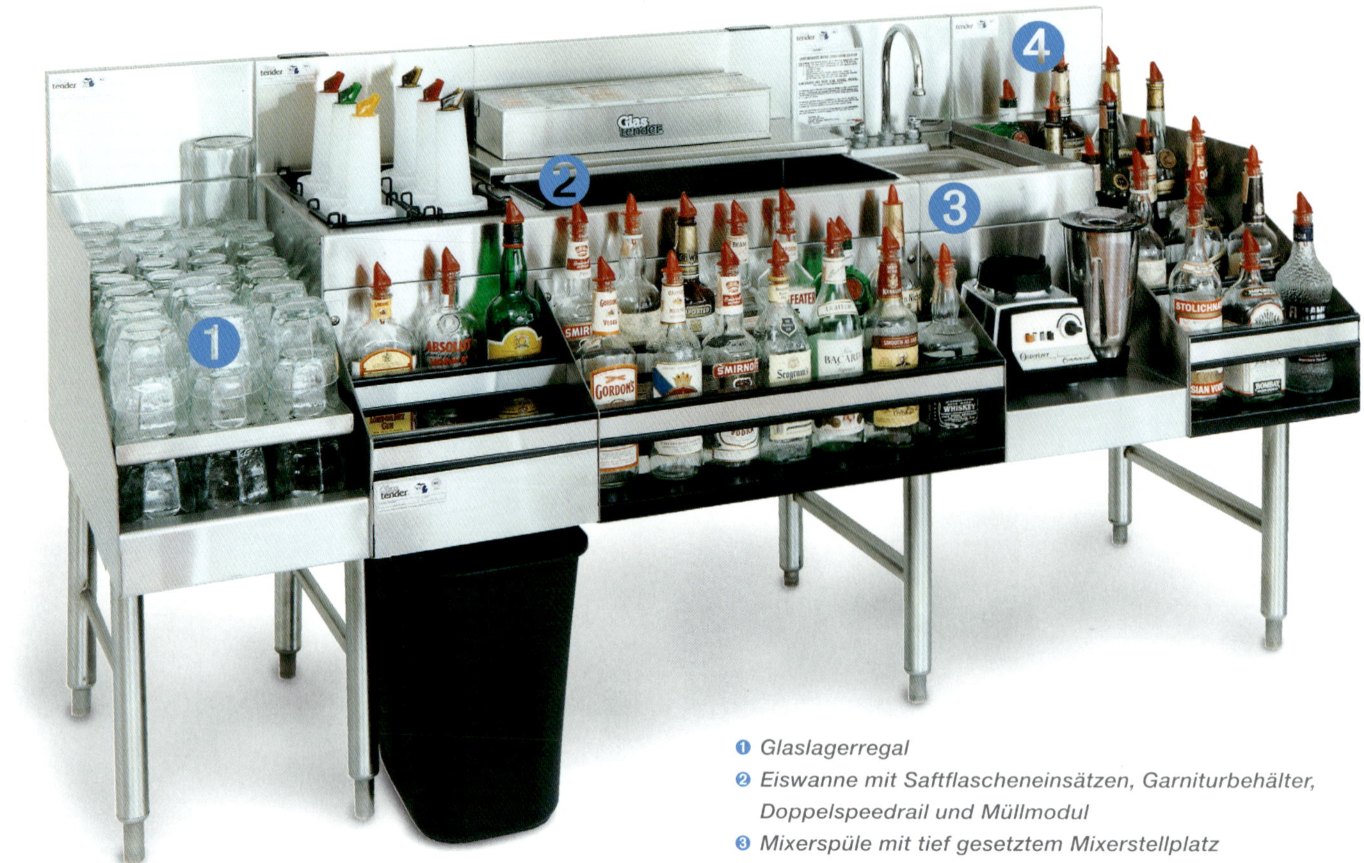

❶ *Glaslagerregal*
❷ *Eiswanne mit Saftflascheneinsätzen, Garniturbehälter, Doppelspeedrail und Müllmodul*
❸ *Mixerspüle mit tief gesetztem Mixerstellplatz*
❹ *Flaschentreppe*

AUSGABESTATION

Diese ist ein besonders wichtiger, meist jedoch vernachlässigter Teil der Bar. Sie ist praktisch die Schnittstelle zwischen Produktion und Service, und nur wenn die Ausgabe perfekt ist, funktioniert das Zusammenspiel reibungslos.

Am besten ist dies an Hand des Lebenszyklus eines Drinks zu beschreiben:

DIE HERSTELLUNG

- **Bonieren**
  Kasse in unmittelbarer Nähe und Bondrucker erreichbar
- **Glas bereitstellen**
  Glaslagerung in Reichweite und optimale Abstellfläche
- **Eis einfüllen**
  Eisvorrat direkt im Griff und ausreichender Eisvorrat
- **Mixzutaten einfüllen**
  Speedrail direkt im Griff
- **Filler/Softdrinks auffüllen**
  Sodapistole im Griff
- **Garnieren**
  Garniturbehälter, Mülleimer und eventuell Schneidebrett direkt am Arbeitsplatz
- **Servieren**
  Eis für Kellner erreichbar, extra Garniturbehälter für einfache Garnituren durch Kellner

DIE RÜCKFÜHRUNG

- **Gläserrücklauf**
  direkt neben Ausgabe und mit Ablauf für Racks, Einsortieren durch Kellner
- **Müllentsorgung**
  Mülleimer direkt am Rücklauf
- **Restflüssigkeitsentsorgung**
  Behälter mit Ablauf neben Rücklauf
- **Leergutentsorgung**
  unter den Arbeitsplätzen
- **Reinigung der Gläser**
  Spülmaschine nahe am Rücklauf/Ausgabe

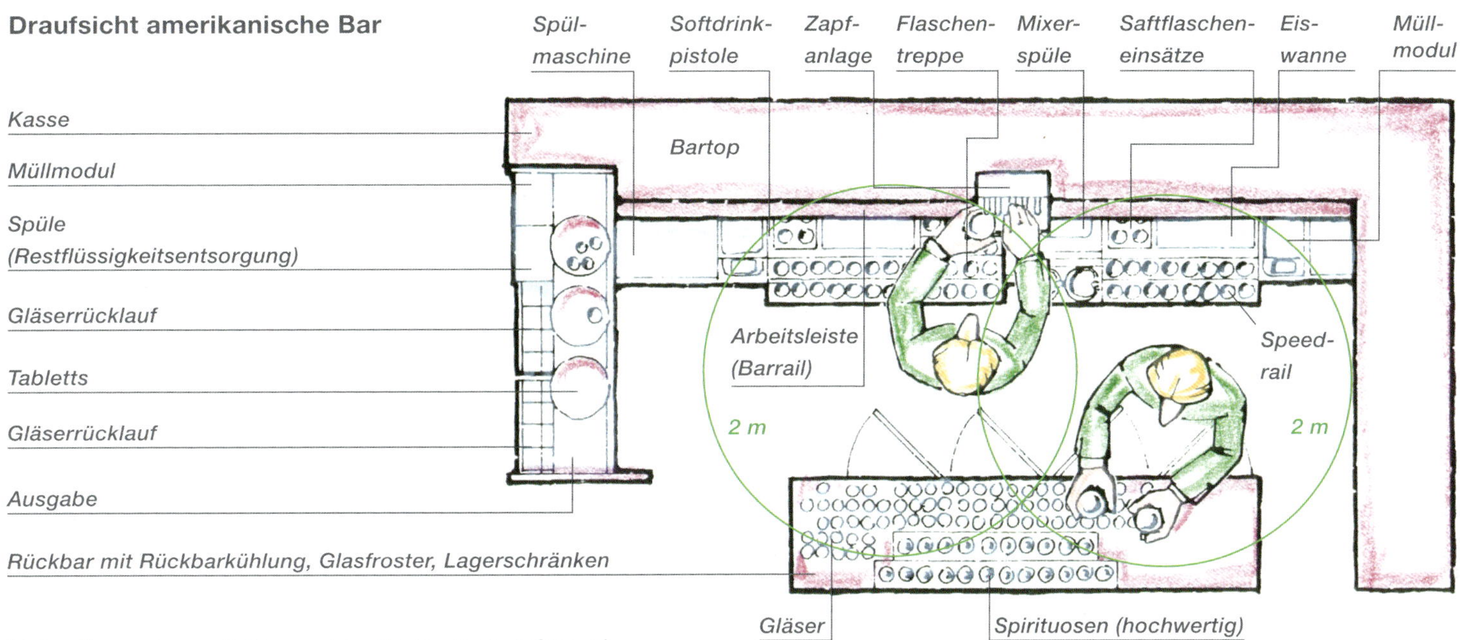

Linker Bartender zapft Bier, rechter Bartender holt Gläser/Ware von Rückbar.

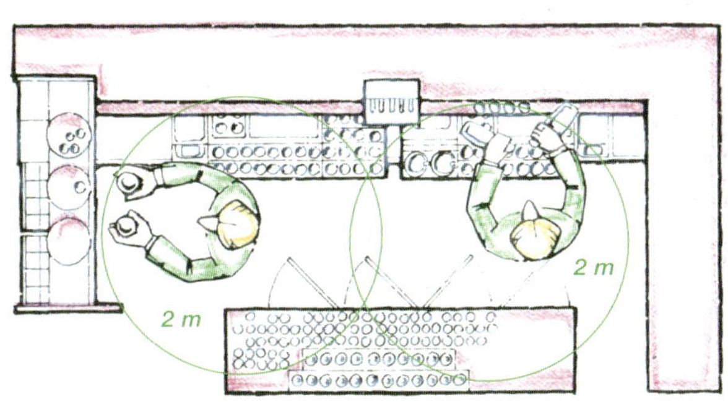

Linker Bartender stellt Gläser auf Tablett für Kellner, rechter Bartender stellt Gläser/Mixbehälter auf Barrail ab und nimmt Flaschen aus Speedrail.

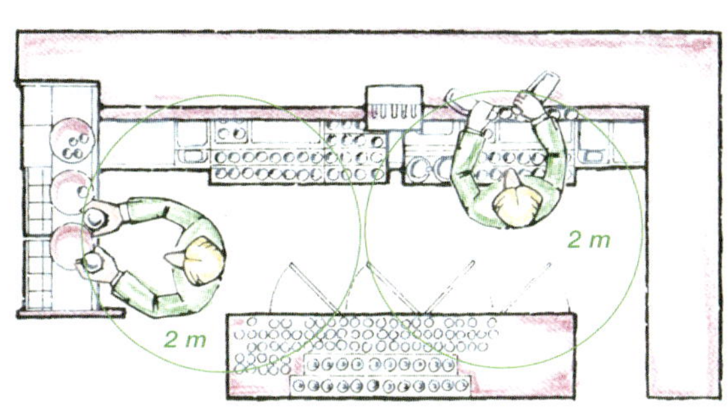

Linker Bartender stellt Gläser auf Tablett für Kellner, rechter Bartender gießt Mixzutaten ein.

RÜCKBAR

Sie dient hauptsächlich der Präsentation und Lagerung von Produkten und Gläsern. Der untere Teil ist genau so hoch wie der Barcounter (107 bis 110 cm) und relativ tief (60 bis 70 cm). Darin sind die Rückbarkühler, Glasfroster, Gläserregale und Lagerschränke für Reserveware untergebracht. Die Rückbarkühler sind meist mit Drehtüren, manchmal aber auch mit Schiebedeckeln und Eingriff von oben ausgestattet, niemals jedoch mit Rollschubladen, denn diese sind eine ineffiziente Raumausnutzung, und um 1 Flasche zu entnehmen, müssen ständig 50 andere bewegt werden, und das ist selbst bei den besten Lagern anstrengend.

Die Türen der Rückbarkühler bestehen zur optimalen Präsentation von gekühlten Getränken aus Glas oder werden mit dem gleichen Material wie die Bar verkleidet. Auf dem unteren Teil der Rückbar stehen Gläser und die Kassen.

Der obere Teil der Rückbar dient ausschließlich der Produktpräsentation. Hier werden entweder in Regalen oder auf Pyramiden hochwertige Spirituosen und eventuell Weine präsentiert. Um die Produkte bestmöglich in Szene zu setzen, werden die Flaschen von hinten oder unten beleuchtet.

Mixerspüle, Zusatzmodule, Bierzapfanlage, Rückbarkühler und Kasse können auch mittig zwischen zwei Arbeitsplätzen angeordnet und gemeinsam benutzt werden.

Die enormen Vorteile der amerikanischen Bar liegen auf der Hand: Die einmalige Arbeitseffizienz durch Vermeidung unnötiger Wege und eine klare Positionierung aller Materialien sorgen für niedrige Personalkosten und eine entspannt arbeitende Barcrew. Daraus und durch die optimale Gestaltung des Barcounters entsteht eine sehr kommunikative Atmosphäre zwischen Gast und Bartender. Außerdem erhöht sich die Verweildauer der Gäste durch die bequeme Einrichtung. In Verbindung mit der hervorragenden Produktpräsentation und der Arbeit direkt vor den Augen des Gastes (on top) wird der Verkauf stark angekurbelt.

Es lohnt sich also auf jeden Fall, in eine optimale Bar zu investieren. Die Investitionen amortisieren sich sehr schnell, und das Ergebnis ist eine bessere Bar mit viel höherer Profitabilität und zufriedenerer Crew.

Bei der Konzeption einer optimalen Bar gilt es systematisch vorzugehen, Fehler zu vermeiden und Stolpersteine aus dem Weg zu räumen. Deshalb ist eine professionelle Planung unabdingbar.

Autor dieses Beitrags:
Kent Steinbach, American Bar Concept, Düsseldorf

Handwerkszeug und Ausrüstung

Die folgende Aufstellung gibt einen Überblick von den notwendigen Utensilien für *eine* Mixerstation. Um professionell arbeiten zu können, Zeit zu sparen und perfekte Getränke zu produzieren, ist Untenstehendes ein Muss. Häufig trifft man hier auf völlig verkehrte Sparmaßnahmen, die aber nur Arbeitsabläufe behindern. Die meiste Zeit brauchen wir für den Gast und nicht für Reinigungsarbeiten, weil nur ein Shaker gekauft wurde. Wichtig ist außerdem, hierbei nicht auf Schnäppchenjagd zu gehen und günstig im Einzelhandel zu kaufen. All diese Sachen sind für einen mehrjährigen Einsatz gedacht und müssen daher von bester Qualität sein.

Arbeitsgeräte und Zubehör pro Arbeitsplatz

- 4 bis 6 Shaker (Modell: Boston)
- 2 Speedshaker in verschiedenen Größen
- 2 bis 3 Mixgläser mit verstärktem Boden
- 1 Elektrikblender mit 3 Blendbechern (Spindelstabmixer)
- 1 Elektrikmixer oder Powermixer (Turboblender) mit 2 Aufsätzen
- 1 Eiswürfelbereiter (elektrisch) mit etwa 80 kg Tagesproduktion und einer Eiskerntemperatur von –10 bis –20 Grad Celsius
- 1 Eis-Crusher (elektrisch) mit 3 bis 5 kg Leistung pro Minute oder Crushed-Ice-Bereiter
- 1 Fruchtsaftpresse (mechanisch), Anpressdruck etwa 400 Kilopond
- 2 bis 3 Strainer
- 2 bis 3 Barlöffel
- 1 bis 2 Eisschaufeln, mittelgroß
- 1 bis 2 Eisschaufeln, gelocht
- 1 bis 2 Eiszangen
- 1 Eispickel oder Eishammer
- 1 Limettenzange, geschlossen
- 1 Schneidebrett mit Saftrille
- 2 Messer (1 großes, 1 kleines)
- 2 bis 3 Jigger (2 und 4 cl), 1 Unzenjigger ($1\frac{1}{2}$ oz und $\frac{3}{4}$ oz)
- 1 bis 2 Dashbottle
- 1 Muskatreibe, geschlossen
- 2 bis 3 Flaschenöffner
- 1 bis 2 Korkenzieher/Kellnerbesteck (Spirale geöffnet, mindestens 5 Windungen)
- 1 Weinhebamme
- 1 Messzylinder
- 2 bis 3 Sektverschlüsse, möglichst Champagnerpumpe
- 2 bis 3 Weinverschlüsse, möglichst Weinpumpe
- 1 Siphon
- 1 Sektquirl aus Edelstahl
- 1 Weinthermometer
- 2 bis 3 Muddler (Kunststoff)
- 1 Zigarrenabschneider
- 2 bis 3 Eisboxen mit Wasserablauf
- 1 Champagnerzange
- 1 Trichter mit Siebeinsatz
- 1 Obstvorratsbehälter (mindestens 6 Einsätze)
- 1 Glasrimmer mit 2 Kammern
- 20 bis 30 Ausgießer
- 20 Kappen für Ausgießer
- 1 Dosenöffner
- 1 Zestenreißer oder Spiralschneider

Nach dieser Aufzählung sind noch einige ergänzende Worte zum „Handling“ notwendig (siehe folgende Seiten).

Handwerkszeug und Ausrüstung

▸ PROFESSIONELLER BOSTON SHAKER

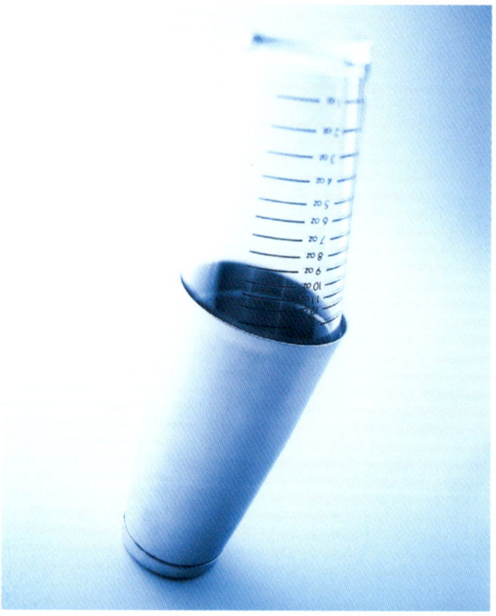

Das Modell Boston ist der Profishaker und hat dem Dreiteiler gegenüber mehrere Vorteile:

- größeres Fassungsvermögen
- leichtere Reinigung
- Erkennen des Mischprozesses
- schnelleres Arbeiten

Bitte füllen Sie den Shaker unabhängig vom Rezept oder der Getränkegruppe mindestens zu zwei Dritteln mit Eiswürfeln, um eine rasche Kühlung und wenig Verwässerung zu haben.
Einsatz: trübe und schwer mischbare Drinks.

▸ PROFESSIONELLER BOSTON SHAKER, ISOLIERT

▸ SPEEDSHAKER

Hier handelt es sich um Metallbecher, die auf Gästegläser direkt aufgesetzt werden können. Teilweise kann auch das Metallteil des Boston Shakers benutzt werden.
Einsatz:
schnelles Zubereiten mehrerer Drinks der gleichen Bestellung in formgleichen Gläsern.

▸ RÜHRGLAS

Ein großes Rührglas mit verstärktem Boden und möglichst einem Ausguss. Rührgläser werden etwa zu 50 Prozent mit Eis gefüllt.
Einsatz:
klare und leicht mischbare Drinks, besonders Shortdrinks.

▶ ELEKTRIKBLENDER

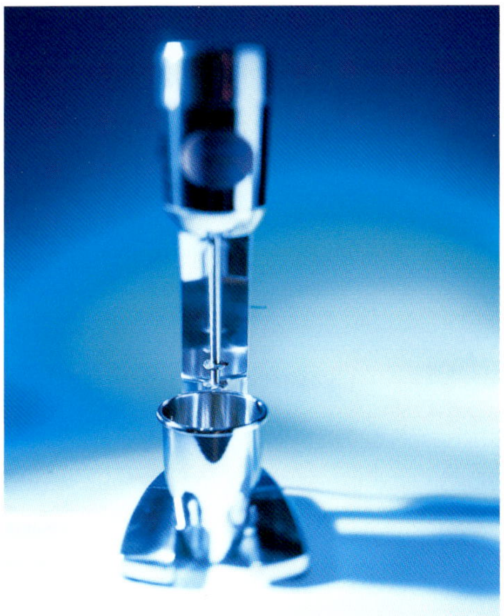

Diese Maschine mischt mittels eines Rührstabs und Eis die vorgegebene Rezeptur. Gute Modelle besitzen einen Schalter für verschiedene Geschwindigkeiten. Als Eisform können hier volle Eiswürfel oder auch Crushed Ice benutzt werden.
Achtung:
In den USA wird diese Maschine als Spindelstabmixer bezeichnet!
Einsatz:
große, schwer mischbare Drinks sowie Mehrfachorder von Shortdrinks, die geshakt werden.

▶ ELEKTRIKMIXER

Manchmal auch als Aufsatzblender (in den USA) oder Turboblender bezeichnet. Im Aufsatz befinden sich Messer, welche die Rezepturteile (oft frisches Obst) pürieren und mit Eis zu einer gleichmäßig gefrorenen Masse verarbeiten. Crushed Ice ist die hierfür geeignete Eisart, da nicht alle Maschinen ganze Eiswürfel verarbeiten können.

Achtung:
In den USA wird diese Maschine als Blender bezeichnet.
Einsatz:
gefrorene Drinks wie Daiquiries, Margaritas und Smoothies oder Drinks, in denen Fruchteis verarbeitet wird.

▶ DOUBLE MIXER MIT ZWEI AUFSÄTZEN (IN DEN USA: DOUBLE BLENDER)

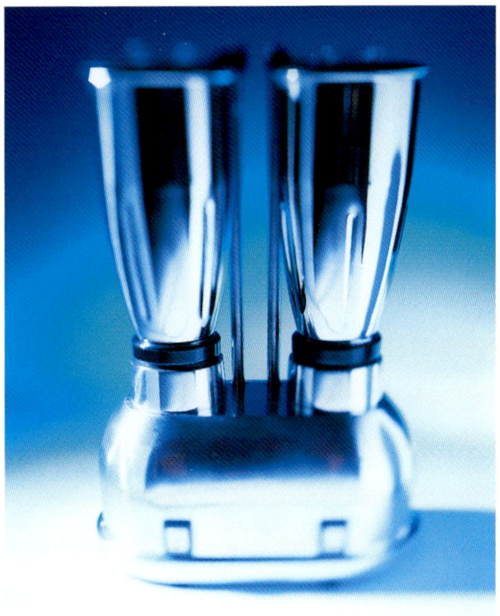

▶ EISWÜRFELBEREITER

In vielen Betrieben sind diese Maschinen zu klein! Die Bartender müssen sich dann bevorraten und frieren Eiswürfel in Tiefkühlern ein. Dieses Eis ist dann zu kalt und nur noch bedingt zum Mixen geeignet. Je nach Betriebsgröße und Gästestrom wählt man ab 80 kg Tagesleistung aufwärts. Faustregel: 150 g bis 200 g Eis zur Zubereitung eines Getränks!

▶ CRUSHED-ICE-BEREITER

Große Bars kommen um diese Maschine nicht herum. Da viele Drinks heute dieses Eis benötigen, ist eine manuelle Herstellung zu zeitaufwendig. Ersatzweise können auch elektrische Crusher benutzt werden, und der Barkeeper bereitet sein Eis im Setup vor.

Handwerkszeug und Ausrüstung

▶ FRUCHTSAFTPRESSE

Leider sieht man sehr häufig die Verwendung von Zitronensaft aus Flaschen. Trotz heute hoher Qualität erreicht man damit nicht den Geschmack und das Aussehen von frisch gepresstem Saft. Qualitätsbewusste Barkeeper pressen Zitronen- und Limettensaft vor Dienstbeginn. Eine mechanische Presse erzeugt einen feineren Geschmack, da die Zitronenhäutchen der Früchte mit den enthaltenen Bitterstoffen nicht wie bei vielen Elektrogeräten ausgeschabt werden.

▶ FRUITCUTTER FÜR LIMETTEN, ORANGEN UND ZITRONEN

▶ STRAINER

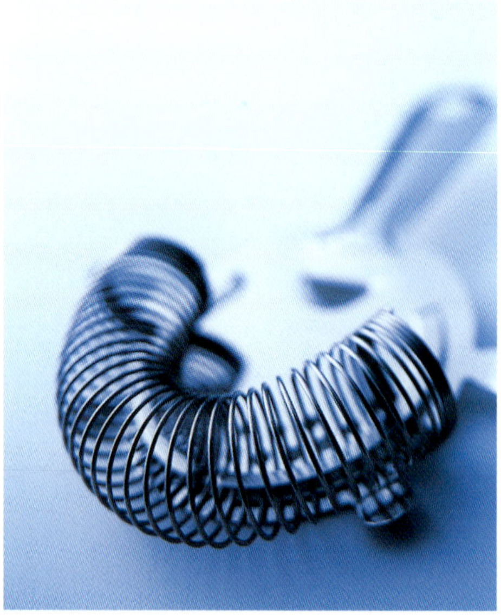

Die Siebe gibt es in unterschiedlichsten Ausführungen und Größen. Zu kleine Stiele und fehlende „Ohren“ behindern ein zügiges Arbeiten. Auch sollte ein guter Strainer aus Edelstahl sein und einen vernünftigen Druck auf der Spiralfeder besitzen.
Einsatz: Zurückhalten von Eiswürfeln oder Fruchtstückchen beim Abgießen aus Shakern, Mixgläsern, Blendern und Gästegläsern (Schmelzwasserentfernung).

▶ BARLÖFFEL, BARGABEL

Barlöffel sollten möglichst langstielig und ebenfalls aus Edelstahl sein. Ein gedrillter Stiel verhindert ein schnelles Abrutschen bei nassen Händen. Zu prüfen ist ebenfalls, ob der Löffel eine Menge von 0,5 cl aufnimmt (internationales Barmaß). Einige Modelle haben am Stielende einen so genannten Muddleransatz zum Zerdrücken von Würfelzucker, Minze und Fruchtstücken.

▶ EISSCHAUFELN

Es werden mehrere, nicht zu kleine Modelle benötigt. Für Crushed Ice empfiehlt sich die Verwendung von gelochten Schaufeln, da hierbei das Schmelzwasser ablaufen kann.
Achtung:
Billigmodelle können oxidieren!

▶ EISPICKEL

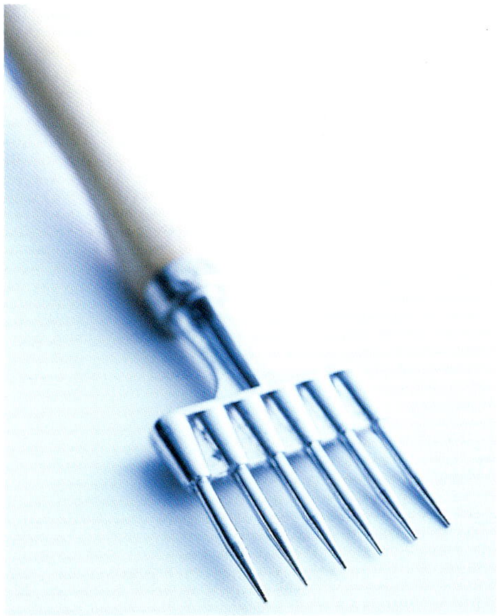

Er dient zum Lösen klebender Eiswürfel aus Gefriertruhen oder zusammengefrorener Früchte (z. B. bei Smoothies).

▶ EISZANGE

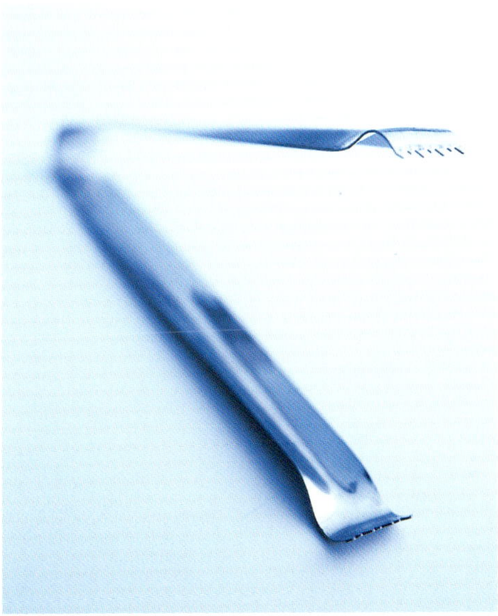

Es werden im Handel unzählige Varianten angeboten. Von guter Qualität sind größere Zangen mit stabilen Schenkeln und einer Verzahnung im Frontbereich. Für empfindliche Garnituren sollte man auch eine ungezahnte Ausführung besitzen.
Einsatz: Anfertigen und Platzieren von Garnituren, Fassen von Eiswürfeln bei „on the rocks"-Getränken, Erfassen des Trinkhalms bei Gastkontakt.

▶ LIMETTENZANGE

Viele Drinks enthalten nach dem Anrichten ausgepresste Limettenkeile (Mai Tai, Cuba Libre) im Gästeglas. Da eine Handberührung von Garnituren nicht erlaubt ist, bedient sich der Profi heute dieses Werkzeugs.

Handwerkszeug und Ausrüstung

▶ SCHNEIDEBRETT

Ob aus Kunststoff, Holz oder Glas ist eine Frage der Hygiene und Ansichtssache. Eine Saftrinne verhindert das Ablaufen und die Verschmutzung des Arbeitsplatzes. Man wählt dieses Brett nicht zu klein, da oft auch Anschnitte von Früchten darauf liegen bleiben.

▶ BARMESSER

Unterschiedlich große Früchte verlangen auch die entsprechenden Messer. Von der Industrie verkaufte Barmesser sind häufig zu klein, nicht durchgehend scharf und manchmal an den Spitzen gerundet. Am ehesten eignen sich dauerscharfe, stabile Küchenmesser mit festen Klingen.

▶ DASHBOTTLE

Obwohl viele Produkte, die dashweise verwendet werden, bereits Spezialdeckel haben, sollte dennoch ein Spritzflasche vorhanden sein. Manche Rezepturen verlangen einen oder mehrere Spritzer von Likören und Sirupen, zum Teil auch angeschlagenes Eiweiß. Durch den aufgesetzten Spezialgießer kann man 1 bis 2 Gramm portionieren.

▶ JIGGER

Bei uns als Messbecher bezeichnete Barportionierer. Als Standard besitzen sie 2- und 4-cl-, aber auch 3- und 5-cl-Einteilungen. Glasjigger gehen häufiger kaputt als Metallbecher und sind in abgedunkelten Bars schwer zu erkennen. Um Originalrezepturen aus den USA abzumessen, sind Unzenjigger notwendig. In Deutschland sind sie im Fachhandel erhältlich.

▶ MUSKATREIBE

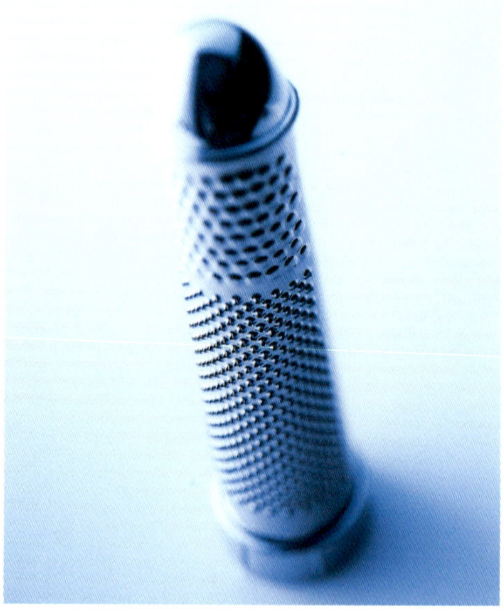

Im Englischen als Nutmeg grater bezeichnete Reibe. Im Gegensatz zu den Reiben in der Küche ist sie unten geschlossen und schmaler, damit ein genaues Platzieren des Muskatmehls möglich ist. Einige Ausführungen haben einen verschließbaren Hohlraum zum Aufbewahren von 2 bis 3 Nüssen.

ABSINTHLÖFFEL FÜR KLASSISCHEN ABSINTHSERVICE „GRÜNE FEE“

FLASCHENÖFFNER

Ob als Handöffner oder im US-Tresen integrierter fest angebauter Haken mit Deckelauffangschale, sie dienen den Flaschen, die keine Twist-off-Verschlüsse haben (Limonaden, Bier, Wasser, Szenedrinks).

SOMMELIERMESSER

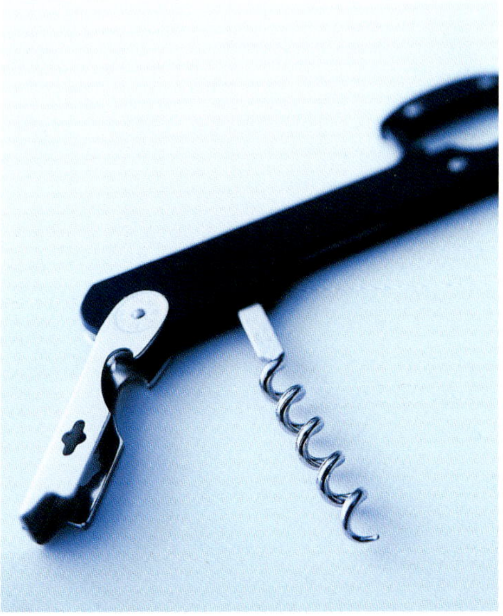

Nach wie vor bewährt hat sich das klassische Kellnerbesteck oder die amerikanischen Screw pulls. Wichtig, und darauf sollte man achten, ist eine geöffnete Spirale mit 5 bis 6 Windungen. Zum Test der Funktionstüchtigkeit steckt man in diese Wicklungen ein Streichholz, welches locker rein- und rausgehen muss. Korkenzieher mit vollen Spiralen sind oft zu dick und bröckeln eventuell Korkenteile in die Flasche.

WEINHEBAMME

Nur zur Benutzung im Office gedachte Drahtschlaufen, die eingerutschte (zu stark gewachste) Korken aus Weinflaschen entfernen.
Achtung:
Nicht im Beisein des Gastes benutzen!

MESSZYLINDER

Das Auslitern von Gästegläsern ist vor Benutzung notwendig, da alle Glashersteller die Maximalfüllhöhe angeben und ein Trinkrand von 1 cm unter der Oberkante ermittelt werden muss.

KLASSISCHER GLASMESSBECHER (HARRY SCHRAEMLI) MIT FRAKTIONEN ML UND PARTS

Handwerkszeug und Ausrüstung

▶ SEKT-/CHAMPAGNERVERSCHLÜSSE

Es gibt gute bis sehr gut hergestellte Schnapp- und Drehverschlüsse, die das Entweichen von Kohlensäure verhindern oder verlangsamen. Hat die Flasche nur noch 50 Prozent ihres Inhalts, sind Champagnerpumpen die bessere Alternative. Mit ihnen wird Gegendruck auf die Flasche gepumpt, und ein Gummistopfen verschließt den Hals. Bei weniger als 50 Prozent sollte der Sekt oder Champagner möglichst noch am gleichen Abend verkauft werden.

▶ SIPHON

Der klassische Siphon für Sodawasser wird heute leider zu selten verwendet, obwohl dieser eine gute Optik ausstrahlt. Sehr oft wird dazu karboniertes Wasser der großen Cola-Hersteller über Pistolen oder Tower gezapft. Alternativ bietet die Firma Schweppes ein hochwertiges Sodawasser in Portionsfläschchen an.

▶ WEINVERSCHLUSS/WEINPUMPE

Da originale Korken eine Flasche eher ungenügend verschließen, sind Weinverschlüsse angeraten. Bei angebrochenen Rotweinen höherer Qualität ist das Vakuumieren mittels Weinpumpe empfehlenswert. Entgegen der Wirkung der Champagnerpumpe zieht die Weinpumpe Luft aus der Flasche heraus und verhindert besonders bei Rotwein eine schnelle Oxidation.

▶ SEKTQUIRL

Hin und wieder wird dieses Werkzeug zum Ausschlagen von Kohlensäure bei Champagner benutzt. Das ist zwar widersinnig, aber ein von uns zu respektierender Gästewunsch, dem wir möglichst nicht mit bunten Plastikstäbchen begegnen sollten. Twirling sticks sollten aus edlem Material bestehen, da wir sie auch für bestimmte Techniken einsetzen.

▶ WEINTHERMOMETER

Nicht nur zur Kontrolle von offenen Weinen, sondern auch zur Ermittlung von Ausschanktemperaturen bei Bier, Limonaden, Säften und eventuell Spirituosen. Bei Reklamationen ein wichtiger Helfer!

MUDDLER

Stößel, die zum Auspressen von Früchten oder zum Zerkleinern von Würfelzucker gedacht sind. Die vielfach verwendeten Holzmuddler gelten in vielen Ländern zu Recht als unhygienisch. In den USA schreibt die Gesundheitsbehörde nach dem USPH-Standard Plastikstößel vor.

CHAMPAGNERZANGE

Berufsbarkeeper öffnen ihre Sekt- oder Champagnerflaschen im klassischen Stil mit einer Handserviette. Bei einem Dauereinsatz wie zu Silvester oder bei Großcaterings kann die Zange ein schnelleres Öffnen erleichtern. Auch verrostete oder abgebrochene Agraffen (Drahtbügel) lassen sich damit leichter lösen.

ZIGARRENABSCHNEIDER

Ob Zigarrenbohrer, Guillotinen oder Cutter ist meist Ansichtssache des Gastes, oft aber auch abhängig vom Durchmesser der Zigarre selbst. Achten Sie bei Cuttern darauf, dass sich beide Klingen bewegen lassen, um ein Abreißen des Mundstücks zu verhindern. Ältere Modelle von Abschneidern mit einem Kerbschnitt sollten verworfen werden. Viele Zigarren werden bei dieser Schnittform im letzten Drittel des Genießens bitter.

EISBOXEN

Falls kein richtiger „Arbeitsplatz Bar“ vorhanden ist, müssen Eisboxen als Ersatz zum Aufbewahren der Würfel und von Crushed Ice vorhanden sein. Die originale „American Bar“ hat dies in Form von tiefen Eiswannen mit Abteilbecken direkt in der Mitte der Working Station. Eisboxen sollten so groß wie möglich sein mit herausnehmbaren Ablaufsieben im Boden. Es ist ratsam, mehrere Boxen zu haben, um die verschiedenen Eisarten zu trennen und ein ständiges Verlassen des Arbeitsplatzes auszuschließen.

TRICHTER

Er dient zum Umfüllen von Flüssigkeiten, eventuell auch zum Entfernen von Fremdteilen oder Depots.

OBSTVORRATSBEHÄLTER

Wenn vorgeschnittene Garniturteile länger liegen, werden sie trocken und unansehnlich. Abhilfe schaffen die hygienischen Fruitstorer, in denen sich mehrere Fächer befinden. Unter die herausnehmbaren Einsätze füllt man Crushed Ice, und ein Deckel verhindert das „Landen“ von Insekten auf den Früchten.

GLASRIMMER

Einige Getränkegruppen erhalten Salz- oder Zuckerränder, aber auch aus Kokosflocken, Kaffeepulver usw. Eine Handanfertigung ist aufwendig und meist nicht gleichmäßig. Der Rimmer besitzt einen Schwamm und zwei Kammern für Einlagen (Zucker und Salz). Ein perfekter Rand kann so in wenigen Sekunden hergestellt werden.

Handwerkszeug und Ausrüstung

▸ AUSGIESSER

Als Pourer bezeichnete Flaschengießer in verschiedenen Ausführungen. Produkte mit Kork sind edel, halten aber nicht so lange. Kunststoffgießer passen auf fast alle Flaschenöffnungen und sind bei Showeinsätzen beliebt, da sie unzerbrechlich sind. Relativ neu sind Plastikgießer mit einem eingebauten Fliegenschutzgitter an der Öffnung. Man sollte den Barstock stets mit einem einheitlichen Pourermodell ausrüsten.

▸ POURER OHNE STOPPFUNKTION FÜR SPIRITUOSEN

▸ POURER OHNE STOPPFUNKTION FÜR SPIRITUOSEN UND LIKÖRE

▸ POURER MIT STOPPFUNKTION FÜR SIRUP

▸ POURER FÜR SPEEDTECHNIKEN (PROFIGIESSER)

▸ KAPPEN FÜR POURER

Diese durchsichtigen Schutzkappen haben mehrere Funktionen. In erster Linie verhindern sie das Eindringen von Fruchtfliegen und anderen Insekten in deren Lieblingsprodukte wie Obstbrände, Tequila und Vermouth. Zweitens wird eine Verstaubung und damit Verklebung verhindert und nicht zuletzt auch die permanente Alkoholverdunstung eingeschränkt. (Theoretischer Verlust pro Flasche und Jahr etwa 3 Prozent.)

REINIGUNGSBÜRSTE FÜR POURER

DOSENÖFFNER

Ob elektrisch oder mechanisch, man benötigt ihn zum Öffnen von Creams, Kokosmilch, einigen Spezialsäften und konservierten Früchten.

ZESTENREISSER/SPIRALSCHNEIDER

Ein Doppelwerkzeug, mit dem Teile der Schale von Zitrusfrüchten geschnitten werden. Sie dienen dann der Aromatisierung von Getränken durch Auszug der ätherischen Öle.

SONSTIGES

Nicht unbedingt als Handwerkzeug zu bezeichnen, aber stets notwendig sind

- Trinkhalme (in verschiedenen Stärken und Farben)
- Stirrer/Rührstäbe (international oft aus Holz oder Bambus)
- Cocktailsticks/Zahnstocher
- Cocktailservietten
- Coaster/Underliner (für Bier oder Säfte), oft aus Pappe, Bambus, Metall oder Kork
- Garniturablageschalen (Metall oder Glas)
- Behälter für Knabbereien (Sundries)
- Halterungen für Getränkekarten oder Tischaufsteller bei Aktionen
- Zigarettenaschenbecher mit Pinsel zum Reinigen
- Zigarrenaschenbecher mit Zigarrenequipment
- Streichhölzer und/oder Feuerzeuge
- Notizblöcke und Schreibgeräte

OZ
CL
10
9
5
4
3
2

Professionelle Zusatzausrüstung aus den USA

Nicht genug der Standardzubehöre, auch Sonderausstattungen setzen sich in deutschen Bars immer mehr durch. Abgesehen von einer guten Optik sind diese Hilfsmittel viele Jahre im „Mutterland" erprobt und verbessert worden. Ob und wie sie angewendet werden, hängt vom Besitzer oder Betreiber der Bar ab, empfehlenswert sind sie allemal.

US-Barausrüstung

- Condiment Dispenser/Holder
  Vorratsbehälter
- Utility Bowl
  Unterbauschale mit Deckel (brauner Zucker)
- Straw Dispenser
  Trinkhalmspender aus Metall
- Napkin Dispenser
  Serviettenhalter aus Metall
- Bar Caddy
  Trinkhalm- und Serviettenspender/Zubehör
- Check Holder
  Bonhalter für Bedienung
- Glass mat
  Kunststoffmatten für das Glasregal
- Service only mat
  Matte für Kellnerstation
- Bar mat
  Barmatte für Gläser und Werkzeuge
- Pitcher
  Bierkrug/Wasserkrug (60 oz = 1,7 l oder 32 oz = 0,9 l)
- T-Rex-Tray
  rutschfestes Kellnertablett, teilweise mit Portemonnaie
- Kool Bak
  in USA vorgeschriebener Bararbeitsgürtel
- Poure & More
  Plastikflasche für zähe Flüssigkeiten
- Store N'Pour
  Plastikflasche für dünne Flüssigkeiten (Sweet & Sour)
- Tip tray
  Trinkgeldschale
- Slide
  Bonleiste am Barbrett

Professionelle Zusatzausrüstung
aus den USA

▶ CONDIMENT DISPENSER/HOLDER

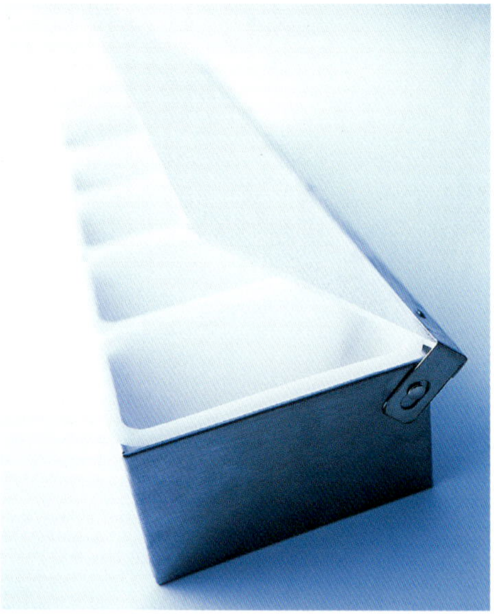

Im US-Tresen eingearbeitete Behälter, in denen geschnittenes Obst, aber auch Flaschen mit Säften oder Sahne aufbewahrt werden. Die Kühlung „übernimmt" die direkt daneben liegende Eiswanne, die mit Eiswürfeln gefüllt ist. Die Vorratsschalen für Zucker und Gewürze unter dem Tresen werden manchmal auch damit bezeichnet.

▶ BAR CADDY

Ein äußerst wichtiger Ausrüstungsgegenstand, in dem die Kleinmaterialien wie Halme, Sticker und Zahnstocher aufbewahrt werden. Sie stehen links und rechts neben dem Arbeitsplatz direkt auf dem Tresen.

▶ UTILITY BOWL

Brauner und weißer Rohrzucker sind stark hygroskopisch und nehmen schnell die im Raum vorhandene Luftfeuchtigkeit auf. Die Bowl ist ein dicht schließender Metallbehälter, der diesen Prozess verlangsamt.

▶ STRAW/NAPKIN DISPENSER

Diese Metallboxen stehen auf dem Tresen oder Gästetischen und sind Spender für Trinkhalme und Cocktailservietten. Der Gast kann sich notfalls eine frische Serviette selbst entnehmen. Meist werden die Dispenser von den großen Cola-Erzeugern als Werbemittel eingesetzt.

▶ CHECK HOLDER

Ein Ständer, der mit einer gewickelten Metallspirale für die Bons der Servierkräfte gedacht ist. So werden die Bestellungen in der richtigen Reihenfolge zeitlich abgearbeitet.

▶ GLASS MAT

Sie dienen als Unterlage für Gläser im Rücktresen. Ein optisches Einstauben der Glasplatte wird verhindert, außerdem schützen sie vor dem Verrutschen, und es gibt keine „Ringabdrücke" im Regal.

▶ SERVICE ONLY MAT

Hat der Tresen eine Servicestation (Ausgabefläche für Barwaiter), sollte diese gekennzeichnet werden. Andernfalls kann man kaum verhindern, dass auch dort Gäste Platz nehmen. Einige Bartresen verhindern das mit aufgesetzten, gebogenen Messingstangen, zwischen denen sich eine klappbare Holzfläche befindet. Servicematten haben einen Aufdruck: „Service only" oder „Waitress only" und erfüllen annähernd den gleichen Zweck. Die gummierte Fläche ist ebenfalls mit den Wasserauffangrillen versehen.

Professionelle Zusatzausrüstung aus den USA

BAR MAT

Die schmalen Gummimatten liegen direkt in der Barrail und sind die eigentliche Arbeitsfläche. Ablaufende Tropfen oder Restschmelzwasser wird von ihnen aufgenommen. Durch die Gumminoppen stehen Werkzeuge und Gästegläser sicher und fest.

PITCHER

Vor allem in der Szenegastronomie bei uns schon im Einsatz. Ursprünglich ein Krug, in dem Eiswasser kostenlos als Erfrischung gereicht wurde. Heute wird er als großer Bierkrug für Tischrunden oder auch für Drinks (Margaritas, Daiquiries usw.) bei mehreren Gästen eingesetzt.

Achtung:

Ältere Biertrinker lehnen diese Serviceform ab!

T-REX-TRAY

Eine Sonderform von Kellnertabletts mit einer dicken Korkeinlage zum Aufnehmen von ablaufenden Flüssigkeiten. Da in den USA nach dem Service sofort kassiert wird, ist eine aufklappbare Zahltasche am Rand mit eingearbeitet. In Deutschland gut anzuwenden beim Einsatz von Außengastronomie wie Biergärten oder Ähnliches.

KOOL BAK

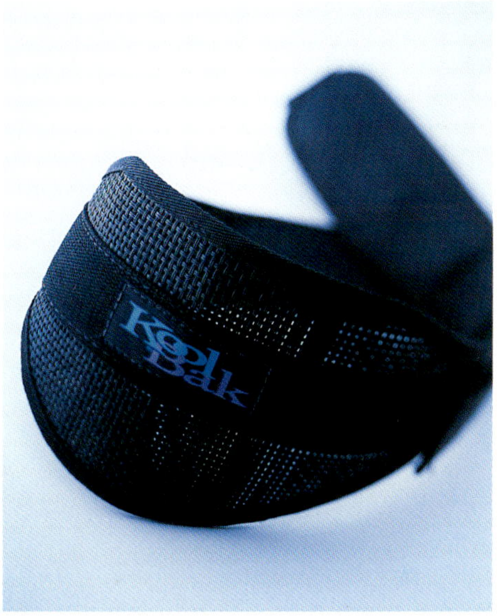

Dieser von amerikanischen Orthopäden entwickelte Arbeitsgürtel stützt während des Dienstes die Rückenmuskulatur im Lendenbereich. In den meisten Bars aus Versicherungsgründen vorgeschrieben.

Professionelle Zusatzausrüstung
aus den USA

▸ POURE & MORE/STORE N'POUR

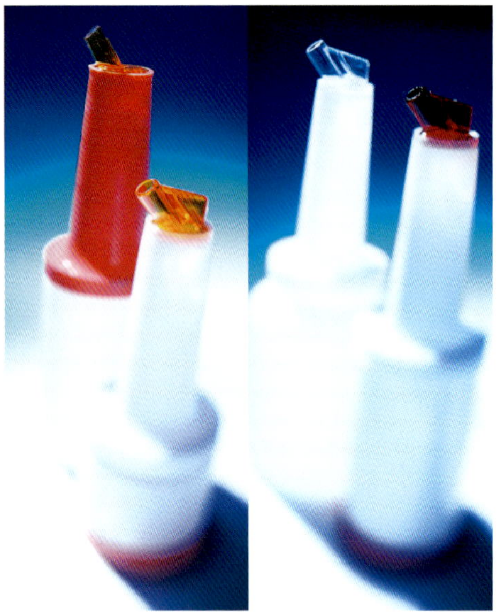

Undurchsichtige Plastikflaschen zum besseren Portionieren von meist alkoholfreien Ingredienzen (Saft, Milch, Sahne). Teilweise auch für Premixer verwendet, gibt es sie in verschiedenen Größen von 0,47 l bis 3,76 l entsprechend der US-Maßeinheiten.

▸ MINZESIEB

▸ TIP TRAY

Kleine Kunststoffschälchen, in denen die Rechnung präsentiert wird. Der Gast legt nach dem Wechseln der Banknote(n) sein Trinkgeld dahin zurück. Im Boden der Schale stehen Sätze wie „Thank you" oder „Thanks for tipping".

▸ SLIDE

Das Problem der Bonaufbewahrung von Tresengästen wird mit dieser Metallschiene schnell gelöst. Slides befinden sich durchgehend hinter der Barrail auf der Seite des Barkeepers. Verzehrbons können jetzt diskret genau einem Barhocker zugeordnet werden.

▸ FLAIR BOTTLES

Professionelle Zusatzausrüstung aus den USA

Am amerikanischen Markt wird ständig an Verbesserungen im Barbereich gearbeitet. Es gäbe noch eine Vielzahl an Kleinigkeiten, die optimale Arbeitsbedingungen schaffen.

Einerseits hat man an einem organisierten Arbeitsplatz seinen Job fest im Griff und mehr Zeit für die Gästebetreuung, andererseits erkennt der erfahrene Gast auch die Professionalität der Betreiber.

Leider haben einige Innenarchitekten hierzulande noch recht antiquierte Vorstellungen vom Arbeitsplatz Bar. Die arbeitstechnischen Abläufe eines Barkeepers sollten unbedingt verstanden und beachtet werden, bevor die Technik konzipiert wird. Eine schöne Außenverkleidung nützt wenig, wenn die Bartender zu lange Arbeitswege haben und damit zu wenig Zeit für die Gästebetreuung.

Empfohlen sei an dieser Stelle, sich bei Bareinrichtungen an Profis zu wenden oder Kontakt zu erfahrenen Barkeepern aufzunehmen.

Internationale Bargläser

Die in der Bar eingesetzten Gläser sind spezifischer und umfangreicher als im Restaurant. Sie müssen einige besondere Eigenschaften besitzen, die unbedingt beachtet werden sollten:

- klar und durchsichtig, nicht eingefärbt
- handlich und fest
- auf die Getränkegruppe abgestimmt
- keine Werbeaufdrucke (wenige Ausnahmen im Purbereich)
- teilweise gut stapelbar
- spülmaschinenfest, leicht zu reinigen
- mehrfach verwendbar (unterschiedliche Gruppen)
- nachkaufbar

Die Vielzahl der Anbieter macht es schwer, bestimmte Firmen zu nennen. Greift man auf die Ursprungsform zurück, kommt man bei dem amerikanischen Hersteller Libbey an. Dieser produzierte sozusagen die ersten Bargläser nach Form und Verwendung. Da sie weltweit erhältlich sind und die meisten Bars damit arbeiten, werden sie jetzt im Einzelnen erläutert.

Hinweis:
Die cl-Angabe ist die Maximalfüllmenge bis kurz unter dem Rand. Eine Ausliterung je nach Einsatz kann nötig sein, ein Trinkrand von etwa 1 cm ist angebracht und üblich.
Alle angegebenen Mengen sind die exakte Rückrechnung von US-fluid-Ounces in Zentiliter.

Internationale Bargläser

Rocksglas/Old Fashioned

Füllmenge:
29,6 cl
Verwendung:
Spirituosen und Cocktails auf Eis, Sours auf Eis

Special Highball

Füllmenge:
41,1 cl
Verwendung:
Tropic und Fancy Drinks (Caipirinhaglas)

Double Rocks/Old Fashioned

Füllmenge:
38,4 cl
Verwendung:
Tropic und Fancy Drinks (Nachahmung des Mai-Tai-Bechers!)

Sling

Füllmenge:
41,1 cl
Verwendung:
Slings, Fancy Drinks
Hinweis: Häufig als Glasteil für Boston Shaker verwendet

Aperitif

Füllmenge:
20,4 cl
Verwendung:
gemischte Aperitifs auf Eis, Aperitifbitters und Amaros auf Eis

Iced Tea

Füllmenge:
65,1 cl
Verwendung:
alkoholische Eistees, große Fancy Drinks

Highball

Füllmenge:
26,6 cl
Verwendung:
kleine Longdrinks, Softdrinks

Martini/Cocktailspitz

Füllmenge:
14,8 cl
Verwendung:
klare Cocktails, meist gerührt, Shortdrinkglas (dieses Glas wird auch „V-SHAPE“ genannt)

Collins/Cooler

Füllmenge:
35,5 cl
Verwendung:
international übliches Longdrinkglas (Vodka Lemon, Gin Tonic, Whisk[e]y Cola), Collinses, Lemonades, Egg-Noggs

Creamer/Cocktailschale

Füllmenge:
16,3 cl
Verwendung:
trübe Cocktails, meist geshakt, in den USA auch für Champagner

Internationale Bargläser

Margarita

Füllmenge:
20,7 cl
Verwendung:
klassische und gefrorene Margaritas

Squall Hurrican

Füllmenge:
44,4 cl
Verwendung:
übliches Fancyglas für Coladas, Batidas, Karibikdrinks

Sour

Füllmenge:
13,3 cl
Verwendung:
klassische (straight up) Sours

Hurrican

Füllmenge:
69,9 cl
Verwendung:
wie Squall Hurrican für 2 Personen (Double Drinks)

Shooter/Spiritglas

Füllmenge:
3 bis 5,9 cl
Verwendung:
klare Spirituosen im Purausschank, Schichtgetränke

Napoli Grande

Füllmenge:
41,4 cl
Verwendung:
Tropic und Fancy Drinks, alkoholfreie Mixdrinks, europäische Variante der alkoholischen Eistees, auch als Superlongdrinkglas für große Gin Tonic, Cuba Libre bei 50 Prozent Eisverwendung möglich

Cognac/Malt-Tulip

Füllmenge:
13 cl
Verwendung:
Cognac, Malt Whiskys, hochwertige dunkle Rumsorten, Edeldestillate
Hinweis: Die früher verwendeten Cognacschwenker sind nur bedingt geeignet und werden selbst von den Herstellern heute nicht mehr empfohlen

Sekt/Champagner/Cava

Füllmenge:
12 bis 18 cl
Verwendung:
Flips, teilweise für Champagner Cocktails, Purausschank von Schaumweinen zweiter Gärung
Hinweis: Bei Champagner ist oft ein Firmenglas üblich

Fiesta Grande/ Große Sektschale

Füllmenge:
35,5 cl
Verwendung:
Frozen Drinks, Champagner Cocktails

Viva Grande/Bordeaux

Füllmenge:
38,5 cl
Verwendung:
Frozen Drinks, non alcoholic-Drinks, Eis-Milk-Shakes (Freezes), Rotwein

Internationale Bargläser

Special Glass Ware

Für die Fokus- und Szenegastronomie bietet der Hersteller eine diverse Anzahl von supergroßen Gläsern an, welche stets für mehrere Personen gedacht sind.

Super Hurrican (1,4 l)

Super Twistle (62,2 cl)

Super Bowl (1,4 l)

Super Globe (1,8 l)

Super Margarita (1,3 l)

Beer/Pilsner (o. Abb.)

Füllmenge:
35,5 cl
Verwendung:
Frozen blended Coffee, Milk Shakes, Flaschen- und Fassbiere

Sonstige Gläser:

- Irish-Coffee-Glas
- Classic Mug (Heißgetränke)
- Sherry- und Portweingläser, Südweingläser
- Weißwein- und Roségläser
- diverse Biergläser
- diverse Schaumweingläser
- Likörgläser
- Branntweingläser für Einzelausschank
- Spezialgläser, teilweise firmenintern

Dieses Glassortiment stellt man sich nach Art und Umfang des Barbetriebs zusammen. Es muss unbedingt verhindert werden, dass die gesamte Rückbar mit Gläsern zugestellt wird. Diese Verkaufsfläche ist überwiegend den Produkten gewidmet, die verkauft werden sollen (z. B. Edelspirituosen)!

Glaspflege

Die noch häufig verwendeten Handspülgeräte für Bargläser gelten überwiegend als nicht ausreichend. Es ist nicht möglich, zuerst ein Glas mit Sahneresten und danach ein Bierglas zu spülen. Der Gast erwartet zu Recht ein hygienisch einwandfreies Trinkgefäß, welches frei von sichtbaren Verunreinigungen und nicht sichtbaren Krankheitskeimen ist. Der Einsatz von elektrischen Glasspülern ist daher unabdingbar.

Am besten wählt man Fabrikate, die gebrauchsfertige trockene, fleckenfreie und kalte Gläser am Ende in den Spülkörben haben. Ein Nachpolieren ist dann unnötig, in Kanada und in den USA nach der USPH (Gesundheitsbehörde) sogar verboten. Der Gast dort akzeptiert einige Wasserflecken eher als Gläser, die massenweise mit einem Handtuch poliert werden. Bei Kontrollen müssen handpolierte Gläser zurück in die Spülmaschine! Früher eingebaute Doppelspülen haben nicht nur einen immensen Wasserverbrauch, sondern nehmen unnötig viel Arbeitsfläche in Anspruch. Auch ist die Spültemperatur von 55 bis 60 °C kaum erreichbar. Das Spülen von nur Biergläsern ist per Hand auch mit kaltem Wasser problemlos. Gegen ein Entstauben von lange nicht benutzter Glasware mit einem frischen Tuch ist nichts einzuwenden.

Kapitel 08

Barmaße und Mengenangaben (Europa, USA)

Da die ersten Drinks in den Vereinigten Staaten gemixt wurden, verwendet man auch heute noch die Angaben der Amerikaner bei Rezepturen. Für Europa werden sie in das metrische System umgerechnet, das eigentliche Maß aber ist die Unze (fluid Ounce). Zurückgerechnet wurde von der US-Gallone, die auch noch von der englischen Gallone abweicht.

Durch die Vereinheitlichung in der Europäischen Union hat sich Großbritannien nun auch mit den Zentilitern abgefunden. So sind das „Imperial Pint" und die „Imperial Gallon" theoretisch Vergangenheit. Für die Bar sind deshalb weltweit zwei Mengenangaben wichtig: die US-Maße und das metrische System.

Metrisches System

1 Tropfen	unbestimmte Mengenangabe Beispiel: Tabasco
1 Spritzer	ca. 0,1 cl Beispiel: Angostura
1 Barlöffel	0,3 bis 0,5 cl Beispiel: Eiweiß
1 Teelöffel	0,5 bis 1,0 cl Beispiel: Zucker
1 Schuss	unbestimmte kleine Füllmenge Beispiel: Soda

Es folgen die weiteren Angaben in Zentiliter, wobei es üblich ist, in 0,5 cl zu steigern.
Beispiel: 1cl, 1,5 cl, 2 cl

US-Barmaße (Grundmaße)

1 drop	Tropfen (unbestimmt)	
1 dash	Spritzer, ca. 0,1 cl	
1 barspoon	ca. 0,5 cl	
1 teaspoon	max. 1,0 cl	
1 splash	Schuss, kleine Menge	
1 dollop	wörtlich: Klacks, in der Barsprache größerer Schuss (unbestimmt)	
1 Ounce	2,95727 ml	= 3 cl
1 Gill	1,5 oz	= ca. 4,4 cl
1 Wine glass	4 oz	= ca. 11,2 cl
1 split	6 oz (Maß für kleine Flaschen)	= ca. 17,2 cl
1 Cup	8 oz	= ca. 23,0 cl (Kaffee)
1 pint	16 oz	= ca. 47,3 cl (Biermaß)
1 Quart	ca. 95 cl	
1 Gallone	ca. 3,78 Liter	

Um diese Abmessungen in der Praxis besser anwenden zu können, wurde nachfolgende Übersicht auf übliche Angaben umgerechnet.

Amerikanische Angaben in Rezepturen

$^5/_8$ oz	1,9 cl
$^3/_4$ oz	2,2 cl
$^7/_8$ oz	2,6 cl
$1^1/_8$ oz	3,5 cl
$1^1/_4$ oz	3,7 cl
$1^1/_2$ oz	4,4 cl (1 Gill), übliches Whiskeyglas
$1^1/_3$ oz	5,2 cl
$2^1/_2$ oz	7,4 cl

Sondermaße:

1 Pony	3 cl (Südstaaten)
1 Short Shot	3 cl (Nordstaaten)
1 Jigger	4,4 cl
1 Gill	4,4 cl

Manche Mixbücher geben auch so genannte Parts an. Sie entsprechen einer genau festgelegten Menge in Ounces bzw. Zentilitern.

Beispiele:

1 part	$^1/_2$ oz	1,5 cl
2 part	1 oz	3,0 cl
4 part	2 oz	6,0 cl

Zur Umrechnung von US-Einheiten wird im metrischen System auf- und abgerundet.
In der Praxis sind Maße wie 1,9 cl oder 3,7 cl nicht real abmessbar.

Freestyler messen nur in ganzen Zentilitern oder Unzen.

Zur Herstellung aller Bargetränke benötigt man Eis (Ausnahme sind die Heißgetränke, Smoothies und teilweise Milk Shakes).
Form und Zustand der Eiswürfel sind entscheidend für das Gelingen der Drinks. Der Würfel sollte in Form und Aussehen seinem Namen entsprechen und eine niedrige Temperatur aufweisen, ideal sind etwa –15 °C. Maschinen, die das nicht schaffen, sind abzulehnen. Ist die Temperatur nicht tief genug, entsteht während des Arbeitens zu viel Schmelzwasser.

Von ganz schlechter Qualität für die Bar sind Hohleiswürfel (Barslang: Eskimokondome!), da sie für einige Arbeitstechniken total ungeeignet sind und zersplittern.
Ein sicheres Qualitätsmerkmal ist ein klarer, durchsichtiger Vollkörper, der sich bei der Lagerung im Vorratsbehälter der Maschine nur wenig verändern darf.

Es ist darauf zu achten, dass stets ausreichend Eis zur Verfügung steht. Der Bedarf für eine Schicht je Arbeitsplatz in einer gut besuchten Bar liegt bei 80 kg. Hier gilt die Faustregel: Ein Drink benötigt 150 g bis 200 g Eis zur Herstellung. Man errechnet so den Bedarf je Tag und wählt danach die Leistungsfähigkeit der Eismaschine. Ist ein separater Crushed-Ice-Bereiter vorhanden, so verringert sich die Menge dementsprechend.

Problematisch ist in Deutschland manchmal die Verwendung der richtigen Eismenge für das Getränk.
Der „Volksglaube", Eis ist nur gut für den Betreiber, scheint fast Philosophie zu sein. Serviert man einen Gin Tonic mit 3 Eiswürfeln, kann es schon zu Fragen kommen. Die richtige Eismenge für diesen Drink sind aber 5 bis 6 Würfel, wobei jetzt auch das Glas in der richtigen Größe gewählt werden muss!

Beispiel:

GIN TONIC
4 cl Gin
10 bis 12 cl Tonic Water
Garnitur
Gesamtmenge: ca. 16 cl

In einem richtigen Glas mit 30 cl passen jetzt noch 5 bis 6 Eiswürfel dazu, ohne zu überfüllen. Damit erreicht man die Idealtemperatur von 4 bis 6 °C. Versuche ergaben, dass der gleiche Drink bei 2 Eisstücken eine Temperatur von zirka 10 °C hat. Das führt zu einem schnellen Abschmelzen und zum Verwässern des Drinks.

Eiswürfel dürfen nicht in Frostern gelagert oder nachgefroren werden. Dabei verhärtet sich die Außenschicht, und es findet kein gewünschter Wärme-Kälte-Austausch statt. So kurios es klingen mag: Je kälter das Eis, desto schlechter die Kühlung!

Die einzige Ausnahme bildet hierbei Crushed Ice. Wird dies manuell oder elektrisch hergestellt, ist es sogar ratsam, es nochmals zu frosten.
Zusammenklebende Stücke werden dann mit dem Eispickel gelöst.

Verschiedene Eisarten auf den folgenden Seiten.

Eis in der Bar

▶ ICE CUBE

Normaler Volleiswürfel in gerader oder angeschrägter Form (große Kältereserve).
Verwendung:
Rühren, Shaken, Blenden sowie Aufbaugetränke und Drinks oder Spirituosen „on the rocks".

▶ CUBLETTS

Mini-Eiswürfel, ähnlich dem Ice Cube, nur kleinere Kantenlängen.
Verwendung:
Mixen, Blenden. Kann notfalls auch als Crushed Ice benutzt werden. In den USA und Kanada häufiger verwendet als Eiswürfel.

▶ CRACKED ICE

Eigentlich eine Notlösung aus den karibischen Ländern. In Ermangelung von Eismaschinen werden die Eisblöcke mit einem Hammer in ungleichmäßige Stücke geschlagen.
Verwendung:
In diesen Ländern zu jeglicher Getränkeherstellung mit Ausnahme bei „on the rocks".

▶ COBBLER ICE

Eine Form von grob geschlagenem Crushed Ice, meist aus elektrischen Eismühlen.
Verwendung:
ideal für Caipirinhas.

▶ CRUSHED ICE

Feinkörniges Eis, schneller Schmelzeffekt. Zum Teil ist hier ein Nachfrieren von Vorteil. Handgemahlenes Crushed Ice verwässert sehr stark, unbedingt abgießen. Der Einsatz einer Maschine bürgt hier für Qualität.
Verwendung:
Karibik- und Fancy Drinks, Frozen Drinks, non alcoholic-Drinks.

▶ SHAVED ICE

Wörtlich „rasiertes“, besser geschabtes Eis, welches ursprünglich mit Krallen oder Schabern von Eisblöcken gekratzt wurde. Heute kaum noch im Einsatz.
Verwendung:
Frappés, ehemals Ersatz für Crushed Ice.

Eine Sonderform sind Phantasie-Eiswürfel, kurz Fancy Ice genannt.

Man verwendet sie nicht für Herstellungstechniken, sondern ausschließlich als Garniturelemente.

Mittels Plastikschälchen und Tiefkühler werden Fruchtstückchen, auch Blumenblüten, eingeschlossen. Es eignen sich Erdbeeren, Mandarinen, Kirschen, Trauben und Haselnüsse. Auf essbare Blüten wird im Kapitel „Garnituren" nochmals eingegangen.

Ebenfalls als Fancy Ice bezeichnet wird gefrorenes, eingefärbtes Wasser. Beliebt sind als Färbemittel Eigelbfarbe, Erdbeerrot, Zuckercouleur und Barsirupe. Unbedingt auf Farbspiel und Verträglichkeit der Ingredienzen achten.

▶ NEGATIVBEISPIEL

Verwendung von Eisformen, welche nicht für die Gastronomie vorgesehen sind und eigentlich für Fleischereien und Fischhändler gedacht sind.

Hinweis:
Unbedingt auf die Herstellerempfehlungen in den Betriebsanleitungen der Eisbereiter und auf die Einsatzmöglichkeiten achten.

Hiermit wird die Gesamtheit der zu verarbeitenden Ware bezeichnet, unabhängig davon, wie sie verkauft werden soll (gemischt oder pur). Art und Umfang sind von der Betriebsgröße abhängig, ebenso vom Bartyp. Eine unbedingte Vollständigkeit des Barstocks kann also nicht erstellt werden.

Seit einigen Jahren zeichnet sich ein sehr markenbewusster Trend ab. Während früher eher simpel „Whisk(e)y Cola" geordert wurde, legt der Gast häufig die Marke fest. Die Bestellung „Beam Cola" oder „Jacki Cola" sind für heutige Barkeeper keine Neuheiten mehr. Vergleiche in New Yorker Barkarten zeigen, dass wir dabei erst am Anfang stehen. Eine Aufzählung von 200 bis 300 Whisky(ey)s, 80 Tequilas und 20 Vodkamarken ist bei uns eher die Ausnahme und sicher auch ortsabhängig. Während Hamburg, Berlin, München und das Ruhrgebiet in dieser Hinsicht schon stark angezogen haben, ist es im Bayerischen Wald oder auf Hiddensee sicher nicht üblich. Der Spruch „Klasse statt Masse" heißt hier „Masse mit Klasse".

BASISSPIRITUOSEN
(die Anzahl in der Klammer bezieht sich auf empfohlene Einzelmarken):

- Vodka (3 bis 5)
- High-Quality Vodka (1 bis 2)
- Brandy (3 bis 5)
- Weinbrand (1 bis 2)
- Cognac (3 bis 5)
- Armagnac (1 bis 2)
- Pisco (1 bis 2)
- Rum, hell (3 bis 5)
- Rum, dunkel (5 bis 8))
- Rum, hochprozentig (1 bis 2)
- Irish Whiskey (3 bis 5)
- Canadian Whisky (3 bis 5)
- Tequila (3 bis 5)
- Flavoured Tequila (2 bis 3)
- Obstbrände (5 bis 8)
- Gin, London Dry (2 bis 3)
- Gin, hochprozentig (1)
- Cachaça (2 bis 3)
- Aquavit (2 bis 3)
- Calvados (2 bis 3)
- Scotch Blending (8 bis 10)
- Scotch Malt (mind. 10)
- US-Whiskey (8 bis 10)
- Japanischer Whisky (1 bis 2)

MIXLIKÖRE
(zur Verarbeitung, zum Purausschank selten)

- Crème de Menthe (weiß und grün)
- Crème de Cacao (weiß und braun)
- Crème de Banane (gelb und grün)
- Crème de Cassis
- Curaçao Triple Sec
- Curaçao Blue
- Curaçao Red
- Curaçao Orange
- Maraschino
- Frangelico
- Cherry Brandy
- Apricot Brandy
- Malibu
- Tia Maria
- Kahlúa
- Amaretto
- Galliano
- Pfirsichlikör
- Rhabarber
- Licor 43

Der Barstock

▶ EDELLIKÖRE
(zur Verarbeitung oder zum Purausschank)

- Grand Marnier
- Cointreau
- Drambuie
- Cherry Heering
- Bénédictine DOM
- Chartreuse Verte
- Southern Comfort, Reserve

▶ EMULSIONSLIKÖRE

- Eierlikör
- Batida de Coco
- Baileys Irish Cream
- Amarula

▶ ANISEES/ANISLIKÖRE

- Sambuca
- Ouzo
- Pastis
- Ricard
- Pernod
- Absinth

▶ APERITIFBITTERS

- Campari
- Aperol
- Cynar

▶ BITTERS

- Underberg
- Jägermeister
- Fernet-Branca
- Averna
- Ramazzotti
- Martini Bitter

▶ VERMOUTH/DESSERTWEINE

- Noilly Prat
- Martini oder Cinzano (Rosso, Rosé, Dry, Bianco)
- Sherry (2 bis 3)
- Portwein (2 bis 3)

▶ FLASCHENWEINE/SCHOPPENWEINE

- 1 bis 2 Schoppen Weißwein
- 2 bis 3 Schoppen Rotwein
- 3 bis 5 Flaschenweine, weiß
- 1 bis 2 Flaschenweine, rosé
- 5 bis 7 Flaschenweine, rot

Grundsatz für Wein in der Bar:
momentane Trendländer beachten

▶ SCHAUMWEINE

- 2 bis 3 Standard- oder Hausmarken
- 1 bis 2 Spitzenmarken (Inland)
- 2 bis 3 ausländische Marken (Cava, Spumante, Prosecco)

CHAMPAGNER

- 2 bis 3 Mittelklassemarken
  (davon 1 als Piccolo)
- 1 bis 2 Jahrgangschampagner

Hinweis:
Wird Champagner nur gelegentlich glasweise verkauft, ist es wegen der Warenökonomie ratsam, ihn aus der Piccoloflasche auszuschenken.

FILLER

- Soda
  (Siphon oder Schweppes)
- Cola
  (Pepsi, Coca, Virgin, Afri)
- Sprite/7up/Canadian Dry
- Schweppes-Limonaden:
  · Indian Tonic Water
  · American Ginger Ale
  · Bitter Lemon
- Energiegetränke (betriebsabhängig)
- Mineralwasser
- stilles Wasser

SÄFTE, NEKTARE, GGF. FRUCHTSAFTGETRÄNKE
(überregionale Marken wie Loóza, Granini, Vaihinger):

Orange, Ananas, Apfel, Maracuja, Grapefruit, Tomate, Banane, Kirsche, Cranberry (amerikanische Verwandte der Preiselbeere, wörtlich: Kranichbeere)

Achtung:
Zitronen- und Limettensaft selbst pressen!

SIRUPE

Kokos, Mandel, Grenadine, Erdbeer, Maracuja, Karamell, Vanille, Mango, Zimt, Pfefferminz, Blue Curaçao, Rohrzucker, Ahorn

GARNITUREN, FRISCH
(Grundsortiment)

Zitronen, Orangen, Limetten, Ananas, Melonen, Erdbeeren, Kiwis, Physalis, Minze, Salatgurken, Stangensellerie, Früchte der Saison

GARNITUREN (KONSERVEN)

grüne Oliven mit Stein, Cocktailkirschen, Perlzwiebeln, Pfirsiche

WASSER

- Mineralwasser regional (still, medium, normal)
- Mineralwasser überregional (still, medium, normal)
- Internationales Wasser (keine Kunststoffflaschen!)
- Quellwasser oder stilles Wasser für Malt Whiskys

Der Barstock

▶ SÜSSMITTEL

- Kristallzucker
- Puderzucker
- Würfelzucker
- Rohrzucker (weiß und braun)
- flüssiger Honig
- flüssiger Rohrzucker
- Gum

▶ BIERE

- 1 gezapfte Premiummarke
- 2 bis 3 ausgewählte Flaschenbiere (Longneck)
- 2 internationale Trendmarken oder Szenenbiere
- 1 alkoholfreies Bier

Hinweis:
Soll der Bierumsatz zu Gunsten der Mixgetränke klein bleiben, wählt man für seine Region eine fast unbekannte Biermarke.

▶ SONSTIGES

- Tabasco
- Worcestersauce
- Gewürze (Salz, Pfeffer)
- Muskatnuss
- geriebene Schokolade
- Kokosstreusel
- Milch
- Schlagsahne
- Eier
- Olivenöl
- Ketchup
- Joghurt
- Zimt
- Hagelsalz (für Tequila)
- Kaffeepulver
- getrocknetes Rindfleischpulver (Bloody Mary)
- Angostura
- Orange Bitter
- diverse Sorten Fruchteis
- Oreo Cookies (Schokoladenkekse)
- feste Schokoladensauce

Wie bereits erwähnt, erhebt diese Liste keinen Anspruch auf Vollständigkeit. Völlig unberücksichtigt blieben dabei Regionalprodukte (Spirituosen), die in der Gunst der Touristen ebenfalls hoch stehen.

Auch ist die Aufzählung gewissen Trends unterworfen, so dass sie von Zeit zu Zeit überarbeitet werden sollte. Abhängig vom Standpunkt der Bar können Produkte herausgenommen und durch andere ersetzt werden.

Für den Hausbarbereich ist dieser Barstock zu überdimensioniert. Er wurde deshalb nicht berücksichtigt.

Grundbestandteile alkoholischer Drinks

Alle Drinks bestehen mindestens aus zwei und maximal aus vier Elementen. Das Wissen um diese fundamentalen Teile ist wichtig, besonders die Aufgaben, die jeder Part in dem Getränk erfüllen soll.

Ein Grundschema kann so aussehen:

BASE (Basis)
+
MODIFIER (Aromageber)
+
MIXER (Geschmackswandler)
+
ADDITIVES (feste Bestandteile)
=
DRINK

Um den Sinn besser zu erkennen, werden diese vier Kriterien nochmals einzeln erläutert.

▶ BASIS (engl.: Base oder Basic)
Der Hauptbestandteil der Mixgetränke verleiht dem Drink einen Grundgeschmack und spielt die dominante Rolle. Damit kann der Gast auch seine Lieblingsspirituose ordern.

Beispiele:
Vodka, Rum, Tequila, Whisky, Brandy, Gin oder Edelliköre.

▶ AROMAGEBER (engl.: Modifier, Flavouring part)
Damit werden Formen verändert, das heißt ein Abrunden des Geschmacks. Teilweise entstehen zusätzlich Farbveränderungen (Tequila Sunrise). Sie sind das i-Tüpfelchen des Getränks, sozusagen der letzte Schliff.

Beispiele:
Liköre, Sirupe, Aromabitter, Zitronenöl aus Zesten oder Twists.

▶ GESCHMACKSWANDLER (engl.: Mixer oder Filler)
Die harte Grundrichtung wird verändert, jedoch nicht völlig überdeckt. Es kommt zu einer Reduzierung des Alkoholgehalts, und das Getränk bekommt „Länge".

Beispiele:
Säfte, Limonaden, Wasser, aber auch Südweine, Sekt und Champagner.

▶ FESTE BESTANDTEILE (engl.: Additives, Solids)
Hier sind Varianten möglich. Erstens können sie als reine Garnitur fungieren, am Glasrand oder im Getränk. Ein wichtiger Bestandteil ist stets das Eis in all seinen Formen.
Zweitens können sie aktiv den Geschmack unterstützen oder auch gar erzeugen, wenn sie sich im Getränk befinden (Caipirinha). Die Grenze zwischen Modifier und Additives wäre dann fast fließend.

Beispiele:
verschiedene Zuckerarten, Gewürze, Obst und Gemüse, Kokosflocken, Eis.

Innerhalb der Gruppen können Einzelprodukte mehrfach auftreten, also mehrere Spirituosen, Säfte oder Sirupe. Entscheidend für das Endergebnis sind das Zusammenspiel und die Ausgewogenheit der Bestandteile.

An einem simplen Mixkreuz wird dies noch einmal deutlich:

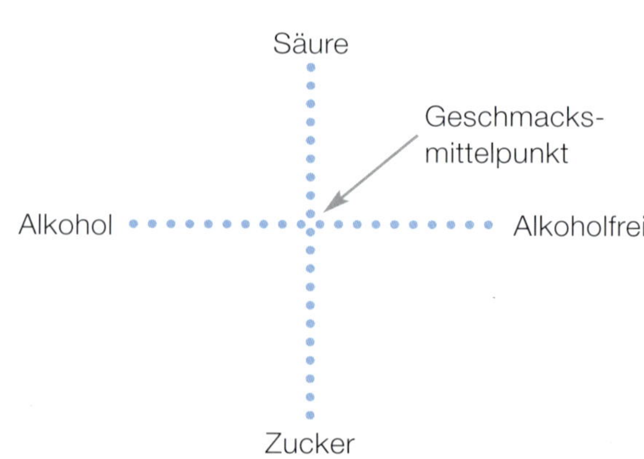

Grundbestandteile alkoholischer Drinks

Der Amerikaner sagt: "A good cocktail doesn't mean a big one!"

Fazit:
Nicht die Größe des Getränks, sondern seine Zusammensetzung ist wichtig.

Das Verständnis der Barkeeper über die Zusammensetzung von Getränken ist der Anfang des „Drinkmaking“. Ein Verstehen der spezifischen Eigenschaften, Farben und Geschmack wie auch die Kombinierbarkeit ist die hohe Schule der Bar.

Anfangs halten Barkeeper sich an so genannte Standardrezepturen, und die Klassiker sind dabei das Abc. Ohne sie wären keine neuen Gruppen mitsamt den unzähligen Varianten und Abwandlungen erfunden wurden. Nur mit Basiswissen der Warenkunde und der Kombination von Fähigkeit und Fertigkeit kann auch sofort dem Gästewunsch entsprochen werden: „Machen Sie mir mal etwas Schönes!“

Niemals sollte auf Kosten des Gastes experimentiert werden, man könnte ihn sonst schnell verlieren. In jeder Branche gilt beim Verkaufen: „Was du nicht kennst, kannst du auch nicht verkaufen!“ Hier übertragen könnte der Satz auch heißen: „Mische nichts zusammen, von dem du keine Ahnung hast!“

Aus Wissen und Fertigkeit wird die Kombination, welche die Barkeeper befähigt, mit Leichtigkeit auch ungewöhnliche Drinks und Eigenkreationen zu entwickeln.

Beispiele zur praktischen Anwendung der Mixphilosophie

NAME	BASE	MODIFIER	MIXER	ADDITIVES
Vodka Lemon	Vodka	–	Bitter Lemon	Eis
Cuba Libre	Havana Rum	–	Cola	Limettenstücke, Eis
Tequila Sunrise	Tequila	Grenadine	Orangensaft	Orangenscheibe, Eis
Bloody Mary	Vodka	Tabasco, Worcestersauce, Gewürze	Tomatensaft	Selleriestangen
Zombie	heller Rum, dunkler Rum, hochprozentiger Rum	Apricot Brandy, Grenadine, Zitronensaft	Orangensaft, Ananassaft	Ananas, Kirsche, Minzezweig

Grundbestandteile alkoholfreier Drinks

Der vorangegangene Abschnitt erklärte die Grundform des Mixens mit Alkohol.
In der trendbewussten heutigen Zeit sind auch die alkoholfreien, handgefertigten Drinks schwer im Vormarsch. Es gehört also auch zum Lifestyle, mal keinen Alkohol zu trinken und sich trotzdem nicht mit Kaffee, Cola oder Wasser abfinden zu müssen. Der Gast will kein „outing", er möchte vielmehr mit dabei sein und eine andere Vielfalt erleben können. Die Deutschen gehören weltweit zu den Spitzenreitern im Konsum von Fruchtsäften.

Was ist jetzt anders im Mixschema? Alkohol als Hauptgeschmacksträger fällt aus, es müssen „Ersatzstoffe" her, die diese Funktion übernehmen.

falsch!
~~BASE~~
+
MODIFIER
+
MIXER
+
SOLIDS
=
DRINK

Die Variante könnte jetzt so stehen (Beispiel in Klammern):

MODIFIER (Mandelsirup)
+
MIXER (Milch)
+
SOLIDS (Eiswürfel, Erdbeere)
=
DRINK (Almondshake)

Hierbei ist jeglicher Alkohol auszuklammern, und damit wird es spezifischer.

- MODIFIER
  Sirupe, Lime Juice, Lemon Squash
- MIXER
  Säfte, Milch, Sahne, Limonaden, Wasser
- SOLIDS
  Obst, Gemüse, Fruchteis, Gewürze, Kräuter, Eis

Grundbestandteile alkoholfreier Drinks

Die menschliche Zunge erkennt eigentlich nur vier Hauptgeschmacksrichtungen: süß, bitter, sauer, salzig.
Werden diese Sachen miteinander kombiniert, entsteht nun eine Vielfalt von Eindrücken, die stets mit Erfahrungen ausgedrückt werden:

- frisch, leicht
- blumig, duftig
- rauchig, schwer
- scharf, würzig

Während die Zungenspitze süß empfindet, wird Salz fast erst am Gaumen gespürt, die Zungenseiten nehmen die Säure wahr und die Zungenmitte die Bitterstoffe. Auch das ist ein Grund, warum wir beispielsweise Schokoeis lecken, vielfach aber Bitterschokolade beißen.
Ohne Zweifel gehören die alkoholfreien Mixgetränke mit zu den Verkaufshits jeder Bar. Die Vielfalt ist fast unendlich, und nahezu jeder Kundenwunsch kann erfüllt werden.
Von lieblich bis herb, ob klein oder groß, sogar als Heißgetränke (aromatisierte Kaffees) sind sie erwünscht. Zeigen wir dem Gast, dass es auch ohne Alkohol gehen kann, und wir werden einige Stammgäste mehr haben.

Die Grundbestandteile alkoholfreier Drinks

Name	Modifier	Mixer	Additives/Solids
Virgin Mary	Tabasco, Gewürze, Zitrone	Tomatensaft	Selleriestange, Limettenkeil
Strawberry Smoothie	gefrorene Erdbeeren, gefrorene Bananenstücke	Orangensaft	Ananaskeil, Minzezweig
Good Morning	Lime Juice, Mandelsirup, Sahne	Ananassaft	Eiswürfel, Kiwischeibe, Cocktailkirsche

Gegenbeispiel:

Name	Modifier	Mixer	Additives/Solids
Mineralwasser	–	Mineralwasser	–
Cola	–	Cola	Eis
Kaffee	evtl. Zucker, Milch	Kaffee	–

Garnituren

Ein wichtiger Bestandteil jedes Drinks ist die Garnitur. Obwohl viele Klassiker in Rezepturen ohne Dekoration angegeben werden, entspricht das nicht mehr dem heutigen Trend. Man muss allerdings dazu sagen, dass in der Zeit der Kreation dieser Getränke sogar in den USA nicht die Auswahl an Obst und Gemüse zur Verfügung stand, die wir heute haben. Man begnügte sich eher spartanisch mit Zitronen, Limetten, Kirschen und Oliven. Zum Teil wird dies heute noch in einigen Bundesstaaten so praktiziert, Großstädte sind die Ausnahmen.

Bedingt durch das geänderte Gäste- und Abverkaufsverhalten sollte man heute alle Drinks garnieren. Einige Gäste kaufen tatsächlich nach reiner Optik, ohne genau zu wissen, was sie eigentlich erwartet. Glasform, Größe des Drinks, Farbspiele und besonders die Garnitur verleiten oft zum spontanen Kauf. Also gehen wir mit der Zeit.

Grundlegende Regeln für die Dekorationen und Garnituren:

- frisch (ohne Einschränkung)
- gesäubert oder gewaschen
- größtenteils essbar (Schalen von Zitrusfrüchten, Stängel von Kräutern, Kerne und Steine von Obst und Gemüse erkennt der Gast allein als nicht essbar)
- einfach herzustellen (Zeitaufwand!)
- nachvollziehbar (gleiche Dekoration bzw. Garnitur muss schnell erneut angefertigt werden)
- auf die Farbe des Drinks oder Inhaltsstoffe abgestimmt
- kleines Glas = kleine Garnitur
- großes Glas = größere Garnitur
- maximal 5 Elemente sollten miteinander verbunden sein
- nicht sättigend
- nicht überladen (kein Floristenwettbewerb!)
- phantasievoll zusammengesetzt
- transportabel (Dekoration darf während des Tischservice nicht auf das Kellnertablett fallen)
- bei Gastkontakt keinerlei Handberührung

An gut gemachten Garnituren erkennt man die Professionalität des erfahrenen Barkeepers genauso wie man den Koch nach dem Geschmack von Saucen und Suppen beurteilt.
Ein häufiger Fehler ist das Überladen und „Zuhängen“ der Glasränder mit Einzelelementen. Der Gast möchte keinen Obstsalat! Eine Einteilung kann man dadurch erkennen, wo sich die Garnitur befindet.

▶ PRESSEN VON LIMETTENKEILEN

▶ HINZUFÜGEN EINER ZITRONENSCHEIBE

▶ GARNIEREN EINES COCKTAILS

Garnituren der Getränke

▶ EINTEILUNGEN

Am Glasboden	Am Glasrand	Auf dem Drink/ Im Drink
Honigböden	Scheiben von Obst	Muskat, Gewürze
Würfelzucker	Räder aus Zitrone	geraspelte Bitterschokolade
alkoholisiertes Frischobst (eingelegte Kirschen)	Vögel	Zimt, Kokosflocken
Calvadosäpfel	Fächer	Kaffeepulver (lösl.)
Obst aus Konserven	Erdbeermaus	Orchideenblüten
Cocktailkirsche	essbare Blumenblüten	gefrorene Fruchtstücke
Oliven mit Stein	gesteckte Flagge	Fancyeiswürfel
Perlzwiebeln (Konserve)	Fruchtspieße	gefärbte Sahne
teilweise Produkte der Süßwarenindustrie	Fruchtkeile in Streifen	Sourgarnitur (on the rocks)
	Zuckerränder und Ähnliches	Zesten, Twist Öl
	Sourgarnitur (klassisch)	schwimmende Schalen

Erdbeermaus

Schiffchen

Fancygarnitur

Delphin

Paradiesvogel

Karamellgitter des
Caramel Martini

Garnituren

Fancygarnitur

Fancygarnitur

Ananasflagge

Die wichtigsten Garniturelemente im Überblick

(ENGLISCHE ÜBERSETZUNG IN KLAMMERN)

Südfrüchte	Exotische Früchte	Heimische Früchte/Gemüse	Sonstiges
Zitrone (lemon)	**Karambole** (starfruit)	**Erdbeere** (strawberry)	**Kakaopulver**
Limette (lime)	Kumquat (kumquat)	Himbeere (raspberry)	**Kaffeemehl, Kaffeebohne**
Orange (orange)	**Kapstachelbeere** (Cape goosebeery)	Brombeere (blackberry)	**Schokoladenraspel**
Mandarine (tangerine)	**Kiwi** (kiwi)	Johannisbeere (currant)	Nüsse und Mandeln
Melone (melon)	Maracuja (passion fruit)	**Kirsche** (cherry)	**alle Zuckerarten**
Banane (banana)	Feige (fig)	Apfel (apple)	Wurst- und Speckscheiben
Ananas (pineapple)	Dattel (date)	Birne (pear)	**Salz**
Grapefruit (grapefruit)	Kokosnuss (coconut)	Aprikose (apricot)	**Zimt, Zimtstangen**
Pfirsich (peach)	Mango (mango)	Wassermelone (water melon)	Gewürznelken
		Pfefferminze (peppermint)	Sternanis
		Stangensellerie (celery)	**Perlzwiebeln**
		Weintrauben (grape)	gemahlenes Trockenrindfleisch (Bloody Mary)
			Blütenblätter (essbare!)
			Getreidehalme (essbare!)
			Mohnpulver
			Oliven, gefüllt u. ungefüllt

Natürlich benötigen wir nicht alle Garnituren gleichzeitig und in größeren Mengen, die **fett** gedruckten gehören zum Standardsortiment und sollten vorrätig sein.

Großes Boot für Double Drinks

Gewichtheber

Bananenboot

Garnituren

Obwohl wir, neben zahlreichen Vorgaben, auch eigene Kreationen aus Obst und Gemüse schaffen können, gibt es dabei grundlegende Einschnitte.

Die Klassiker, und das sind viele der Standarddrinks, werden stets mit der Originalgarnitur gereicht.

Davon abweichen oder ändern ist nur auf Gästewunsch oder Rückfrage möglich. Der nachfolgende Auszug zeigt unveränderbare Grunddekorationen.

Klassiker mit feststehenden Garnituren

- Martini Dry Cocktail
  grüne Olive mit Stein
- Manhattan Cocktail
  Cocktailkirsche
- Gibson (Vodka Martini)
  Perlzwiebeln
- Pimm's N° I
  Schale von frischen Salatgurken, Orangenscheibe, Kirsche
- Bloody Mary
  Staudensellerie, evtl. gemahlenes Trockenrindfleisch
- Juleps
  Minze
- Crustas
  Zuckerrand/Zitronenspirale
- Pillerkaller
  Leberwurst (heute eher Salami)
- Flips
  geriebene Muskatnuss
- Mojito
  Minze
- Margarita
  Limettenkeil oder -scheibe
- Sours
  Kirsche, Zitrone, Orange

Ist eine Garnitur nicht mehr vorrätig, so ist dies mit dem Gast abzuklären bzw. nicht durch anderes zu ersetzen.

▶ BRENNENDE ERDBEERE

▶ „B 52"

▶ BRENNENDE KIWI

Sonderformen der Dekorationen und Garnituren

Um bei exklusiven Bestellungen einen besonderen Effekt zu erzielen, kann eine Vielzahl von Blüten verwendet werden. Von Vorteil ist es, wenn man die Sonderwünsche schon weiß, um alles organisieren bzw. bestellen zu können.
Auf keinen Fall dürfen hier gespritzte Teile verwendet werden, so dass normale Gärtnereien ausfallen, es sei denn, der Gärtner versichert eine 100-prozentige Reinheit.

LISTE DER ESSBAREN BLÜTEN

- Apfel
- Begonien
- Chrysanthemen
- Dahlien
- Fenchel
- Gänseblümchen
- Gladiolen
- Herbstastern
- Holunder
- Jasmin
- Kapuzinerkresse
- Koriander
- Lavendel
- Löwenzahn
- Rosen
- Rosmarin
- Salbei
- Thymian
- Veilchen
- Zwiebeln

ZUBEREITUNG

- Blüten ausschütteln (Insekten)
- Eiweiß halb steif schlagen und die Blüten mit feinem Pinsel beidseitig bestreichen, danach mit sehr feinem Zucker bestreuen.
- Die Blüten auf einem feinem Gitter oder gemehlter Alufolie 2 Tage trocknen lassen.
- Die Trockenzeit kann im Backofen bei 50 bis 60 °C auf 6 bis 8 Stunden verkürzt werden.
- Diese Blüten sind einige Tage bzw. einige Wochen stabil.

Achtung:
Nicht im Kühlschrank aufbewahren! Ein flaches verschraubbares Glas erhält unsere Blüten etwa 14 Tage in gutem Zustand.

Rosenblüte in Puderzucker

Grundherstellungsarten der American Drinks

Eines der wichtigsten Kapitel dieses Buchs sind die Techniken zur Getränkeproduktion.
In vielen Bereichen der Bar gibt es keine greifbar festen Regeln und unzählige Ausnahmen. Nicht so bei den Grundtechniken, also des „Drinkmaking". Weltweit gibt es Unterschiede bei Gläsern, Garnituren, Rezepten und Handwerkszeug, hier nicht.

Die acht Grundtechnologien

Technologie	Arbeitsmittel	Temperatur	Schaumbildung	Schmelzwasser	Eis	Beispiel
Build in glass	Gästeglas	bis max. 4 °C	keine	wenig	Cubes, Crushed Ice Cubletts	Campari Orange, Tequila Sunrise, Caipirinha, Kir Royal
Stir (rühren)	Mixglas	ca. 2–4 °C	keine	sehr wenig, ca. 2 cl	Cubes Cubletts	klare Shortdrinks wie Manhattan, Martini, Gibson
Shake (schütteln)	Shaker	0–2 °C	mittel/viel	mittelmäßig, ab 4 cl	Cubes Cubletts	trübe schwer mischbare Drinks wie Sours, Sweet Cocktails, Flips
Speedshake	Gästeglas + Metallteil des Boston Shakers/ Speedshaker	ca. 2–4 °C	sehr viel	viel	Cubes, Crushed Ice Cubletts	große schwer mischbare Drinks wie Karibik- und Fancy Drinks
Blend (USA = mix)	E-Blender (USA = Spindelstab-mixer)	2–4 °C	sehr viel	viel	Cubes, Crushed Ice Cubletts	große schwer mischbare Drinks, Mehrfachbestellung geshakter Short-drinks
Dry blend	E-Blender	ca. 4 °C nach etwa 30 Sek. (Nachkühlung)	sehr viel	keines (Blender) mittel (Gästeglas)	Blendbecher: keines; Gäste-glas: Cubes, Crushed Ice Cubletts	große schwer mischbare Drinks, Mehrfachbe-stellung geshakter Short-drinks
Mix (USA = blend)	E-Mixer (USA = Blender)	unter 0 °C ca. –6 °C	etwas, wird meist zerschlagen	sehr viel (gefriert)	Crushed Ice, Fruchteis, gefrorene Früchte Cubletts, Cubes	Frozen Drinks (Margaritas, Daiquiries), Smoothies, Milk Shakes, bestimmte Karibik- und Fancy Drinks
Dry Mix	E-Mixer	unter 0 °C nach ca. 30 Sek. Nachkühlung	viel	keines	Mixeraufsatz: keines; Gäste-glas: Cubes, Cublettes, Crushed Ice	Schnelltechnik für Mehrfach-stellung, geshakter oder geblendeter Drinks
Hot Drinks	Brenner/ Gästeglas	ca. 85 °C	keine	keines	–	Irish Coffee, Hot Buttered Rum, Rüdes-heimer Kaffee

Grundherstellungsarten der American Drinks

Das Schütteln im Shaker (klassische Technik)

Geschüttelt werden die meisten aller Cocktails. Sie enthalten oft sich schwer zu vermischende Zutaten, wie z. B. Sahne, Säfte, Sirupe oder Liköre.

- Den unteren Teil des Shakers füllt man etwa zu zwei Dritteln mit Eiswürfeln. Dieses Eis genügt, um einen Cocktail zu mischen. Muss man zwei oder drei Cocktails herrichten, wird er ganz gefüllt.

- Alles, was man zum Mixen des betreffenden Rezeptes benötigt, also Spirituosen, Säfte, Sirupe, Sahne usw., stellt man so vor sich hin, dass man es leicht mit der rechten Hand greifen kann (dabei stehen die Flaschen so, dass der Gast die Etiketten sehen kann).

- Das Glas/die Gläser, die man benötigt, links hinstellen! Zum Vorkühlen je 2 bis 4 Eiswürfel oder drei Viertel Crushed Ice in das Glas bzw. die Gläser geben! Schreibt das Rezept einen Zucker- oder Salzrand vor, so wird dieser jetzt gemacht. (In diesem Ausnahmefall verzichten wir auf das Vorkühlen der Gläser, um den gefertigten Rand nicht zu zerstören!) Desgleichen werden nun aufwendige Dekorationen vorbereitet!

- SEHR WICHTIG:
  Das Schmelzwasser aus dem Shaker abgießen.

- Alle Ingredienzen laut Rezeptur sind abzumessen und in den Shaker zu geben, dabei kann die Reihenfolge wie folgt sein: Sirup, Sahne, Säfte, Spirituosen usw. Moussierende Getränke keinesfalls mitschütteln und auch nicht abmessen!

- Den Shaker schließen und kurz, aber kräftig schütteln. Bei der Zubereitung mehrerer Drinks etwas länger schütteln. Dabei hält man den Shaker in Schulterhöhe und schüttelt ihn möglichst waagerecht vor sich hin und her. Am Beschlagen des Shakers erkennt man, dass die richtige Temperatur erreicht ist.

- Eiswürfel und Schmelzwasser aus den bereitgestellten Gläsern entfernen!
  Die Mischung mittels Strainer in das Glas bzw. in die Gläser geben. (Auf gleichmäßige Füllhöhe achten!)

- Garnitur oder Beigabe (wenn vorgesehen) in das/an das Glas geben und sofort servieren.

- Drinks nicht herumstehen lassen. Je frischer sie getrunken werden, umso besser schmecken sie!

Grasshopper

Grundherstellungsarten der American Drinks

1 Setup des Arbeitsplatzes

2 Kühlen des Gästeglases mit Eiswürfeln

3 Das Glasteil des Shakers wird mit Hilfe des gedrehten Barlöffels schnell abgekühlt

4 Schmelzwasser aus dem Shaker entfernen

5 Abmessen der Ingredienzen laut Rezeptur

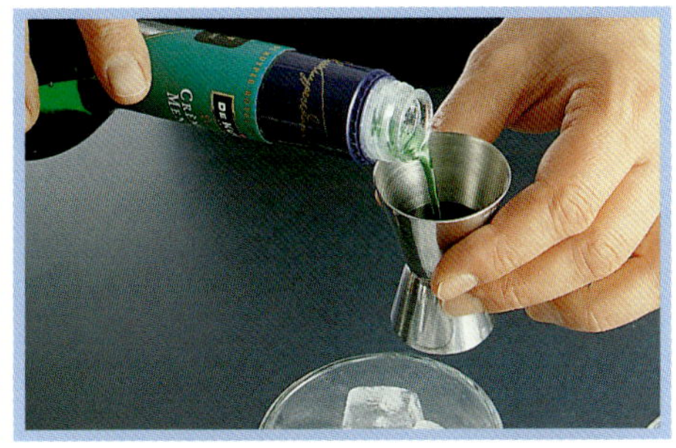

6 Abgießen ins Gästeglas (straight up)

7 Garnieren laut Rezeptur

8 Servieren mit Serviette

Grundherstellungsarten der American Drinks

Das Rühren im Rührglas

- Alle Cocktails, bei denen sich die Zutaten leicht verbinden oder Ingredienzen enthalten, die beim Schütteln eintrüben könnten, werden verrührt!

- Im Prinzip ist hier alles wie für das Schütteln beschrieben, nur dass man den Drink mittels Barlöffel im Mixglas gut durchrührt, anstatt zu schütteln. Es gibt unterschiedliche Techniken, bewährt hat sich das Rühren von unten nach oben.

Martini Dry Cocktail

Grundherstellungsarten der American Drinks

1
Setup des Arbeitsplatzes und Arbeitsbeginn

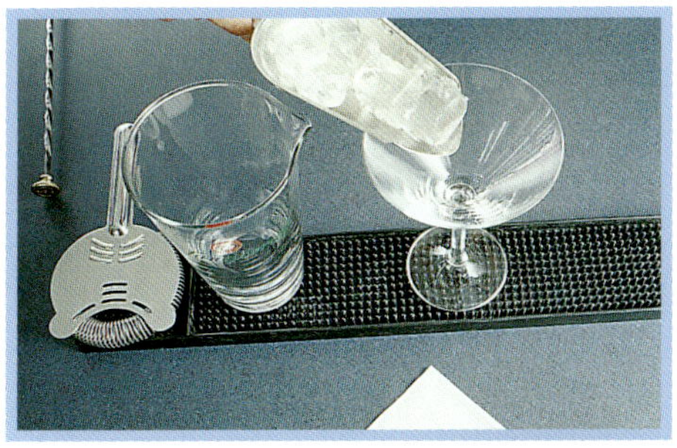

2
Vorkühlen des Gästeglases

3
Vorkühlen des Rührglases

4
Abgießen des Schmelzwassers

5
Abmessen der Ingredienzen laut Rezeptur

6
Technik Rühren (Barlöffel oben)

7
Technik Rühren (Barlöffel unten)

8
Abgießen ins Gästeglas (straight up)

9
Einlegen der Garnitur

10
Schneiden eines Lemontwists

11
Auspressen der ätherischen Öle (Aromatisieren der Oberfläche des Getränks)

12
Service

Grundherstellungsarten der American Drinks

Das Anrichten im Gästeglas (Direktherstellung)

Viele einfache Mischungen lassen sich schnell zubereiten, indem die Zutaten direkt ins Gästeglas gegeben werden.

- Bei Longdrinks beispielsweise gibt man das Eis ins Glas, die Zutaten hinein, kurz aufrühren und ggf. garnieren (Cuba Libre, Gin Tonic usw).
- Manchmal wird, je nach Drink, noch on the top Alkoholika gefloatet (Galliano bei Harvey Wallbanger).
- Einfache Mischungen mit gut vorgekühltem Wein, Sekt oder Champagner werden ohne Zugabe von Eis angerichtet (z. B. Kir Royal).
- Auch Klassiker wie Old Fashioned, Caipirinha oder Juleps sind wegen ihrer Zubereitungsweise Getränke, die im Gästeglas hergestellt werden.
- Rezeptur und Eisart unbedingt beachten.

Tennessee – Old Fashioned

Grundherstellungsarten der American Drinks

1
Setup des Arbeitsplatzes

2
Aromatisieren des Zuckerwürfels

3
Zugeben von Wasser ins Gästeglas

4
Pressen von Zucker, Angostura und Wasser

5
Befüllen des Glases mit Eiswürfeln

6
Abmessen der Ingredienzen laut Rezeptur

7
Vermischen durch Rühren

8
Auffüllen mit Sodawasser

9
Garnieren mit Standardgarnitur

10
Servieren mit Ablageschale und Cocktailserviette

Grundherstellungsarten der American Drinks

Zubereitung im Elektrikblender

Viele Fancy und Tropical Drinks haben ein großes Volumen und dauern beim Shaken zu lange. Eine Verwässerung ist dabei nicht auszuschließen und bei Longdrinks teilweise auch gewünscht.
Das Setup (Vorbereitung) ähnelt dem Shaken oder Rühren, und die Arbeitsgänge bis zum fertigen Getränk sind die gleichen.
Hier sind jetzt unterschiedliche Eisarten möglich, die einfachste ist Crushed Ice. Allerdings hat der Drink dabei eine schnellere Verwässerung als Volleiswürfel, die teilweise nach dem Austrinken noch vorhanden sind. Das Benutzen des Blenders muss trainiert werden (anfangs mit Wasser und Eis), damit man sich weder verletzt noch voll spritzt! Modelle mit Stufenschaltern für unterschiedliche Geschwindigkeiten sollten auf mittlerer Stellung laufen.

- **Achtung:**
  Der Elektrikblender wird in den USA als Spindelstabmixer bezeichnet, dort heißt diese Technik Mixen!

1 Befüllen des Blendbechers mit Eis

2 Abmessen der Ingredienzen laut Rezeptur

3 Blenden mit Spindelstabmixer

4 Umfüllen ins Gästeglas (mit Mixeis)

5 Servieren mit Ablageschale und Serviette

6 Präsentation

Die Zubereitung im Elektrikmixer (Turboblender, Aufsatzmixer)

Bei vielen beliebten Drinks aus den Bereichen von Fancy und Karibik haben wir es hier mit den kältesten Drinks zu tun. Das Endprodukt ist hier unter 0 °C und sehr zähflüssig. Der allgemeine Arbeitsablauf Shaken/Rühren gilt ebenfalls als Grundlage. Einer der häufigsten Fehler junger Barkeeper ist die Reihenfolge des Mixens, und das führt oft zu unbrauchbaren Drinks.

- **Niemals zuerst das Eis in den Aufsatz geben!**

Jetzt würde ein rasches Schmelzen einsetzen, und eine breiartige Masse kann kaum noch erreicht werden. Unerfahrene Kollegen verdoppeln dann die empfohlene Crushed-Ice-Menge mit dem Ergebnis: Drink fest – Geschmack weg! Sind Früchte oder andere feste Teile im Mixer, das Eis erst zufügen, wenn die Maschine bereits läuft. Gute Modelle besitzen dazu einen herausnehmbaren Einsatz auf dem Deckel. Die Technik Mixen ist ebenfalls vor dem ersten Einsatz zu üben.

- Achtung:
  In den USA und damit auch in Originalrezepten wird hier von Blenden gesprochen!

1 Befüllen des Aufsatzes mit Früchten

2 Abmessen der Ingredienzen laut Rezeptur

3 Zugeben von Crushed Ice

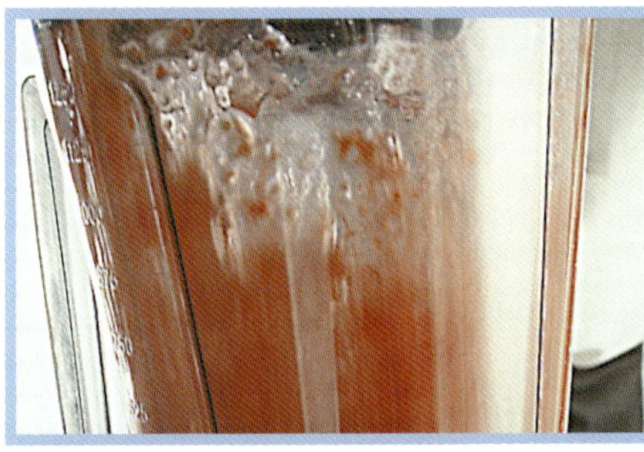

4 Mixen (etwa 30 bis 40 Sekunden)

5 Umfüllen ins Gästeglas

6 Garnieren und Servieren

Grundherstellungsarten der American Drinks

Sondertechniken

▶ SPEEDSHAKEN

Besonders in Stoßzeiten ist ein zügiges Arbeiten notwendig. Das Gästeglas ersetzt nun das Unterteil des Shakers, und der Drink wird sozusagen im Serviceglas geschüttelt. Nicht alle Formen und Glasarten eignen sich für diese Technik, vorher unbedingt prüfen!
Beim Öffnen des Shakers befindet sich das Metallteil unten, so dass sofort ins Gästeglas zurückgegossen werden kann. Profis öffnen so gekonnt, dass ein Drehen des Shakers entfällt und der Metallbecher oben ist. An die Stelle der ein wenig ablaufenden Tropfen wird nun die Garnitur gesetzt.

▶ DRY BLENDING

Wie man dem Namen entnehmen kann, scheint irgendetwas zu fehlen – das Eis!
Der Becher des Elektrikblenders wird nur mit der vorgeschriebenen Rezeptur befüllt (Ausnahme: moussierende Getränke).
Das eigentliche Mixeis befindet sich schon in den vorgesehenen Gästegläsern.

Diese Technik erlaubt uns, bis zu drei Karibikdrinks gleichzeitig herzustellen, da fehlende Eismengen im Blender durch Flüssigkeiten ersetzt werden können. Die Blendzeit beträgt nur wenige Sekunden, ein Intervallblenden verhindert das Überspritzen.

Eine bei uns noch wenig angewandte Form der Getränkeherstellung, die aber als die schnellste gilt.
Bei großem Gästeandrang wie auf Caterings die fast einzige Möglichkeit, nicht zu schwimmen!
Eine Qualitätseinbuße, wie viele befürchten, gibt es nicht, da der Drink nach 20 bis 30 Sekunden die gleichen Eigenschaften hat, wie wenn er geshakt oder geblendet wäre.

▶ HOT DRINKS

Vielfach löst die Bestellung eines „Irish Coffee“ ein Unbehagen beim Barkeeper aus, wenn die Bar voll ist. Eigentlich muss dies nicht sein. Wir haben getestet, dass unter Umständen eine Piña Colada oder ein Flip länger dauern kann, vorausgesetzt, das Setup der „Heißgetränke“ stimmt.

Da Deutschland zu den regenreichsten Gebieten in Europa zählt, sind Heißgetränke recht stark im Verkauf. Voraussetzung ist selbstverständlich ein vernünftiges Barequipment, das heißt, wir brauchen mehrere Brenner (kein Spiritus!). Sind diese gefüllt, ist Sahne bereits angeschlagen und Kaffee vorrätig, dauert ein Irish Coffee in der Kurzvariante maximal 90 Sekunden, also sogar schneller als ein gezapftes Pils!

Im Kapitel Heißgetränke wird bei den Getränkegruppen dieses Thema genauer beschrieben.

Grundherstellungsarten der American Drinks

1 Setup des Arbeitsplatzes

2 Abmessen des Zuckers

3 Gästeglas mit Zucker

4 Abmessen der Ingredienzen laut Rezeptur

5 Einhängen des Glases in den Brenner

6 Erwärmen der Mischung bis zum Siedepunkt des Alkohols

7 Entnehmen des Glases und entzünden

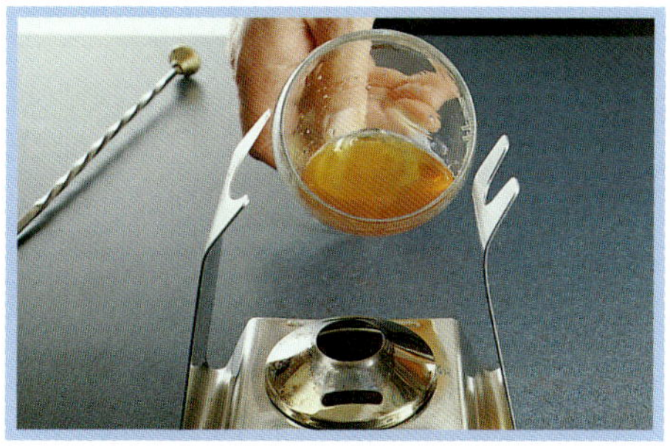

8 Auffüllen des Kaffees

9 Barlöffel zum Floaten positionieren

10 Floaten der angeschlagenen Sahne

11 Garnieren laut Rezeptur

12 Servieren ACHTUNG: kein Löffel, kein Trinkhalm!

Kapitel 15

Klassische Techniken – Ablauf und Bewertung

Zusammenfassend wollen wir noch einmal die Getränkeherstellung in Kurzform aufgliedern.

Dieser Ablauf ist nicht vorgeschrieben, aber sehr sinnvoll. In Amerika nennt man dies „Drinkmaking in the present style".

Techniken: Rühren oder Shaken

- Bestellungsannahme
- Cocktailserviette platzieren
- Gästeglas vorkühlen oder gekühltes Glas aus dem Froster nehmen
- Arbeitsmittel (Shaker oder Mixglas) mit Eis vorkühlen
- Flaschenaufbau (Etikett zum Gast) auf dem Tresen
- Anfertigen der Garnitur (entfällt bei Einzelgarnitur wie Olive usw.)
- Entfernen des Schmelzwassers aus dem Shaker oder Mixglas
- Einmessen der Ingredienzen mit dem Jigger
- Shaken oder Rühren
- Eis aus dem Gästeglas entfernen, Wasser abtropfen lassen
- Drink durch das Barsieb abgießen (straight up)
- Drink garnieren
- Gästeservice an der Bar oder am Tisch (Ablageschale für Garnitur!)
- Mise en place (Arbeitsplatz aufräumen und säubern)
- Neue Bestellung annehmen

Zeitbedarf für ein Getränk 3 bis 4 Minuten

Da alle Techniken von den klassischen Grundformen (Rühren/Shaken) abgeleitet wurden, sollte dieser Ablauf perfekt beherrscht werden.

Ein häufiges Trainieren mit Ersatzflüssigkeiten (z. B. mit gefärbtem Wasser) ist empfehlenswert.

Bewertungsbogen für Arbeitsfehler (klassische Technik)

	MÖGLICHE PUNKTE 20	ERREICHTE PUNKTE
1. Persönliches Erscheinungsbild und zügige Arbeitsweise	–	
2. Unübersichtlicher Aufbau der Ware, Etikett zum Gast usw.	1 Pkt.	…………………
3. Kein Vorkühlen der Gläser (Ausnahme: Zucker, Kaffee, Salzrand oder das Mixgerät)	1 Pkt.	…………………
4. Nichtgebrauch der Eisschaufel, Eiszange	1 Pkt.	…………………
5. Kein Abgießen des Eisschmelzwassers aus dem Mixgerät	1 Pkt.	…………………
6. Vertauschen oder Weglassen von Ingredienzen laut Rezept (inklusive Garnitur) oder der Gästegläser	bis max. 3 Pkt.	…………………
7. Kein Aufrühren der Fruchtsäfte oder Sahne vor Gebrauch	2 Pkt.	…………………
8. Kein Abmessen mit dem Messbecher bzw. über- oder unterfüllen	2 Pkt.	…………………
9. Verschütten von Ingredienzen	1 Pkt.	…………………
10. Mixgerät (Shaker, Rührglas, E-Mixerbehälter usw.) muss völlig entleert sein	1 Pkt.	…………………
11. Nichtgebrauch von Fruchtgabeln, Zangen, Barmessern usw. Bei der Platzierung von Früchtegarnituren Handberührung (Ausnahme: Zitrustwist)	3 Pkt.	…………………
12. Fallenlassen von Flaschen, Gläsern oder Bargeräten	1 Pkt.	…………………
13. Gläser unkorrekt anfassen/Garniturablageschale vergessen	1 Pkt.	…………………
14. Nicht in Ordnung bringen des Arbeitsplatzes	1 Pkt.	…………………
15. Cocktailserviette vergessen oder zu spät platziert	1 Pkt.	…………………
	GESAMT	

Freestyle-Techniken und Speedtraining

In der so genannten „jungen“ und Szenegastronomie sind heute schon gute bis sehr gute Cocktailumsätze möglich. Für klassische Arbeitsabläufe wie „present style“ fehlt dabei die Zeit. Auch der verstärkte Einbau von original amerikanischen Arbeitsplätzen hilft, Umsatzkapazitäten auszubauen und abzuschöpfen.

Freestyle-Mixing bedeutet auf keinen Fall, dass die Qualität der Drinks sinkt! Unbedingte Grundlage ist dafür das Beherrschen der Zähltechniken, das heißt, es wird bis auf wenige Ausnahmen ohne Messbecher/Jigger gearbeitet. Gute Bars stellen heute nur noch Barkeeper ein, die das können.

Die Zähltechnik

Voraussetzung sind gut laufende und einheitliche Gießer (Pourer) auf den Flaschen. Diese sind darauf zu prüfen, ob die gewünschte Menge im unten angegebenen Zeitraum auch durchlaufen kann.

Übung:
Den Gießer mit dem Daumen sichern, Öffnung zeigt nach links. Die Flasche dann in halbschräge Position bringen (2-Uhr-Position) und ab Austritt der Flüssigkeit zählen.

- ZÄHLRHYTHMUS
  1 cl = ca. 1 Sekunde (Basisspirituosen)

  1 cl = ca. 1,5 Sekunden (Liköre)

  1 cl = ca. 2 Sekunden (Sirupe)

Gezählt wird: einundzwanzig, zweiundzwanzig usw.
oder in englisch: yellow one, yellow two usw.

Da Menschen unterschiedliche Zeitgefühle haben, ist hier ein intensives Training notwendig. Man beginnt alle diese Übungen mit Wasser (Spirituosen), später nimmt man leicht gezuckerte (Liköre) und am Ende stark gezuckerte (Sirupe) Flüssigkeit.
Kontrollieren Sie jedes Messergebnis mit einem Jigger auf Korrektheit. Die Differenz darf maximal 1 Prozent der gewünschten Menge betragen.

Hinweise:
- Sicherheit beginnt ab 50 Versuchen
- täglich neues Warm-up ist notwendig

TRAININGSVORSCHLAG I

- rechte Hand 2 cl und 4 cl
- linke Hand 2 cl und 4 cl
- beide Hände gleichzeitig 2 cl und später 4 cl
- rechte Hand frei gewählte Menge
- linke Hand frei gewählte Menge
- beide Hände frei gewählte Menge

Unterschiedliche Rezepturen haben verschiede Wareneinsätze. Deshalb kommen wir mit dem Grundtraining nicht sehr weit. Zum Messen unterschiedlicher Mengen mit zwei Händen ist ein so genanntes Abknicken üblich. Dies geschieht mit der sicheren Hand (meist der rechten).

Ein Beispiel:
- rechte Hand 2 cl sowie
- linke Hand 4 cl

Wir beginnen zur gleichen Zeit mit beiden Flaschen zu gießen. Diese stehen in „10-vor-2-Uhr-Position". Nach 2 Sekunden ist die gewünschte Menge rechts erreicht, und wir knicken die Flaschen nach unten weg, ohne überzugießen. Die linke Flasche läuft in dieser Zeit weiter, bis die 4 Sekunden erreicht sind, danach abknicken. Um korrekt auszuwerten, gießen wir die Flüssigkeiten in zwei Rührgläser, die dicht zusammenstehen.

TRAININGSVORSCHLAG II

- links 2 cl, rechts 4 cl
- rechts 2 cl, links 4 cl
- rechts 1 cl, links 5 cl und umgekehrt
- rechts 2 cl, links 3 cl und umgekehrt
- rechts 3 cl, links 4 cl und umgekehrt
- frei gewählte Mengen in unterschiedlichen Händen

Um sich von anstrengenden Blicken zu lösen und Zähltechniken im Kopf umzusetzen, kann man bei diesen Übungen später die Augen mit einem Tuch verbinden. Führen Sie das nur als Partnerübung durch!

Die Doppelhand

Sie ist Voraussetzung, um später mit maximal vier Flaschen gleichzeitig zu arbeiten. Es können je Hand nur exakt gleiche Mengen portioniert werden.
Schieben Sie den Zeigefinger zwischen beide Flaschen am oberen Hals, und pressen Sie diese vorsichtig zusammen. Jetzt bringen Sie beide Flaschen in die 2-Uhr-Position und gießen nach dem Grundmuster (2 cl oder 4 cl). Ein mittlerer Druck auf den Zeigefinger lässt sich dabei nicht vermeiden, daher beim Trainieren öfters Pausen einlegen!

Ist die rechte Hand sicher, beginnen Sie alle Übungen mit der linken Hand. Endziel ist die Doppelhand mit jeweils zwei Flaschen rechts und links. Eingesetzt wird diese Variante bei Drinks mit jeweils gleicher Anzahl der Einzelspirituosen wie Long Island Ice Tea (vier Basisspirituosen zu je 2 cl), Zombie (vier Rumsorten zu je 2 cl) usw.

TRAININGSVORSCHLÄGE

- Doppelhand rechts 2 cl
- Doppelhand links 2 cl
- Doppelhand rechts 4 cl
- Doppelhand links 4 cl
- 2-mal Doppelhand je 2 cl (vier Flaschen)
- 2-mal Doppelhand je 4 cl (vier Flaschen)

Es muss jetzt gesagt werden, dass sich Doppelhandtechniken nicht für alle Flaschen eignen (Beispiel: Cointreau). Suchen Sie je nach Rezept entsprechende Produkte aus, und trainieren Sie mit wassergefüllten Flaschen.
Sind für eine Hand unterschiedliche Flaschengrößen notwendig, setzt man die große nach hinten, das heißt vom Körper weg.

Diese Art des Gießens sieht nicht nur professionell aus, sie spart auch jede Menge Zeit. Bei manchen Wettbewerben in den USA müssen in 3 Minuten bis zu fünf Drinks hergestellt und zusätzlich eine Bierflasche geöffnet werden.
Beginnen Sie täglich mit einem 10-minütigen Training aller Grundelemente, und üben Sie möglichst mit einem Partner.

Freestyle-Techniken und Speedtraining

Effekte

Sind alle Grundübungen sicher, können einige opitische wirkungsvolle Techniken eingearbeitet werden.

Hier einige Beispiele dazu:

▶ ÜBEREINANDER GESETZTE GLÄSER
Ein Glas steht unten, ein zweites wird halb darauf gestellt. Wir gießen jetzt je 4 cl aus unterschiedlichen Höhen ein. Es muss verhindert werden, dass die Gläser außen bespritzt werden.

Anwendung: mehrere Caipirinhas

▶ GIESSEN AUS ZWEI BLENDERN MIT EINER HAND
In den unteren Blendbecher wird ein zweiter Becher maximal zur Hälfte eingesenkt und mit den Fingern der Hand arretiert. Der obere Becher darf die Flüssigkeit unten nicht berühren! Wir gießen in zwei bereitstehende Gläser (dicht zusammenstellen!) um. Die Technik kann nur beim Dry Blending (siehe Herstellungsarten) eingesetzt werden.

▶ GIESSEN AUS VIER BLENDERN MIT ZWEI HÄNDEN
Wie oben beschrieben, jetzt mit zwei Händen und jeweils mit zwei Bechern.

Anwendung:
Mehrfachorder gleicher Drinks, die im Dry Blending hergestellt wurden.

Mit dem Beherrschen der Freestyle-Techniken ergibt sich nun auch ein anderes „Drinkmaking“. Der Ablauf ist wesentlich kürzer und effektiver als die klassische Technik. Beide Arbeitsabläufe haben aber nebeneinander ihre Berechtigung und können je nach Bedarf unterschiedlich angewendet werden.

Arbeitsablauf der amerikanischen Technologie des Freestyle-Mixing

(nur möglich an Original-US-Bartresen oder Tresen mit Barrails)

- Bestellungsannahme
- Cocktailservietten platzieren
- Gekühltes Gästeglas entnehmen (Glasfroster) oder mit Eis kühlen
- Shaker/Mixglas oder Blender bzw. Mixer mit Eis füllen
- Freihändiges Messen mit Flaschen aus dem Speedrack (Zähltechnik)
- Arbeitstechnologie laut Rezeptur (stir, shake, blend, mix, speedshake, eventuell build)
- umgießen, aufbauen oder strainen
- Garnitur platzieren (aus den Condiment Holdern)
- Gästeservice an der Bar oder am Tisch (Ablageschale für Garnitur!)
- Mise en place (Arbeitsplatz und Arbeitsmittel säubern) – Cleanup

Freestyle-Techniken und Speedtraining

Neue Bestellung annehmen!
Zeitbedarf für ein Getränk maximal 1 Minute

Um möglichst praxisnah zu üben, haben wir einige Beispiele zusammengestellt. Versuchen Sie, diese Getränke zuerst einzeln mit Ersatzflaschen herzustellen.

Speedtraining

▶ ZIEL
Herstellung von Getränken unter zeitlicher Belastung (ein Drink in 1 Minute unter Einhaltung der fachlichen Regeln).

Name	Glas	Herst./Eis	Garnitur	Rezeptur
Martini Dry	CSP	stir/cubes	1 Olive	5 cl Gin, 1 cl Noilly Prat
007 – James Bond	CSP	shake/cubes	3 Oliven	5 cl Vodka, 1 cl Noilly Prat
Manhattan	CSP	stir/cubes	1 Kirsche	1 dash Angostura, 2 cl Vermouth Rosso, 4 cl Canadian Whisky
Rum-Cocktail	CS	shake/cubes	keine	3 cl Bacardi, 2 cl Zitronensaft, 1 cl Grenadine
Old Fashioned	Rocksglas	build/cubes	1 Kirsche, 1/2 Orangenscheibe	1 Würfelzucker, 3 dash Angostura, etwas Wasser, 5 cl Bourbon
Whiskey Sour	Rocksglas	shake/cubes	1 Kirsche, 1/2 Orangenscheibe, 1/2 Zitronenscheibe	4 cl Bourbon, 2 cl Zitronensaft, 1 cl Läuterzucker
Gin Fizz	Highball	shake/cubes, build/cubes	1 Zitronenscheibe	4 cl Gin, 2 cl Zitronensaft, 1 cl Läuterzucker Soda (fill)
Ohio	Sektkelch	stir/cubes, build/plain	1 Kirsche	1 dash Angostura, 2 cl Vermouth Rosso, 2 cl Canadian Whisky, Sekt/Champagner (fill)

CSP = Cocktailspitz (Martiniglas), in den USA auch als „V-SHAPE" bezeichnet
CS = Cocktailschale (Creamer)

Wenn Sie die Drinks innerhalb von 1 Minute fachlich richtig angefertigt haben, können Sie kombinieren. Sie wählen beispielsweise die 1, 5 und 7 und versuchen nun, diese Drinks in 3 Minuten herzustellen. Trainieren Sie unbedingt mit einem Partner, der Ihre Fehler auswerten und die Zeit messen kann.

Wiederholen Sie, falls der Ablauf nicht korrekt war. Alle Techniken funktionieren nur, wenn die Rezeptur beherrscht wird, das heißt, sie sollte auswendig gelernt werden. Schaffen Sie die vorgegebene Zeit nicht, vergleichen Sie Ihre Arbeit mit der Tabelle.

Bewertungsbogen zum Speedtraining für Grundübungen

	PUNKTE-GUTHABEN 20	MINUS-PUNKTE
1. Unübersichtlicher Arbeitsplatzaufbau (Werkzeuge)	2 Pkt. Abzug	....
2. Keine Setup-Kontrolle (Flaschen, Garnituren)	2 Pkt. Abzug	....
3. Rezepturunsicherheiten	3 Pkt. Abzug	....
4. cl- oder oz-Maße nicht eingehalten	3 Pkt. Abzug	....
5. Kein Vorkühlen der Gästegläser	1 Pkt. Abzug	....
6. Nichtgebrauch der Eisschaufel	1 Pkt. Abzug	....
7. Underliner oder Ablageschale vergessen	1 Pkt. Abzug	....
8. Kein Aufschütteln von Säften oder Premixern	1 Pkt. Abzug	....
9. Zeitüberschreitung (1 Drink = 1 Minute)	3 Pkt. Abzug	....
10. one-hand-handling	1 Pkt. Abzug	....
11. Garnitur vergessen	1 Pkt. Abzug	....
12. Close down vergessen	1 Pkt. Abzug	....
	GESAMT	

18 bis 20 Punkte	=	sehr gut
16 bis 17 Punkte	=	gut
13 bis 15 Punkte	=	befriedigend
10 bis 12 Punkte	=	ausreichend
6 bis 9 Punkte	=	mangelhaft
0 bis 5 Punkte	=	ungenügend

Grundsatz: Niemals zu Lasten der Qualität arbeiten!

Obwohl Freestyler manchmal belächelt werden, ist es doch ein zunehmender Trend, in Bars so zu arbeiten. In Kettenbetrieben (TGI-Fridays, Planet Hollywood usw.) ist das neben anderen Merkmalen eine Voraussetzung, um eingestellt zu werden.

Das Bar-Setup

Um einen reibungslosen Ablauf des Barbetriebs zu gewährleisten, sind einige Vorbereitungen notwendig.
Die Mise en place heißt an der Bar Setup oder Shift. Je nach Größe der Firma und Anzahl von Mitarbeitern kann dies sehr unterschiedlich ausfallen. Standards, die immer anfallen, werden nun konkret erläutert.

BARSTOCK-CHECK

Wir überprüfen und ergänzen den gesamten Warenbestand auf Vollzähligkeit.
Wichtige Spirituosen müssten, je nach Erfahrung, mehrfach vorhanden sein (z. B. Gin, Vodka, Rum, Tequila).

In größeren Bars wird bereits am Vorabend kontrolliert, und wir checken dann jetzt nur noch die bereitgestellte Ware. Bestellung und Auslieferung sind dabei exakt zu vergleichen. Es werden alle Gruppen des Barstocks geprüft.

AUFFÜLLEN VON REINIGUNGSMITTELN

Hierzu zählen im Besonderen:

- Spültücher für verschiedene Bereiche (Tresen, Tische, Boden)
- Handtücher
- Handspülflüssigkeit
- Spülchemie für Gläsermaschinen
- Fleckenschnellentferner (für Gäste)
- Geschirrtücher (wenn erlaubt)
- Handfeger, Kehrschaufel, Besen

Verschiedene Länder haben unterschiedliche Hygienevorschriften für die Gastronomie, unbedingt beachten!

REINIGUNG DES BARBRETTS UND DER TISCHE

Auch wenn die Nachtschicht dies bereits getan hat, so wird es am Morgen wiederholt. Bei ungünstigem Licht kann einiges übersehen werden. Prüfen Sie besonders das Barbrett, die Tischplatten und die Tischunterseiten nach Kaugummiresten! Der Betrieb haftet für verschmutzte Hosen und zerrissene Damenstrümpfe.

ASCHENBECHER VERTEILEN

Als Grundsatz am Tresen gilt: Für zwei Gäste ein Ascher. An den Tischen können auch vier Personen einen etwas größeren erhalten. Halten Sie immer die doppelte Menge der eigentlich benötigten Aschenbecher zur Verfügung.

Zigarrenraucher erhalten stets einen speziellen Cigar-ashtray mit einer lang gezogenen Ablagefläche.

Wann wird der Ascher gewechselt? Hier streitet man noch gelegentlich. In Bars am besten zwischen der zweiten und dritten Zigarette, grundsätzlich immer aber vor dem Speisenservice. Ein Auswechseln bereits nach der ersten Zigarette kann der Gast als unangenehm empfinden. Es ist auch äußerst unhöflich.

CADDY-KONTROLLE

Wir prüfen unsere beiden Zubehörbehälter auf Vollständigkeit. Es müssen genügend Sticker, Stirrer, Cocktailservietten und sonstiges Zubehör vorhanden sein.

KONTROLLE DER BARKARTEN UND DES ANGEBOTS

Die Karte ist unsere Visitenkarte, unser Aushängeschild! Oft wird das vernachlässigt oder kaum noch beachtet. Prinzipiell werden alle Karten verworfen, die schmutzig, eingerissen, befleckt, beschriftet (von Gästen), nicht mehr aktuell oder sonst unbrauchbar sind. Ein Sparen wäre völlig falsch am Platz!
Das Thema Barkarte wird ab Seite 179 noch einmal ausführlich behandelt.

EQUIPMENT-CHECK

Kontrollieren Sie das komplette Handwerkszeug auf Vollständigkeit und Funktionstüchtigkeit. Elektrische Geräte wie Blender, Mixer, Crusher sind kurz einzuschalten.

Die Ausrüstung wird an die vorgesehenen Arbeitsplätze gelegt und nochmals auf Sauberkeit geprüft.

EISBEVORRATUNG

Besitzen Sie ein amerikanisches System, so werden jetzt die Eiswannen gefüllt. Der Vorrat sollte je nach Ausführung 30 bis 40 kg betragen.
Crushed Ice und Eissonderformen in die vorgesehenen Jockeyboxen füllen.
Arbeiten Sie üblicherweise noch mit Eiskübeln oder Tischboxen, werden diese bevorratet. Überprüfen Sie die Funktion von Eisbereiter und Crushed-Ice-Bereiter. Haben Sie keine elektrische Crushed-Ice-Maschine, so fertigen Sie jetzt selbst das Eis an. Empfehlenswert ist in dem Falle, dieses Eis nochmals in einem Tiefkühler schockzufrosten. Zusammenklebende Stücke werden mit einem Eispickel gelöst.

KONTROLLE VON COASTERN UND UNDERLINERN

Ob aus Holz, Bambus, Stahl oder Pappe, sie müssen alle gereinigt bzw. durchgeschaut werden.
Einige Gäste legen Papier, Streichhölzer und ähnliche Sachen in den Halterungen ab.
Pappdeckel können verunreinigt oder beschriftet sein.

SÄFTE UND PREMIXER AUFFÜLLEN ODER HERSTELLEN

Füllen Sie Ihre Kunststoffflaschen (Poure & More) mit den Säften, Milch und Sahne auf, und stellen Sie diese kühl.

Arbeiten Sie mit Premixern (Vormischungen), werden entsprechend des möglichen Schichtbedarfs diese hergestellt und gekühlt.

Das Bar-Setup

GARNITURVORBEREITUNG

Prinzipiell wird alles Obst gewaschen oder gesäubert. Zitronen, Orangen und Limetten kurz in eine Schüssel mit fast heißem Wasser geben, damit sich die aufgespritzte Wachsschicht lösen kann, danach abtrocknen. Gegen ein Vorschneiden dieser Früchte ist nichts einzuwenden. Empfindlicheres Obst wie Erdbeeren, Johannisbeeren und Himbeeren in kaltem Wasser reinigen und abtropfen lassen.

Früchte, die an der Luft oxidieren können, wie Äpfel, Bananen und Ananas, erst vor der Verwendung bearbeiten. Eine kurzzeitige Stabilisierung mit verdünntem Zitronensaft schränkt das Braunwerden zwar ein, verändert jedoch den Geschmack des Obstes.

Gesteckte Garnituren können ebenfalls zum kurzfristigen Verbrauch vorbereitet werden. Man legt sie danach leicht zusammengesteckt auf ein sauberes Tablett, das mit einer guten Schicht Crushed Ice versehen wurde. Anschließend wird Klarsichtfolie darüber gezogen und in den Kühlschrank gestellt. Die Lagerzeit beträgt maximal 3 Stunden.

Wichtig:
Optisch veränderte Garnituren sind zu verwerfen!

MASCHINEN FÜR HEISSGETRÄNKE VORBEREITEN

Das betrifft in erster Linie die Kaffeeautomaten. Kontrollieren Sie Wasserstand und -zufuhr, Kaffeemehl, Milch und die Heißdampftaste. Einige Geräte haben längere Anlaufzeiten zum Anheizen, die Heißgetränke müssen mit dem Öffnen der Bar abrufbar sein.
Natürlich muss das gesamte Equipment für Heißgetränke (Tassen, Löffel, Teller usw.) ebenfalls aufgefüllt sein.

SPÜLMASCHINEN EINSCHALTEN

Alle Maschinen, die Gläser und Geschirr reinigen, sind jetzt im Stand-by. Prüfen Sie Wasserfüllmengen und die chemischen Reiniger auf Vorrat.

MUSIKANLAGEN EINSCHALTEN

Wir kontrollieren die Lautstärke und Auswahl der Musikreihenfolge je nach Tageszeit. Niemals darf die abgespielte Musik Gästegespräche übertönen und als unangenehm wirken.
Spielen Sie keine unbekannten CDs ab, die Gäste mitbringen! Mischen Sie das Programm gut, so dass möglichst für alle etwas dabei ist. Ich habe Bars in London gesehen, wo täglich und genau zur gleichen Zeit stets dieselben Titel laufen. Ein Austauschen der CDs konnte dort nur der Manager genehmigen.

Hinweis:
Ist die Musik an einigen Stellen zu laut und an anderen kaum zu hören, sind mit Sicherheit Deckenlautsprecher eingebaut worden. Sie erzeugen so genannte Schallzelte und sind unzweckmäßig. Die bessere Lösung sind Querboxen, die einen angenehmeren „Schallteppich" bringen.

CO_2-KONTROLLE, PREMIXANLAGEN PRÜFEN

Falls Sie allein an der Bar arbeiten, ist dieser Punkt sehr wichtig. Prüfen Sie die Vorräte an Bier und Limonaden in den Fässern und Containern, ebenso die Technik wie z. B. Bierzapfanlage. Premixpistolen (oder Tower) sind kurz anzufahren. Achten Sie darauf, dass diese Produkte die richtige Temperatur haben, notfalls nachmessen.

HUMIDORKONTROLLE/ZIGARETTENAUTOMAT

Das Sortiment der Zigarren wird überprüft, gleichzeitig die Befeuchter (Schwämme) auf Feuchtigkeit kontrolliert und eventuell mit destilliertem Wasser nachgefüllt.
Testen Sie die Zigarren auf Qualität (Drucktest), und entfernen Sie vertrocknete oder überfeuchtete Einzelstücke.
Ebenfalls checken Sie das Equipment wie Abschneider, Spezialaschenbecher, Feuerzeuge oder Zedernholzspäne auf Vollständigkeit.
Die Automaten für Zigaretten werden in Betrieb gesetzt, sonstiges Zubehör für Raucher auf Vollständigkeit geprüft.

▸ KASSEN VORBEREITEN

Alle Kassen und Drucker werden auf das Geschäft vorbereitet. Da dies stets hausintern ist, arbeiten Sie hier nach den entsprechenden Vorgaben.

Prüfen Sie das empfangene Wechselgeld, und quittieren Sie beim Manager. Eine noch immer verbreitete Unsitte ist, Wechselgeld aus Privatbeständen mitzubringen. Keine Verkäuferin beim Bäcker und auch kein Angestellter in einem Autohaus hat eigenes Geld in der Firma. Hier handelt es sich um betriebliche Umlaufmittel! Außerdem sind Kontrollen durch Chefs oder Manager dann kaum möglich.

▸ SORTIMENTSABSTIMMUNG

Ist die Bar mit einer Küche verbunden, so werden jetzt die Vollständigkeit und das Angebot abgesprochen. Ausverkaufte Artikel werden möglichst ersetzt, das Gleiche gilt auch für das Tresenangebot.
Kontrollieren Sie ebenfalls alle Tischaufsteller, Leuchtdisplays und andere Verkaufsflächen.

▸ RESERVIERUNGS-CHECKS

Reservieren Sie alle Platzbestellungen, und fertigen Sie dafür einen Plan mit Uhrzeit und dem Namen des Gastes an. Der Reservierungsplan muss allen Mitarbeitern während der Schicht zugänglich sein.

▸ LETZTE OPTISCHE KONTROLLE

Als Erstes setzt man sich *vor* die Bar und prüft das Blickfeld des Gastes. Alle Dinge, die nicht zum Arbeitsablauf gehören, werden entfernt. Schalten Sie zur Probe die komplette Beleuchtung, auch in den Sanitärräumen, ein. Prüfen Sie den gesamten Gästebereich auf Sauberkeit, und checken Sie ein letztes Mal den Gesamteindruck.

▸▸▸ ÖFFNEN SIE DIE BAR ◂◂◂

Checkliste Bar-Setup

- BARSTOCK-CHECK
- AUFFÜLLEN VON REINIGUNGSMITTELN
- REINIGUNG DES BARBRETTS UND DER TISCHE
- ASCHENBECHER VERTEILEN
- CADDY-KONTROLLE
- KONTROLLE DER BARKARTEN UND DES ANGEBOTS
- EQUIPMENT-CHECK
- EISBEVORRATUNG
- KONTROLLE VON COASTERN UND UNDERLINERN
- SÄFTE UND PREMIXER AUFFÜLLEN ODER HERSTELLEN
- GARNITURVORBEREITUNG
- MASCHINEN FÜR HEISSGETRÄNKE VORBEREITEN
- SPÜLMASCHINEN EINSCHALTEN
- MUSIKANLAGEN EINSCHALTEN
- CO_2-KONTROLLE, PREMIXANLAGEN PRÜFEN
- HUMIDORKONTROLLE/ ZIGARETTENAUTOMAT
- KASSEN VORBEREITEN
- SORTIMENTSABSTIMMUNG
- RESERVIERUNGS-CHECKS
- LETZTE OPTISCHE KONTROLLE

Kapitel 18

Cleanup (Evening Shift)

Das Cleanup beginnt grundsätzlich, wenn alle Gäste die Bar verlassen haben. Unauffällige Kleinigkeiten können aber schon in der letzten Stunde begonnen werden.
Auf keinen Fall darf der Gast das Gefühl haben, dass man nur auf ihn wartet, um aufräumen zu können. Auch hier gibt es betriebsspezifische Vorgaben, allgemein kann es so aussehen:

▸ EISWANNEN LEEREN

Aus hygienischen Gründen wird das Eis aus den Boxen oder den Eiswannen entnommen und verworfen, das gilt nicht für die elektrischen Eisbereiter.

▸ GLÄSER UND EQUIPMENT REINIGEN

Alle Gläser werden elektrisch gespült und eventuell (nur auf Anweisung!) poliert. Handwerkszeuge sowie die Bar- und Kellnermatten sind heiß zu reinigen, die Verwendung der Spülmaschine ist möglich. Aschenbecher werden separat nass und trocken handgereinigt.

▸ SÄFTE UND PREMIXER EINLAGERN

Produkte, welche aus Poure&More-Flaschen ausgeschenkt wurden, werden in neue Unterteile umgefüllt und mit Deckeln verschlossen im Kühlschrank aufbewahrt. Premixer sind auf weitere Verwendbarkeit zu prüfen, gegebenenfalls sind sie zu verwerfen.

▸ GARNITUREINLAGERUNG

Gesteckte Fertiggarnituren werden entsorgt, ebenso nicht lagerbare Zitrusscheiben oder -stücke.
Angeschnittenes Obst wird mit Frischhaltefolien an den Schnittstellen abgedeckt und eingelagert. Alle Obst- und Gemüseteile, die zur nächsten Schicht auf Grund der Beschaffenheit keine Verwendung mehr finden, werden verworfen.

▸ MIXERSTATION (WORKING STATION) UND ANLAGEN SÄUBERN

Die beweglichen Teile und Einsätze des Barplatzes werden in Maschinen gereinigt. Dazu gehören unbedingt alle Gießer und Schutzkappen von den Flaschen aus den Speedracks. Ein gründliches Säubern der Baranlage und Premixpistolen (oder Tower) ist nach den jeweiligen Vorschriften durchzuführen. Die Pistolen werden über Nacht in Wasserbehälter gelegt.

▸ KAFFEESTATION AUFRÄUMEN UND SÄUBERN

Neben den vorgegebenen Arbeiten an den unterschiedlichsten Modellen ist das Abschalten der Anlage nicht zu vergessen.

Hinweis:
Verbrauchtes Kaffeemehl ist ein guter biologischer Reiniger für die Abflüsse, wenn es 1 zu 1 mit Wasser gemischt wird. Es bindet den Geruch und verhindert das Keimen von Bakterien. Der weit verbreitete Irrglaube des „verstopften Abflusses“ trifft nicht zu.

▸ BARBRETT UND TISCHE REINIGEN

Mit entsprechender Chemie werden die Oberflächen gesäubert und aufpoliert. Das Reinigen von Fußböden, Matten und Kacheln sowie der Sanitärräume ist in einigen Ländern dem Barpersonal aus hygienischen Gründen untersagt. Prüfen Sie die entsprechenden Vorgaben in Ihrem Bundesland.

▸ CADDY-KONTROLLE

Alle fehlenden Teile der Vorratsbehälter wie Stirrer, Servietten und Sticker werden ergänzt. Der Caddy ist dabei völlig zu entleeren und zu reinigen.

▶ WARENSTOCKKONTROLLE

Ein sehr wichtiger Punkt im Cleanup-Programm. Da erfahrungsgemäß die Nachtschicht den meistens Barumsatz hat, ist auch der Verbrauch am höchsten. Schreiben Sie die fehlenden Produkte in die Bestelllisten, und prüfen Sie dabei alle Bereiche des Barstocks.

▶ KONTROLLE DER ELEKTRISCHEN GERÄTE

Neben den elektrischen Mixgeräten, der Musikanlage und der Kasse kann es zum Ausfall von Beleuchtung kommen. Auch Zigaretten- und Spielautomaten sind zu kontrollieren. Bei allen Geräten die Stromzufuhr abstellen.

▶ ABLÄUFE KONTROLLIEREN

Gern verstecken sich Oliven, Kirschen und kleine Obstteile in den Waschbecken oder Spülabflüssen. Diese sind ebenso zu entfernen wie Reste in den Eiswannen und Tropfblechen.

▶ RESTENTSORGUNG

Je nach Vorgaben müssen die getrennten Abfälle (Obst, Papier, Flaschen usw.) in den dafür vorgesehenen Behältern gelagert werden.

Achtung:
Brennende Zigarettenreste löschen und notfalls im Wasser stehen lassen!

▶ SICHERHEITSKONTROLLE

Es ist die Verschlusssicherheit von Lagerräumen, Schränken, Fenstern und Türen zu prüfen. Ein Brandschutzrundgang ist auf alle Fälle zu empfehlen.

▶ DIENSTPLANKONTROLLE

Auch bei eigentlich bekannten Wochenplänen gehört eine tägliche Information dazu. Es kann ein Kollege durch Krankheit ausfallen, und die Schichten wurden geändert. Diese Aufgabe haben sowohl Arbeitgeber als auch Arbeitnehmer.

▶ TAGESABRECHNUNG

Obwohl ebenfalls betriebsintern, sollte die Tagesabrechnung am Ende der Schicht erfolgen. In vielen Betrieben ist die Uhrzeit auf dem Schlussbon gleichbedeutend mit der Arbeitszeit, das heißt dem Arbeitsende.

Nach der Umsatzermittlung werden die Zahltaschen mit dem entsprechenden Wechselgeld an den Manager/Chef zurückgegeben.

Alle Setups und Cleanups werden objektspezifisch angepasst und können erweitert oder gekürzt werden.

Der letzte Satz auf den Arbeitsanweisungen für das Evening Shift in einer Londoner Großbar ist:

"Go home and sleep or go to the next bar!"

Checkliste Cleanup

- EISWANNEN LEEREN
- GLÄSER UND EQUIPMENT REINIGEN
- SÄFTE UND PREMIXER EINLAGERN
- GARNITUREINLAGERUNG
- MIXERSTATION (WORKING STATION) UND ANLAGEN SÄUBERN
- KAFFEESTATION AUFRÄUMEN UND SÄUBERN
- BARBRETT UND TISCHE REINIGEN
- CADDY-KONTROLLE
- WARENSTOCKKONTROLLE
- KONTROLLE DER ELEKTRISCHEN GERÄTE
- ABLÄUFE KONTROLLIEREN
- RESTENTSORGUNG
- SICHERHEITSKONTROLLE
- DIENSTPLANKONTROLLE
- TAGESABRECHNUNG

Einteilung der American Drink Groups

Im klassischen Sinn unterscheidet man etwa 45 verschiedene Getränkegruppen. Wenn wir es mit der Küche vergleichen würden, so kämen da auch die unterschiedlichsten Unterteilungen hervor. Während die Köche häufig nach den Hauptbestandteilen der Speisen gliedern (Fisch, Eier, Fleisch usw.), so wird das an der Bar eher nach den Herstellungstechniken, Glasformen oder Hauptmerkmalen getan. Um es gleich vorwegzunehmen: Jede Gruppe hat hier ihre Ausnahmen. Es wird um keinen anderen Punkt an der Bar so viel diskutiert und gestritten, wie um Rezepturen und Gruppenzugehörigkeit.

Betrachtet man die heutige Praxis, so könnte man sofort 50 % der Klassifizierungen streichen. Einige sind so alt, dass die damaligen Gäste bereits gestorben sind. Generell erlebt man in unserer schnellen Zeit etwa alle 2 bis 3 Jahre einen Trendwechsel. Vergleichen Sie das z. B. mit den Lieblingsdrinks Ihrer Eltern. Während früher eine Generation etwa das Gleiche trank, ändert sich dieser Rhythmus heute schneller. Das bedeutet keinesfalls, dass wir alle Klassiker weglassen und nur noch Caribbean Drinks verkaufen können! Unterschiedliche Bars haben verschiedene Gästegruppen in diversen Altersstrukturen. Ein 70-jähriger Mann wird seinen Martini Dry stets so trinken wie vor 40 Jahren, während heute ein 20-jähriges Mädchen den Martini für ein Glas Vermouth hält.

Wir werden deshalb folgende Symbole für die Einzelgruppen verwenden:

- K = sehr klassisch, teilweise für Getränkekarten nicht mehr notwendig
- S = Standard, ein Muss für jede gute Karte
- A = aktuell, momentan gut verkaufbar
- T = trendy, dem Zeitgeist entsprechend

Aperitifs	S
Batidas	T
Beerdrinks	A
Bowlen	K
Cobblers	K
Cocktails	S
Coladas	T
Collinses	S
Coolers	K
Creamsickles	S A
Crustas	K
Cups	K
Daisies	K
Egg-Noggs	K
Fancy Drinks	T
Fixes	K
Fizzes	S
Flips	K
Floats	K
Frappés	K
Freezes	A T
Frozen Blended Coffees	T
Highballs	K S
Hot Drinks	S

Juleps	A
Lemonades	A
Longdrinks	S A
Milk Shakes	S
Non alcoholic-Drinks	A T
Pick me ups	S
Puffs	K
Punches	A
Rickeys	K
Sangarees	K
Shooters	A T
Shrubs	K
Slings	K
Smashes	K S
Smoothies	T
Sodas	S
Sorbets	K
Sours	S
Swizzles	K S
Toddies	K
Tropical/Caribbean	T
Twists	K
Zooms	K

Einteilung der American Drink Groups

Unabhängig von dieser Kennzeichnung, haben wir alphabetisch gegliedert. Falls Untergruppen für einzelne Kategorien vorhanden sind, so wurden sie mit eingearbeitet.

DIE GRUNDREZEPTE WERDEN IM SCHEMA VERDEUTLICHT, DAS SICH WIE FOLGT AUFBAUT

TECHNIK:		Rühren
		Shaken, Speedshaken
	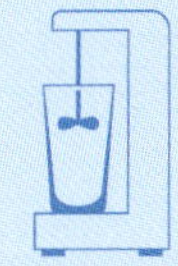	Blenden, trocken Blenden
		Building/ Aufbaugetränke
		Mixen
		Zubereitung Heißgetränke
GLAS:	*geschrieben*	verwendetes Glas
EIS:	*geschrieben*	Eis für Zubereitung oder Gästeglas
REZEPT:	*geschrieben*	nur Standardrezepte
GARNITUR:	*geschrieben*	nur Standardrezepte
HINWEIS:	*geschrieben*	Sonderregelungen, Eigenheiten, Serviceempfehlungen

Aperitifs

- Dieses Getränk wird ausschließlich vor dem Essen gereicht und soll den Appetit anregen. Es werden keine sättigenden Bestandteile wie Sirupe, Sahne oder Eis verwendet.
- Aperitifs können pur (Sherry, Portwein, Spirituosen) oder als gemixte Drinks gereicht werden.
- Kleinste Menge ist 2 cl für pure Spirituosen, die maximale Menge 10 cl (1 Glas Champagner).
- Häufig werden einzelne Garniturelemente verwendet, zum Teil auch gar keine.

Americano (Foto)

Direkt | Aperitifglas | Cubes | Orangenzeste

2 cl Campari
2 cl Vermouth Rosso
Soda auffüllen
Garnitur

Kir Royal

Direkt | Champagnerglas | kein Eis | keine Garnitur

1–2 cl Crème de Cassis
mit trockenem Champagner auffüllen

Hinweis:
Glas vor Zubereitung frappieren.

Adonis

Rührglas | Martiniglas | Cubes | keine Garnitur

4 cl Sherry Fino
2 cl Vermouth Rosso
1 dash Orange Bitter

TECHNIK	GLAS	EIS	REZEPT	GARNITUR	HINWEIS
	· nicht einheitlich · Rezept beachten	· Cubes oder keines	· nicht einheitlich	· sehr sparsam · oft keine	· maximal 10 cl

Brasil Sunshine (Foto)

Shaker | Fancyglas | Cubes | Fancydekoration

2 cl Cachaça
2 cl Buttershot
2 cl Midori
1 cl Lime Juice Cordial
10 cl Ananassaft

- Eine faszinierende brasilianische Gruppe, die fast immer unterschiedlich zusammengestellt ist.
- Das Nationalgetränk Cachaça ist Hauptbestandteil, es werden an Karneval erinnernde Garnituren verwendet, groß, üppig und bunt.

Batida de Maracuja

Shaker | Fancyglas | Cubes | Fancydekoration

6 cl Cachaça
2 cl Passionsfruchtsirup
2 cl Limettensaft
5 cl Maracujanektar
5 cl Ananassaft

Batida de Sol

Blender | Fancyglas | Crushed Ice | Fancydekoration

4 cl Cachaça
2 cl Bacardi Rum
4 cl Cocoscream
10 cl Ananassaft

TECHNIK	GLAS	EIS	REZEPT	GARNITUR	HINWEIS
	· Squall Hurrican · Fancyglas	· Cubes oder Crushed Ice	· 6 cl Cachaça · 2 cl Sirup oder Crème de ... · 10 cl Fruchtsaft, eventuell 2 cl Limettensaft	· üppige Fancy-dekoration	· geshaktes oder geblendetes Eis wird mit im Drink serviert

Beerdrinks

Das älteste alkoholische Getränk der Welt hat auch seinen Platz an der Bar gefunden. Wir unterscheiden 4 Arten der Biermischgetränke, je nach der Zugabe:

1. Limonaden oder moussierende Getränke (Sekt)
2. Spirituosen
3. Säfte, einzeln, oder mit Spirituose
4. Sirups

Ball Buster (Bloody Beer) (Foto)

Direkt | Pilsnerglas | kein Eis | frisch gemahlener Pfeffer

2 cl Vodka
10 cl helles Lagerbier
10 cl Tomatensaft toppen
frischen Pfeffer darüber geben

Herrengedeck

Direkt | großer Sektkelch | kein Eis | keine Garnitur

8 cl helles Bier aus der Flasche und 8 cl trockenen Sekt aus Piccoloflasche gleichzeitig und vorsichtig in gekühltes Sektglas einschenken

Hinweis:
Zigarillo anbieten

Churchill

Direkt | Biertulpe | kein Eis | keine Garnitur

2 cl Campari
20 cl Lagerbier auffüllen

Berliner Weiße

Direkt | Weißeglas | kein Eis | Zitronenscheibe

3 cl Himbeer- oder Waldmeistersirup
ca. 30 cl obergäriges Bier auffüllen

TECHNIK	GLAS	EIS	REZEPT	GARNITUR	HINWEIS
	Bierglas (Pilsner Typ), Sektkelch	keines	unterschiedlich	keine oder selten	auf moussierende Wirkung des Biers achten

Bowle of the Bride (Foto)

Direkt | Bowleglas mit Löffel | kein Eis | Fancydekoration

8 Gläser

ANSATZ:
500 g frische Ananas
500 g frische Erdbeeren
10 cl frischer Zitronensaft
10 cl Rumsirup (alkoholfrei)
10 cl Grenadine
0,5 l Ananassaft, ungesüßt

FILLER:
trockener Sekt

Erdbeerbowle Special

Direkt | Bowleglas mit Löffel | kein Eis | Erdbeere mit Minzeblatt

6 Gläser

ANSATZ:
300 g Erdbeeren
5 cl frischer Zitronensaft
4 cl Minzesirup
3 Minzestängel
0,5 cl Weizenbier

FILLER:
trockener Sekt oder auf Wunsch nur Soda

Apricot-Melon-Bowl

Direkt | Bowleglas mit Löffel | kein Eis | Fancydekoration

8 Gläser

ANSATZ:
250 g frische Aprikosen
1 gewürfelte Honigmelone
2 cl Grenadine
5 cl frischer Zitronensaft
10 cl frischer Orangensaft
1,5 l trockener Weißwein

FILLER:
trockener Sekt

- Im Volksmund harte Getränke mit reichlich Alkohol. Eine echte Bowle enthält neben Früchten, Wein, Sekt oder Champagner keinerlei Spirituosen. Die Zugabe von Zucker oder Sirup dagegen ist legitim.
- 1 bis 2 Stunden sollten die Ansätze ziehen können.
- Die fertige Bowle wird in einem Einsatz mit Eis von außen gekühlt, Gefäß stets abdecken.
- Sekt oder Champagner erst vor dem Service zugeben.

TECHNIK	GLAS	EIS	REZEPT	GARNITUR	HINWEIS
	· Bowleglas mit Löffel	· keines	· unterschiedlich	· unterschiedlich	· niemals Eis in das Gästeglas geben

Cobblers

- Ein Getränk, welches kaum noch in einer Barkarte steht und in den 50er- bzw. 60er-Jahren des vergangenen Jahrhunderts seine „Hoch-Zeit“ hatte.
- Sehr leicht und fruchtig im Geschmack, mit gut aussehender Optik.
- Das Errichten des mittigen Eiskegels bedarf etwas Übung.
- Beim Aufgießen des Champagners vorsichtig sein, da sonst ein Nachrutschen des gemahlenen Eises möglich ist.
- Cobbler bezeichnen sich durch die verwendeten Früchte.

Erdbeer Cobbler (Foto)

Direkt | große Sektschale | Crushed Ice | Limettenkeile

4 Erdbeeren in Scheiben
2–3 cl Erdbeerlikör
4 Limettenkeile als Randdekoration
Champagner auffüllen

Ananas Cobbler

Direkt | große Sektschale | Crushed Ice | Himbeeren

6 Ananassticks (Streifen ohne Schale)
2–3 cl Ananaslikör
4 Himbeeren am Glasrand fixieren
Champagner auffüllen

Kiwi Cobbler

Direkt | große Sektschale | Crushed Ice | Physalis, Kirschen

9 geschälte Kiwischeiben ohne Schale
2–3 cl Kiwilikör
Physalis am Glasrand fixieren
6–8 Kirschen in den Kiwischeiben feststecken
Champagner auffüllen

Hinweis:
Der in einigen alten Rezepturen angegebene dash Angostura im Cobbler sollte vorher mit dem Gast abgeklärt und nur auf Wunsch direkt auf das Eis gegeben werden.

TECHNIK	GLAS	EIS	REZEPT	GARNITUR	HINWEIS
	· großer Martinispitz oder große Sektschale	· Crushed Ice	· 2–3 cl Likör oder Sirup · Früchte, mit Sekt oder Champagner auffüllen	· namensgebende Frucht	· schwierige und aufwendige Herstellung · Service: Limonadenlöffel

MARTINI DRY COCKTAIL

- Würde man es wörtlich nehmen, dürfte man in einer Cocktailbar nur diese Getränkegruppen servieren. Im Volksmund ist der Begriff die Zusammenfassung aller gemischten Getränke. Die lange Geschichte um diese Drinks herum hat hier eine unglaubliche Vielfalt entstehen lassen. Allein vom Martini Cocktail sind weit über 100 Ableitungen bekannt!

- Mit Ausnahme der Champagner Cocktails gehören sie zu den Shortdrinks, die international mit maximal 7 cl empfohlen werden.

- Im Trend ist allerdings, diese besonders im Medium- und Sweetbereich heute bis zu 9 cl zu vergrößern.
  Ursache dafür ist, dass die Preisspanne zu Fancy Drinks relativ klein, der optische Unterschied aber sehr groß ist.

- Es wird in 4 Hauptkategorien eingeteilt:
  - **Dry Cocktails** (auch pre-dinner)
  - **Medium Cocktails**
  - **Sweet Cocktails** (auch after-dinner)
  - **Champagner Cocktails**

Wegen seiner Besonderheit müssen dazu einige Anmerkungen gemacht werden. Bei diesem Drink ist das Heer der Individualisten fast riesig. In den USA gibt es Mixbücher, die sich nur mit diesem einen Drink beschäftigen.

Wichtig ist hier, den Gast nach seinem Geschmack zu fragen. Die wichtigsten Sonderwünsche lauten:

- **Washed Martini**
  1 Spritzer Vermouth auf das Eis geben, kurz verrühren und abgießen. Danach 6 cl Gin erneut auf diesem Eis verrühren.
- **Dirty Martini**
  In die Rezeptur des Dry Martini einen Barlöffel vom Fond des Olivenglases geben.
- **Shaked Martini**
  Zubereitung erfolgt im Shaker, die Basisspirituose Gin wird durch Vodka ersetzt (siehe: 007 – James Bond).
- **Extremely Dry Martini**
  1 dash Vermouth auf das Eis geben, 6 cl hochprozentigen Gin (Bombay Sapphir, Tanqueray) verwenden.
- **Martini on the rocks**
  Herstellung wie geordert, in ein mit Eiswürfeln gefülltes Rocksglas umgießen, Zitronentwist ungepresst zufügen. Olive an langem Stick befestigen.
- **First Martini: 1856**
  6 cl Plymouth Gin
  1 cl trockener Vermouth
  2 cl Bookes Bitter
  1 cl Gum

Martini Dry Cocktail

Rührglas I spitzes Cocktailglas I Cubes I grüne Olive, Zitronentwist

5 cl London Dry Gin
1 cl Noilly Prat
1 Olive mit Stein
mit Zitronenöl abspritzen

NEO MARTINIS

- Hier ist nur noch die Grundtechnik die gleiche. Es werden andere Basisspirituosen eingesetzt und für den Vermouth auch Liköre oder anderes verwendet.

- **Beispiele**
  - **Melon Martini:** Vodka, Melonenlikör
  - **Black Hawk:** Vodka, Blackberry Brandy
  - **Midnight Martini:** Vodka, Sambuca
  - **Cosmopolitan:** Zitronenvodka, Cointreau, Cranberry Juice
  - **Tequini:** Tequila Gold, Vermouth Dry
  - **Strawberry Martini:** Vodka, Malibu, Erdbeerlikör
  - **Christmas Martini:** Vodka, Crème de Cacao White

TECHNIK	GLAS	EIS	REZEPT	GARNITUR	HINWEIS
	· spitzes Cocktailglas	· Cubes	· unterschiedlich	· unterschiedlich	· oft mit Zitronenöl aromatisiert (Zitronentwist)

Dry Cocktails

Big Apple (Foto)

Rührglas | spitzes Cocktailglas | Cubes | Calvadosapfel

3 cl Calvados
1 cl Apfelsaft, klar
1 cl Vermouth Dry
1 cl Vermouth Bianco
1 Calvadosapfel als Garnitur

Manhattan Dry

Rührglas | spitzes Cocktailglas | Cubes | Kirsche oder Olive

1–2 dash Angostura
4 cl Canadian Whisky
2 cl Vermouth Rosso oder Vermouth dry
Garnitur nach Wunsch
mit Zitronenöl abspritzen

Hinweis:
Auch hier gibt es unzählige Abwandlungen und Varianten.
Als Beispiele seien genannt:
· Irish Manhattan
· Scotch Manhattan
· Bourbon Manhattan

TECHNIK	GLAS	EIS	REZEPT	GARNITUR	HINWEIS
	· spitzes Cocktailglas	· Cubes	· unterschiedlich	· unterschiedlich	· oft mit Zitronen oder aromatisiert (Zitronentwist)

Margarita classic (Foto)

Shaker | Margaritaglas | Cubes | Limettenkeil

4 cl Tequila weiß
2 cl Cointreau
2 cl frischer Limettensaft
1 Limettenkeil
Salzrand am Gästeglas

Hinweis:
Häufig wird fälschlicherweise Zitronensaft verwendet, unbedingt vermeiden!

Daiquiri natural

Shaker | Cocktailschale | Cubes | Limettenscheibe

4 cl Cuba Rum oder Bacardi
2 cl Limettensaft
1 cl Zuckersirup
Limettenscheibe als Garnitur

White Lady

Shaker | Cocktailschale | Eiswürfel

2 cl London Dry Gin
2 cl Curaçao Triple Sec
2 cl frischer Zitronensaft

Eine Garnitur ist klassisch nicht vorgesehen, heute aber üblich.

TECHNIK	GLAS	EIS	REZEPT	GARNITUR	HINWEIS
	· Cocktailschale oder Spezialglas	· Cubes	· unterschiedlich	· unterschiedlich	· so genannte „Joker“, passen fast zu jeder Tageszeit · Trend: In den USA werden Rezepte bis auf 9 cl proportional vergrößert

Sweet Cocktails

Caramel Martini (Foto)

Shaker	Cocktailspitz	Cubes	Karamellgitter

4 cl Finlandia Vodka
1,5 cl Karamellsirup
0,5 cl Vanillesirup
1 Karamellgitter

Hinweis:
Statt des Vanillesirups kann ein mit Vanille aromatisierter Vodka (Moskovskaya Vanill) verwendet werden.

Brandy Alexander

Shaker	Cocktailschale	Cubes	Muskatnuss oder Schokostreusel

2 cl Cognac oder Brandy
2 cl Crème de Cacao
2 cl flüssige Schlagsahne
geriebene Muskatnuss

Sun of Cairo

Shaker	Cocktailschale	Eiswürfel, Minzeblatt, Schokostreusel

3 cl Xuxu Erdbeerlimes
2 cl Crème de Cacao White
1 cl flüssige Schlagsahne
1 Barlöffel Haselnusssirup
mit Minzeblatt und Schokostreusel garnieren

TECHNIK	GLAS	EIS	REZEPT	GARNITUR	HINWEIS
	· Cocktailschale · Martiniglas	· Cubes	· unterschiedlich	· unterschiedlich	· süffige und gehaltvolle Drinks · Trend: In den USA werden die Rezepte bis auf 9 cl proportional vergrößert

Bellini ❶ (Foto)

Direkt | Bellinibecher oder kleines Rocksglas

ca. 10 cl gekühltes Püree aus frischen weißen Pfirsichen
1 cl Campari Cordial (weißer Himbeerlikör)
1 dash Himbeersirup
mit trockenem italienischem Sekt auffüllen

Hinweis:
Diese Rezeptur gibt es in unzähligen Varianten und Glasformen.

Campari Royal ❷

Direkt | Sektkelch

2 cl Campari
Champagner auffüllen

Mimosa ❸

Direkt | Sektkelch

Glas zu zwei Dritteln mit Champagner füllen
Orangensaft aufgießen

Porto-Champagner ❹

Direkt | Sektkelch

Glas zu zwei Dritteln mit Champagner füllen
dunklen Portwein aufgießen, mit Zitronenöl abspritzen

Ohio ❺

Rührglas | auffüllen | Sektkelch | Cubes | Kirsche, Zitronentwist

1 dash Angostura
2 cl Canadian Whisky
2 cl Vermouth Rosso
Sekt oder Champagner auffüllen
mit Kirsche garnieren und Zitronenöl abspritzen

- Eine genaue Unterteilung würde hier noch mal über 10 Einzelgruppen bringen.
- Prinzipiell gliedert man aber folgend:
  ❶ Champagner + Fruchtmark oder pürierte Früchte
  ❷ Champagner + Likör oder Spirituose
  ❸ Champagner + Fruchtsaft
  ❹ Champagner + Wein oder Südwein
  ❺ Champagner + Cocktailgrundmischungen

TECHNIK	GLAS	EIS	REZEPT	GARNITUR	HINWEIS
	· großer Sektkelch oder Sektschale · Spezialglas	· Cubes, Crushed Ice · kein Eis	· unterschiedlich	· unterschiedlich	· große Unterteilung der Einzelgruppen · das eingedeutschte Wort „Champagner" heißt eigentlich Champagne

Coladas

- Streng genommen gehören sie zur Gruppe der Tropical oder Caribbean Drinks. Aber ihre Beliebtheit gestattet, sie extra aufzuführen.
- Es werden verschiedene Techniken angewandt, welche alle richtig sind. Ob geshakt, geblendet oder gemixt ist Ansichtssache, wenn der Geschmack nicht darunter leidet. Klassisch werden sie geshakt oder geblendet, das benutzte Eis wird mit in das Glas gegeben.
- Phantasievolle Garnituren sind üblich. Bei Eigenrezepturen kann es die unterschiedlichsten Zusammensetzungen geben.

Swimmingpool (Variante) (Foto)

Shaker | Squall Hurrican | Eiswürfel, Fancygarnitur

2 cl Vodka
2 cl Bacardi
2 cl Curaçao Blue
4 cl Sahne
10 cl Ananassaft
1–2 cl Blue Curaçao anschließend über das Getränk gießen (floaten)

Piña Colada (original)
Puerto Rico

Blender | Fancyglas | Crushed Ice | Ananaskeil mit Kirsche

6 cl heller Rum (Puerto Rico, z. B. Bacardi)
2 frische Ananasscheiben
10 cl frische Kokosmilch
3 cl flüssiger Honig oder Palmsirup
komplett umgießen und garnieren

Kingston

Shaker | Squall Hurrican | Cubes | Fancygarnitur

3 cl Malibu
2 cl Apricot Brandy
2 cl Erdbeersirup
2 cl flüssige Sahne
8 cl Maracujanektar

Piña Colada (Variante)

Shaker od. Blender | Squall Hurrican | Eiswürfel od. Crushed Ice | Ananaskeil mit Kirsche

4 cl Bacardi oder Havana Club
2 cl Malibu
3 cl Kokossirup
4 cl flüssige Sahne
10 cl Ananassaft
Garnitur gesteckt

TECHNIK	GLAS	EIS	REZEPT	GARNITUR	HINWEIS
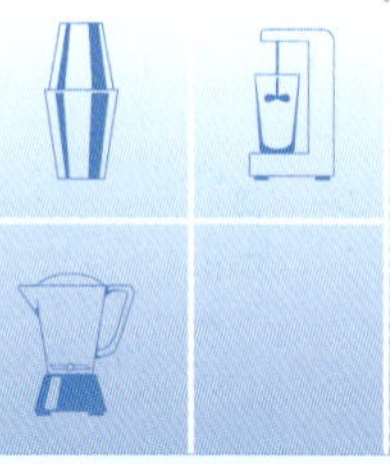	· Squall Hurrican oder Napoli Grande · Fancyglas	· Crushed Ice, Cubes	· unterschiedlich, oft Spirituosen, Likör, Sahne, Säfte und Sirup	· groß und vielfältig · oft dem Inhalt angeglichen	· nicht zu stark alkoholisch (ca. 6 cl Alkohol) · gehaltvoll · Service: Rührstab, und Trinkhalm

Collinses

- In einigen Bars werden heute Collinses zubereitet wie eine besonders große Portion Fizz (siehe Fizz).

- Das Ursprungsland ist umstritten, ob England oder USA, und nicht mehr nachzuvollziehen. Einig ist man sich lediglich, dass der Fizz geshakt und der Collins direkt aufgebaut wird.

HERSTELLUNGSVARIANTE ①

- Ein Collinsglas wird mit vielen Eiswürfeln gefüllt, mit den Ingredienzen übergossen und umgerührt. Das Glas wird mit Sodawasser aufgefüllt und garniert.

HERSTELLUNGSVARIANTE ②

- Ein Collinsglas wird bis kurz unter den Rand mit Crushed Ice gefüllt, die Ingredienzen werden dazugegeben, kein Soda!

- Jetzt wird mit dem Barlöffel heftig gerührt, das Glas kann dabei außen beschlagen. Das abschmelzende Wasser übernimmt hier den Verdünnungseffekt des Sodas.

- Eine besonders in den USA bevorzugte Variante für die dort sehr beliebte Getränkegruppe. Man kann sie auch dort fertig in Flaschen kaufen, und in der Anleitung steht: Über Crushed Ice gießen und umrühren.

TECHNIK	GLAS	EIS	REZEPT	GARNITUR	HINWEIS
	· Collins-glas (ca. 30 cl)	· ursprünglich Crushed Ice, teilweise heute Cubes	· 4–5 cl Spirituose · 3 cl Zitrone, frisch · 2 cl Läuterzucker · eventuell Soda (bei Cubes)	· ½ Orangenscheibe oder ½ Zitronenscheibe · 2 Kirschen · eventuell Minzezweig	· 2 Herstellungstechniken möglich · Service: Rührstab und Trinkhalm

Collinses

NAMENSGEBUNG

- Anders als beim Fizz, der die Basisspirituosen nennt, haben Collinses Eigennamen. Sie stammen teilweise aus den Ursprungsländern des Basisprodukts.
- Die gebräuchlichsten sind

Tom	=	Gin
Joe	=	Vodka
Jack	=	Calvados
Sandy	=	Scotch Whisky
John	=	Genever
Pierre	=	Cognac
Caspare	=	Campari (Ausnahme: keine Basisspirituose)
Mike	=	Irish Whiskey
Pedro	=	Weißer Rum (auch Ron-Collins)
Captains	=	Canadian Whisky
Juan	=	Tequila

Caspare Collins

Direkt | Collinsglas | Cubes | Orangenscheibe | Kirschen

5 cl Campari
3 cl frischer Limettensaft
2 cl Zuckersirup
Soda aufspritzen
Garnitur am Glasrand befestigen

Hinweis:
Veränderte Grundrezeptur beachten!

Tom Collins (US-Variante)

Direkt | Collinsglas | Crushed Ice | Kirsche, Orangenscheibe, Minzezweig

5 cl London Dry Gin
3 cl Zitronensaft
2 cl Zuckersirup
Garnitur

Hinweis:
Die Bestandteile Zitronensaft und Läuterzucker werden durch den Premixer „Sweet & Sour" ersetzt (siehe Premixer).

Joe Collins (übliche Variante)

Direkt | Collinsglas | Cubes | Zitronenscheibe, Kirsche

4 cl Vodka
3 cl Zitronensaft
2 cl Zuckersirup
Sodawasser auffüllen

TECHNIK	GLAS	EIS	REZEPT	GARNITUR	HINWEIS
	· Collinsglas (ca. 30 cl)	· ursprünglich Crushed Ice, teilweise heute Cubes	· 4–5 cl Spirituose · 3 cl Zitrone, frisch · 2 cl Zuckersirup · eventuell Soda (bei Cubes)	· ½ Orangenscheibe oder ½ Zitronenscheibe · 2 Kirschen · eventuell Minzezweig	· 2 Herstellungstechniken möglich · Service: Rührstab und Trinkhalm

Southern Cooler (Foto)

Direkt | Collinsglas | Crushed Ice | Limettenkeil

4 cl Southern Comfort
3 cl frischer Zitronensaft
2 cl Zuckersirup
1 dash Angostura Bitter
auffüllen mit Sprite oder Bitter Lemon

Hinweise:
Für die Kombination 3 cl Zitronensaft und 2 cl Läuterzucker setzen die Amerikaner 5 cl Sweet & Sour ein. Angostura Bitter als Flavouring Part ist beim Gast vorher abzufragen und gilt als optional.

- Obwohl sie früher geshakt wurden und im Aufbau einem Fizz ähnelten, werden die Cooler heute direkt auf Cracked Ice oder Crushed Ice zubereitet.
- Es wechseln die Basisspirituosen und Filler, das zu zwei Dritteln mit Crushed Ice gefüllte Collinsglas bleibt aber für jeden Drink.

Gin Cooler (Remsen Cooler)

Direkt | Collinsglas | Crushed Ice | Zitronenscheibe

4 cl London Dry Gin
3 cl frischer Zitronensaft
2 cl Zuckersirup
1 dash Angostura Bitter
Ginger Ale auffüllen
Garnitur am Glasrand befestigen

Harvard Cooler

Direkt | Collinsglas | Crushed Ice | Zitronenspirale

4 cl Applejack oder Calvados
3 cl frischer Zitronensaft
2 cl Zuckersirup
Ginger Ale auffüllen
Zitronenspirale darüber legen

TECHNIK	GLAS	EIS	REZEPT	GARNITUR	HINWEIS
	· Collinsglas	· Crushed Ice · Cracked Ice	· 4 cl Spirituose · 3 cl Zitronensaft · 2 cl Zuckersirup · 1 dash Angostura Bitter · Filler: Limonaden (klassisch: Ginger Ale) und Wasser	· Zitronenscheibe · Fancygarnitur	· ähnelt der US-Variante des Collinses · Service: Rührstab und Trinkhalm

Creamsickles

- Im Gegensatz zur gefährlichen Übersetzung des Namens (Sahnesichel) sind sie alkoholisch harmlos bis alkoholfrei und in Milchbars sehr beliebt. Die Verwandtschaft zu den Freezes ist unübersehbar, Creamsickles enthalten aber zusätzlich zum Fruchteis mehr Flüssigkeit wie Milch.
- Oft verwendet wird in der Rezeptur der Begriff „Half & Half", eine Mischung (Premixer) von 50 % Milch und 50 % Schlagsahne. Neben Liebhabern von alkoholfreien oder -armen Drinks können sogar Kinder zur Zielgruppe gehören.

Oreo Cookie Shake (Foto)

Mixer | Pocco Grande oder Ballonglas | Crushed Ice | Sprühsahne, Cookie-Deko, Schokoladensirup, Erdbeeren

3 Kugeln Vanilleeis
3 Oreo Cookies (Schokoladenkekse)
8 cl Half & Half
1/2 Schaufel Crushed Ice mit Sahnehäubchen (AWC) toppen und dekorieren

Frozen Cappuccino

Mixer | Pilsnerglas | Crushed ice | Sprühsahne, Zimt

3 Kugeln Vanilleeis
3 cl Kahlúa
4 cl Frangelico (Haselnusslikör)
8 cl „Half & Half"
1/2 Schaufel Crushed Ice
Sahnehäubchen toppen
mit Zimt bestreuen

Cherry Nut Treat

Mixer | Ballonglas | Crushed Ice | Doppelkirsche am Stiel

3 Kugeln Vanilleeis
3 cl Sherry Brandy
2 cl Amaretto
1 cl Schokoladensirup
8 cl „Half & Half"
1/2 Schaufel Crushed Ice
Garnitur am Glas anhängen

TECHNIK	GLAS	EIS	REZEPT	GARNITUR	HINWEIS
	· großes Eiskaffeeglas (30 cl) · Ballonglas (Pocco Grande) · Pilsnerglas	· Crushed Ice	· unterschiedlich · Drinks basieren auf Speiseeisarten (Vanille, Schokolade, Erdbeer)	· unterschiedlich	· den Freezes sehr ähnlich · Service: Unterteller, Löffel, Trinkhalm und Gebäck

Brandy Crusta (Foto)

Shaker | Cognacschwenker | Cubes | Zuckerrand, dicke Zitronenspirale

4 cl Cognac oder Brandy
2 cl frischer Zitronensaft
1 Barlöffel Zuckersirup
3 dash Maraschino
1 dash Angostura Bitter
Garnitur einlegen

- Sie gehören zu den „Oldies" an der Bar und sind sehr starke Getränke. Heute kann diese Grundrezeptur mit Säften verlängert werden, verfehlt dann aber ihre Wirkung als reiner After-Dinner-Drink.
- Al Capone, Mafia-Boss in Chicago zur Prohibitionszeit, genoss seinen Brandy Crusta stets in Verbindung mit einer Zigarre.

Gin Crusta

Shaker | Cognacschwenker | Cubes | Zuckerrand, dicke Zitronenspirale

4 cl London Dry Gin
2 cl frischer Zitronensaft
1 Barlöffel Zuckersirup
3 dash Maraschino
1 dash Angostura Bitter
Garnitur einlegen

Kentucky Crusta

Shaker | Cognacschwenker | Cubes | Zuckerrand, dicke Zitronenspirale

4 cl Bourbon
2 cl frischer Zitronensaft
2 Barlöffel weißer Rohrzucker
3 dash Maraschino
1 dash Angostura Bitter
Garnitur einlegen

Achtung:
Länger shaken, damit der Rohrzucker sich möglichst auflösen kann!

Hinweis:
Das Anfertigen des Zuckerrands erfolgt am besten über einen gut gefüllten Glasrimmer. Handgemachte Ränder sind sehr zeitaufwendig und selten gleichmäßig.

TECHNIK	GLAS	EIS	REZEPT	GARNITUR	HINWEIS
	· großer Cognac-schwenker	· Cubes	· 4–5 cl Spirituose · 2 cl frischer Zitronensaft · 1 Barlöffel Zuckersirup · 3 dash Maraschino · 1 dash Angostura Bitter	· breiter Zuckerrand am Glas · dick geschnittene Zitronenspirale im Glas	· Service: straight up

Cups

- Bei den Cups haben wir es mit dem „großen Bruder" der Bowle zu tun.
- Der Unterschied ist das Aufspriten der Früchte. Dazu sollte der Ansatz etwa einen Tag stehen können, um Aromastoffe aus den Früchten auszulaugen. Die sonstige Herstellung und der Service gleichen der Bowle.

Pimm's N° I Cup (Foto)

Direkt | Pimm'sglas | 4–6 Eiswürfel | Gurkenschale, Orangenscheibe, Kirschen

1 Glas

5 cl Pimm's N° I
Ginger Ale oder Sprite auffüllen
2 Streifen Gurkenschale
$^1/_2$ Orangenscheibe und 2 Kirschen einlegen

Hinweise:
Abweichend von der Grundrezeptur sind die notwendigen Produkte im Pimm's N° I bereits enthalten.
Als Pimm's N° I Royal wird mit Champagner aufgefüllt.

Rose Cup

Direkt wie Bowleansatz im Ballon | Bowleglas | kein Eis | Rosenblätter (ungespritzt)

6–8 Gläser

500 g frische Himbeeren
10 cl Himbeersirup
12 cl Himbeergeist
1,5 l Roséwein, halbtrocken, 24 Stunden ziehen lassen

Vor dem Service mit trockenem Sekt auffüllen, mit Rosenblättern garnieren.

Gurken Cup

Direkt wie Bowleansatz im Ballon | Bowleglas | kein Eis | Minzezweig

6–8 Gläser

2 große Salatgurken in Streifen schneiden
10 cl Läuterzucker
15 cl London Dry Gin
1,5 l Weißwein, halbtrocken, nur 2 Stunden ziehen lassen

Vor dem Service mit trockenem Sekt auffüllen, 1 Minzezweig auflegen.

TECHNIK	GLAS	EIS	REZEPT	GARNITUR	HINWEIS
	· Bowleglas · Cuptasse	· keines, nur in Ausnahmefällen	· unterschiedlich, wie Bowle, aber mit Spirituose	· unterschiedlich	· Service: Limonadenlöffel und Trinkhalm

Mexican Daisy (Foto)

Shaker | Sektschale | Cubes | Kirschen

2 cl heller Tequila
2 cl Tequila Gold
2 cl Grenadine
2 cl frischer Zitronensaft
Sekt (oder Champagner) auffüllen
Garnitur am Spieß über das Glas legen

Rum Daisy

Shaker | Sektschale | Cubes | Kirschen

4 cl heller Rum
2 cl Grenadine
2 cl frischer Zitronensaft
Sekt (oder Champagner) auffüllen
Garnitur am Spieß über das Glas legen

Gin Daisy Royal

Shaker | Sektschale | Cubes | Kirschen

4 cl London Dry Gin
2 cl Grenadine
2 cl frischer Zitronensaft
Champagner auffüllen
Garnitur am Spieß über das Glas legen

- Der Name bedeutet wörtlich übersetzt „Gänseblümchen" oder „Margerite" und zeigt damit an, dass es etwas Leichtes sein muss. Genau genommen gehören die Daisies in den Bereich der Champagner Cocktails.
- Ein angenehmes Nachmittagsgetränk, das besonders bei den Damen beliebt ist.

TECHNIK	GLAS	EIS	REZEPT	GARNITUR	HINWEIS
	· mittlere Sekt-schale	· Cubes	· 4 cl Spirituose · 2 cl Zitrone · 2 cl Grenadine · Filler: Champagner oder Sekt (optional: Soda)	· 3–5 Cocktail-kirschen am Spieß	· Service: Ablageschale, Trinkhalm, straight up

Egg-Noggs

- Diese „Eiertröpfchen" sind sehr klassisch und waren in der Blütezeit der Cocktails von etwa 1900 bis 1930 beliebt.
- Die Verwendung von frischem Eigelb war damals kein Problem, heute jedoch vielfach wegen der Salmonellengefahr untersagt. Egg-Noggs gibt es als Kalt- und Heißgetränk. Werden sie heiß gewünscht, wird trocken geblendet (ohne Eis) und mit gut erwärmter Milch aufgefüllt. Die kalte Variante wird geshakt und straight up (ohne Eis) in das Gästeglas gegossen.
- Die Egg-Noggs sind sehr nahrhaft, helfen aber auch bei einem „Kater" am nächsten Tag.

Porto Egg-Nogg (Foto)

Shaker | Eiskaffeeglas | Cubes | Muskat

5 cl Portwein Ruby
1 Eigelb oder
4 cl Eierlikör
2 cl Zuckersirup

Nach dem Shaken umgießen, mit kalter Milch auffüllen, nochmals verrühren, mit Muskatnuss abreiben.

Brandy Egg-Nogg

Shaker | Eiskaffeeglas | Cubes | Muskat

4 cl Cognac oder Brandy
1 Eigelb oder
4 cl Eierlikör
2 cl Zuckersirup

Nach dem Shaken umgießen, mit kalter Milch auffüllen, nochmals verrühren, mit Muskatnuss abreiben.

Sherry Egg-Nogg (hot)

Blender | Eiskaffeeglas | kein Eis | Muskat

5 cl Sherry Oloroso
1 Eigelb oder
4 cl Eierlikör
2 cl Zuckersirup

Trocken blenden, umgießen, mit heißer Milch auffüllen, nochmals umrühren, mit Muskatnuss abreiben.

TECHNIK	GLAS	EIS	REZEPT	GARNITUR	HINWEIS
 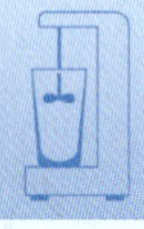	· mittleres Eiskaffeeglas	· kalter Drink: Cubes · heißer Drink: kein Eis, dry blending	· 1 Eigelb oder 4 cl Eierlikör · 2 cl Zuckersirup · 4 cl Basisspirituose · 6–8 cl heiße oder kalte Milch	· geriebene Muskatnuss	· Service: straight up, Unterteller, Limonadenlöffel, bei kaltem Egg-Nogg Trinkhalm

Wild Horse (Foto)

Shaker | Squall Hurrican | Cubes | ausgehöhlte Erdbeere mit brennendem Zuckerwürfel

5 cl Bourbon
2 cl Maracujasirup
1 cl frischer Zitronensaft
3 gepresste Limettenkeile
10 cl Maracujanektar

Nach dem Shaken komplett mit Eis umgießen, Würfelzucker mit hochprozentigem Rum befeuchten und anzünden.

Dirty Harry

Shaker | Squall Hurrican | Cubes | Dekoration aus Äpfeln

2 cl Myers's Rum
2 cl Bacardi Black
2 cl Captain Morgan (73 %)
2 cl Ahornsirup
2 cl Rose's Lime Juice
2 cl Sweet & Sour
5 cl Apfelsaft, klar

Nach dem Shaken komplett mit Eis umgießen und garnieren.

Rootbear Float

Shaker | Napoli Grande | Cubes | Ananasecke mit Kirsche und Minze

2 cl Smirnoff Vodka
2 cl Kahlúa
2 cl Galliano
3 cl flüssige Sahne

Shaken und auf Eiswürfel abgießen, mit Pepsi Cola auffüllen und garnieren.

- Mit den Fancy Drinks haben wir eine der umfangreichsten Gruppen an der Bar. Hier gibt es weder Grundrezepturen noch einheitliche Gläser. Der Name ist die Kurzform von Phantasie. Dieser „Tummelplatz" erlaubt fast alles, jedoch werden exakte Techniken erwartet.
- Die Grenze zu den Caribbean Drinks ist fast schwimmend, eine exakte Zuordnung ist nicht möglich.
- Da Gäste stets auch etwas Besonderes erwarten, können wir hier unsere Kreativität und Phantasie spielen lassen.

TECHNIK	GLAS	EIS	REZEPT	GARNITUR	HINWEIS
	· unterschiedlich	· unterschiedlich	· unterschiedlich	· unterschiedlich	· viele Eigenkreationen fallen in diese Gruppen

Fixes

- Sie gehören zu den Klassikern und stehen kaum noch in einer Barkarte, allerdings zu Unrecht. Die recht simple Herstellung ist schnell erklärt. Der Zucker wird mit etwas Wasser und dem Zitronensaft im Glas gelöst, die Spirituose dazugegeben. Jetzt Crushed Ice, eventuell Ice Cubes, auffüllen und kräftig umrühren. Zum Schluss sparsam garnieren.
- **Hinweis:** Limettensaft bringt eine erfrischende Säure, auch die Zugabe von etwas Fruchtsaft (max. 6 cl) ist möglich.

Grand Marnier Fix (Foto)

Direkt | Highball | Crushed Ice | Orangenstücke

4 cl Grand Marnier
2 cl frischer Zitronensaft
2 Barlöffel brauner Rohrzucker
Wasser
Orangenstücke in den Drink geben

Canadian Fix

Direkt | Highball | Crushed Ice | Limettenkeil

4 cl Canadian Whisky
2 cl frischer Zitronensaft
2 Barlöffel Zucker
Wasser
Limettenkeil in den Drink pressen

Jamaika Fix

Direkt | Highball | Crushed Ice | Ananaswürfel

4 cl dunkler Jamaica Rum
2 cl frischer Limettensaft
2 Barlöffel weißer Rohrzucker
6 cl Ananassaft
1 Spritzer Wasser
Ananaswürfel in den Drink geben

TECHNIK	GLAS	EIS	REZEPT	GARNITUR	HINWEIS
	· Highball	· Crushed Ice · klassische Variante: Ice Cubes	· 4 cl Basisspirituose · 2 cl Zitronensaft · 2 Barlöffel Zucker · etwas Wasser	· unterschiedlich · oft Zitronenscheibe oder Einzelfrüchte	· Service: Unterteller, Trinkhalm, Stirrer, evtl. Limonadenlöffel

Royal Orange Fizz (Foto)

Shaker I Highball I Cubes I Orangenscheibe

4 cl Vodka oder London Dry Gin
2 cl frischer Zitronensaft
2 cl Grenadine
4 cl Orangensaft
mit Champagner auffüllen und garnieren

Obwohl auch diese Gruppe sehr alt ist, so findet man den Fizz in jeder Karte. Mit seiner spritzig und leichten Art hat er viele Anhänger in jeder Altersgruppe gefunden.
Ein Fizz, der mit Champagner statt Sodawasser aufgefüllt wird, trägt die Bezeichnung Royal.

Gin Fizz

Shaker I Highball I Cubes I Zitronenscheibe

4 cl London Dry Gin
2 cl frischer Zitronensaft
1 cl Zuckersirup
Soda aufspritzen und garnieren

Pink Rose Fizz

Shaker I Highball I Cubes I Zitronenscheibe

4 cl London Dry Gin
2 cl frischer Zitronensaft
1 cl Grenadine
Soda aufspritzen und garnieren

TECHNIK	GLAS	EIS	REZEPT	GARNITUR	HINWEIS
	· Highball	· Cubes	· 4 cl Basisspirituose · 2 cl frischer Zitronensaft · 1 cl Zuckersirup · Sodawasser (Splash = Schuss)	· Zitronenscheibe	· straight up auf frische Eiswürfel · Service: Trinkhalm und Rührstab

Flips

- Flips liegen nahe an den Egg-Noggs, sind aber kleiner und konzentrierter. Die Austauschbarkeit Eigelb/Eierlikör trifft ebenfalls zu.
- Bei der Zubereitung im Shaker ist länger zu schütteln, vorteilhaft ist der Einsatz des Blenders.
- Als fülliges und nahrhaftes Getränk besitzt der Flip hervorragende After-Dinner-Eigenschaften.

Butterfly (Foto)

Shaker | Sektkelch | Cubes | Muskatnuss

1 Eigelb oder 4 cl Eierlikör
2 cl Créme de Cacao Brown
2 cl Cognac oder Brandy
2 cl Zuckersirup
2 cl flüssige Sahne
Muskatnuss aufreiben (on the top)

Orange Flip

Shaker | Sektkelch | Cubes | Muskatnuss

1 Eigelb oder 4 cl Eierlikör
2 cl London Dry Gin
2 cl Curaçao Triple Sec
2 cl Zuckersirup
2 cl Orangensaft (Austausch für Sahne)
Muskatnuss aufreiben (on the top)

Porto Flip

Shaker | Sektkelch | Cubes | Muskatnuss

1 Eigelb oder 4 cl Eierlikör
5 cl Portwein Ruby
1 cl Cognac
1 cl Zuckersirup
2 cl flüssige Sahne
Muskatnuss aufreiben (on the top)

TECHNIK	GLAS	EIS	REZEPT	GARNITUR	HINWEIS
	· großer Sektkelch (16–18 cl Fassungsvermögen)	· Cubes	· 2 cl Likör ⎤ oder 5 cl Süd- · 2 cl Spirituose ⎦ wein · 2 cl Zuckersirup · 2 cl flüssige Sahne · 1 Eigelb oder 4 cl Eierlikör	· Standard: Muskat · Variante: kleine Früchte	· Südweinflips erhalten anstatt 2 cl Likör und 2 cl Spirituose 5 cl Südwein · Service: straight up, Trinkhalm

Jack 7 Float (Foto)

Direkt | Highball | Cubes | Limettenkeil (optional)

ca. 12 cl 7up (oder Sprite)
4 cl Jack Daniel's floaten
Limettenkeil am Glasrand setzen

Remy on the top

Direkt | Highball | Cubes

ca. 10 cl Sodawasser
2 cl Remy Martin floaten

Pimm's Royal Float

Direkt | Sektkelch (18 cl)

ca. 10 cl stark gekühlter Champagner
4 cl Pimm's N° I floaten

Das so genannte „Floaten" bedeutet etwas auffließen zu lassen. Spirituosen bleiben an der Oberfläche, Sirupe und zum Teil Liköre laufen zum Glasboden durch. In das mit Eiswürfeln gefüllte Highballglas kommt Sodawasser, Limonade oder Sekt/Champagner. Jetzt den Barlöffel auflegen. Die gefloatete Menge kommt nicht vorher in den Messbecher, sondern die cl-Anzahl wird über Zähltechniken ermittelt.

TECHNIK	GLAS	EIS	REZEPT	GARNITUR	HINWEIS
	· Highball, eventuell Sektkelch	· Cubes	· unterschiedlich	· keine oder selten (Einzelgarnitur)	· Barlöffel zum Floaten auf die Oberfläche des Drinks legen

Frappés

- In den 50er- bis Anfang der 70er-Jahre auch ein in Deutschland beliebter Drink, besonders an heißen Tagen zur Kaffeestunde.
- Das Glas gut mit Eis füllen, Spirituosen oder Südwein hinzufügen und umrühren.
- Einzelgarnituren wie Erdbeeren, Weintrauben und Minzeblätter sind angebracht.

Mint Frappé (Foto)

Direkt | Sektschale | Crushed Ice | Minzezweig

4 cl Crème de Menthe Green
1 Minzezweig

Strawberry Frappé

Direkt | Sektschale | Crushed Ice | Erdbeere

4 cl Erdbeerlikör
1 Erdbeere

Sherry Frappé

Direkt | Sektkelch | Crushed Ice | Weintraube

5 cl Sherry Oloroso oder Cream
1 blaue Weintraube

TECHNIK	GLAS	EIS	REZEPT	GARNITUR	HINWEIS
	· Sektschale oder Sektkelch	· Cobbler Ice oder Crushed Ice, früher Shaved Ice	· 4 cl Likör oder 5 cl Südwein	· klassisch: keine · Trend: Einzelfrucht	· Service: Trinkhalm

Ice Cream Cappuccino (Foto)

Mixer | Highball | Fruchteis | Kaffeebohnen

2 Kugeln Vanilleeis
2 cl Kahlúa
4 cl Sahne
1 kalter Espresso
Garnitur mit 2–3 Kaffeebohnen (Schokolade)

Velvet Hammer

Mixer | Highball | Fruchteis | Kiwischeibe

1 Kugel Schokoeis
1 Kugel Vanilleeis
2 cl Crème de Cacao White
2 cl Triple Sec
4 cl Sahne
2 cl Grenadine
Kiwischeibe aufsetzen

Banana Joe

Mixer | Highball | Fruchteis | Bananenspieß

2 Kugeln Vanilleeis
½ Banane
2 cl Crème de Banane
2 cl Sahne
5 cl Milch
Bananenspieß darüber legen

- Eine starke Verwandtschaft mit den Milk Shakes und Creamsickles ist nicht zu übersehen.
- Freezes sind aber eher fester und haben weniger Flüssigkeiten. Es werden auch alkoholfreie Varianten angeboten.
- In den USA sehr beliebte Drinks in Milchbars und Cafés.

TECHNIK	GLAS	EIS	REZEPT	GARNITUR	HINWEIS
	· Highball oder Collins	· Fruchteis	· unterschiedlich	· Obst entsprechend des Fruchteises	· Service: 2 Trinkhalme, Limonadenlöffel, 1 Gebäckstück

Frozen Blended Coffees

- Hier haben wir einen der momentan beliebtesten Drinks weltweit, geboren wie immer in den USA.
- Internationale Kaffeehausketten wie „Starbucks“ haben diese Drinks auf der ganzen Welt bekannt gemacht. Man beginnt mit dem Sirup nach Wahl, fügt Milch und Kaffee dazu. Das letzte Drittel des Glasinhalts wird mit Crushed Ice aufgefüllt und gerührt.
- Flüssige Sahne floaten bzw. toppen, Garnitur aufsetzen. Für das take away-Geschäft wird der Drink nach dem Crushed Ice mit einer gelochten Deckelhaube versehen. In die Öffnung nun Spritzsahne geben, keine Garnitur.

Frozen Strawberry Coffee (Foto)

Direkt | Pilsnerglas | Crushed Ice | Erdbeere

4 cl Erdbeersirup
6 cl Milch
1 doppelter Espresso, heiß oder kalt
Sahne floaten
mit Schokosirup garnieren

Frozen Mafioso Coffee
- alkoholisch -

Direkt | Pilsnerglas | Crushed Ice | Mandelsplitter

2 cl Mandelsirup
2 cl Amaretto
6 cl Milch
1 doppelter Espresso, heiß oder kalt
Sahne floaten
Mandelsplitter aufstreuen

Frozen Nut Coffee

Direkt | Pilsnerglas | Crushed Ice | Schokoladensirup

4 cl Macadamia-Nuss-Sirup
6 cl Milch
1 doppelter Espresso, heiß oder kalt
Sahne floaten
mit Schokosirup garnieren

TECHNIK	GLAS	EIS	REZEPT	GARNITUR	HINWEIS
· geschichtet	· Pilsnerglas (30 cl) ohne Werbeaufdruck	· Crushed Ice (mindestens 1/3 der Glashöhe)	· 4 cl Sirup · 6 cl Milch · 4 cl Sahne · 1 doppelter Espresso, heiß oder kalt	· Einzelgarnitur Obst, Nüsse, Siruptupfen	· auch in take away gut verkaufbar · Service: dicke Trinkhalme

Bourbon Highball (Foto)

Direkt | Highball | Cubes | Zitronenspirale

4 cl Bourbon
Ginger Ale auffüllen
Zitronenspirale einhängen

Hinweis:
Bei Zugabe von 2 dash Angostura Bitter heißt dieser Drink „Horse Neck".

Sie gehören in die große Kategorie der Longdrinks und unterscheiden sich von denen im Wesentlichen durch den Filler und die Garnitur.
Kleine Abweichungen gibt es auch beim Aromatisieren. Hier können dashes von Orange Bitter oder Angostura Bitter und Kleinstmengen von Lemon Squash oder Rose's Lime Juice eingesetzt werden.

English Highball

Direkt | Highball | Cubes | Zitronenspirale

4 cl London Dry Gin
2 cl Rose's Lime Juice
Sodawasser auffüllen
Zitronenspirale einhängen

Mexican Highball

Direkt | Highball | Cubes | Limettenspirale

2 cl Tequila Silver
2 cl Tequila Gold
Bitter Lemon auffüllen
Limettenspirale einhängen

TECHNIK	GLAS	EIS	REZEPT	GARNITUR	HINWEIS
	· Highball- oder Collinsglas	· Cubes	· 4 cl Basisspirituose · ca. 10 cl Limonade oder Wasser · eventuell Sirup oder Spritzbitter	· klassisch: Zitronen-spirale · Trend: andere Zitrusspiralen	· zwei Drittel Eis im Gästeglas · Service: Rührstäbchen

Hot Drinks

- Es scheint fast, dass Heißgetränke nicht zu einer Bar gehören, doch sie bringen einen nicht unbeträchtlichen Umsatz. Sogar in karibischen Ländern findet man gute Rezepte, dort natürlich auf Rumbasis. Die heißen Bestandteile können Wasser, Milch, Kaffee, Schokolade und Wein sein. In der Gruppe „Shooter“ gibt es die so genannten „Hot Shots“, wobei hier stets Kaffee benutzt wird.

- Aus der großen Vielfalt haben wir drei Standards herausgesucht.

Irish Coffee (Foto) (originale Herstellung)

Brenner | Irish-Coffee-Glas | Schlagsahne und Schokoflocken

3–4 cl Irish Whiskey
2 Barlöffel weißer Zucker
starker Kaffee
angeschlagene Sahne
Schokoflocken

Mexican Coffee

Brenner | Irish-Coffee-Glas | Schlagsahne | lösliches Kaffeepulver

1,5 cl Tequila Silver
1,5 cl Kahlúa
1 Barlöffel Karamellsirup
1 Barlöffel brauner Rohrzucker
starker Kaffee
angeschlagene Sahne, Kaffeepulver

Hinweis:
Wenden Sie bitte die verkürzte Methode der Herstellung wie beim Irish Coffee an.

Hot Buttered Rum

Direkt | Mazzagranglas | Nelken, Zimtstange

2 Barlöffel brauner Rohrzucker
1 Zimtstange
3 Nelken
6 cl dunkler Rum
20 g Buttermischung „Butterscotch“
(ersatzweise: 1 cl De Kuyper Butterscotch und 15 g Butter)
kochendes Wasser

Hinweis:
Zucker und Gewürze mit kochendem Wasser übergießen, erwärmten Alkohol dazugeben, Butterwürfel auf den Drink legen und schmelzen lassen.

Service:
Löffel, Gebäckstück

TECHNIK	GLAS	EIS	REZEPT	GARNITUR	HINWEIS
	· Mazzagranglas, Irish-Coffee-Glas, Grogglas, teilweise Tasse	· keines	· unterschiedlich	· unterschiedlich	· Brennpaste ist geruchsärmer · Service: Unterteller, Gebäck. Keine Trinkhalme!

In das Glas wird der Zucker gegeben und über die Flamme gebracht. Ein ständiges Drehen ermöglicht das Karamellisieren und Bräunen, Glas herunternehmen. Jetzt Whiskey hinzufügen und nochmals erwärmen, Kaffee aufgießen und halb geschlagene Sahne mit Hilfe des Barlöffels vorsichtig auffließen lassen (schichten). Mit den Schokoflocken zum Schluss bestreuen.

Service:
Unterteller, Kleingebäck, kein Löffel, kein Trinkhalm

Hinweis:
Die Methode ist sehr zeitaufwendig und deshalb kaum anzuwenden. Verkürzen Sie folgendermaßen:

2 Barlöffel brauner Zucker
1 Barlöffel Karamellsirup
3 cl Irish Whiskey
im Glas mischen und erhitzen. Den Kaffee auffüllen, die Sahne floaten und garnieren. Der Zeitaufwand beträgt bei guter Vorbereitung jetzt nur etwa 90 Sekunden.

Tipp: Bei fehlendem Brenner erhitzen Sie die Grundmischung an Ihrer Kaffeemaschine.

Beachten Sie bitte, dass ein zugelegter Löffel den Gast zum Rühren verleitet. Da die Sahne gekühlt ist, wird hier ein Temperatursturz nach unten erfolgen und den Drink lauwarm machen. Kenner schlürfen ihren Irish Coffee durch die kühle Sahne!

ZUBEREITUNG IRISH COFFEE

- Einer der ursprünglichen und klassischen Südstaaten-drinks ist der Julep. Überzeugte Kenner aus Indiana, Kentucky, Ohio und West Virginia haben eigene Geheimrezepte, die aber die Grundform nur noch verfeinern oder ergänzen.

- In einem sind sich aber alle einig: Die Minze niemals zerstampfen, sondern gefühlvoll drücken. Keinesfalls darf der Drink so aussehen, als wäre ein Teebeutel in ihm geplatzt!

- Der Statusdrink früherer Plantagenbesitzer hat nichts an Aktualität und Charme eingebüßt.

- **Arbeitshinweis:** Zucker mit etwas Wasser auflösen, Minze vorsichtig darin andrücken Spirituose dazugeben und mit Crushed Ice randvoll auffüllen. Mit einem Barlöffel rühren, bis das Glas von außen beschlägt, danach garnieren. Soda auf Wunsch!

- **Wichtig:** Juleps benötigen eine kleine „Ruhezeit", damit sich der Zucker lösen kann und sich die Ingredienzen harmonisch vereinigen.

Gloria Mint Julep (Foto)

Direkt | Double Rocks- oder großes Collinsglas | Crushed Ice | Minzezweige

3 cl Cognac oder Brandy
3 cl Apricot Brandy, eventuell Peach Schnapps (US-Bezeichnung für Pfirsichlikör)
2 Barlöffel weißer Rohrzucker
Wasser
4–5 Minzezweige (2 im Glas, 2–3 als Garnitur)
eventuell Soda (auf Wunsch)

Mint Julep

Direkt | Double Rocks- od. großes Collinsglas | Crushed Ice | Minzezweige od. -strauß

6 cl Bourbon
2 Barlöffel weißer Rohrzucker, Wasser
4–5 Minzezweige (2 im Glas, 2–3 als Garnitur)
eventuell Soda (auf Wunsch)

Havana Julep (veränderte Grundrezeptur)

Direkt | Double Rocks- oder großes Collinsglas | Crushed Ice | Minzezweige

6 cl Havana Club (3 Jahre)
1 cl Grenadine
3 cl frischer Limettensaft
4–5 Ananasstücke
4–5 Minzezweige (2 im Glas, 2–3 als Garnitur)
kein Soda

Zubereitung wie Grundrezeptur, Minzezweige mit Grenadine und Limettensaft pressen, Ananaswürfel und Rum zufügen, mit Crushed Ice auffüllen, kein zusätzliches Sodawasser, garnieren.

Hinweise:
Es sind heute mehr als 300 Minzearten bekannt. Die eigentliche heimische Pfefferminze ist zu scharf, besser ist die rotstielige Krauseminze.

TECHNIK	GLAS	EIS	REZEPT	GARNITUR	HINWEIS
	· Double Rocks oder großes Collins	· Crushed Ice · Cracked Ice	· 6 cl Bourbon (auf Wunsch Cognac, auch Liköre) · 2 BL Rohrzucker · Wasser, 2–3 Minzezweige, eventuell Soda	· klassisch: Minzestrauß · Trend: 1–2 Minzezweige	· Kenner schlürfen den Julep ohne Trinkhalm über das kalte Eis · Service: Trinkhalm auf Wunsch, USA –> Julepstrainer

Classic Lemonade (Foto)

Shaker | Collinsglas | Cubes | Zitronenscheibe mit Kirsche

3 cl frischer Zitronensaft
3 cl frischer Limettensaft
3 cl Zuckersirup
frisches kühles Trinkwasser aufgießen
garnieren

- Alle Limonaden wurden früher selbst hergestellt, später übernahm das die Getränkeindustrie. Viele Jahre bekamen wir nur Fertigprodukte im Handel und in der Gastronomie.
- Amerikanische und englische Barketten erinnern heute wieder mit „home-made"-Limonaden an Traditionen und erzielen gute Erfolge, besonders bei weiblichen Gästen und Kindern.
- Wir unterscheiden in echte Limonaden, die keinen Alkohol enthalten, und Demi Limonaden (mit Likör- oder Spirituosenanteil).
- **Hinweis:** Auf Wunsch Wasser gegen Soda austauschen.

Strawberry Lemonade (abweichende Rezeptur)

Shaker | Collinsglas | Cubes | Erdbeere mit Minzeblatt

3 cl frischer Zitronensaft
3 cl frischer Limettensaft
3 cl Erdbeersirup
2 cl Zuckersirup
7up oder Canadian Dry auffüllen
garnieren

Peach Demi Lemonade (abweichende Rezeptur)

Shaker | Collinsglas | Cubes | Pfirsichspalte mit Kirsche

3 cl frischer Zitronensaft
3 cl frischer Limettensaft
3 cl Pfirsichlikör
2 cl Pfirsichsirup
frisches kühles Trinkwasser auffüllen
garnieren

TECHNIK	GLAS	EIS	REZEPT	GARNITUR	HINWEIS
	· Collins · Double Rocks	· Cubes · Rezept beachten	· 4–6 cl frischer Zitronensaft oder Limettensaft · 3 cl Zuckersirup oder Sirup · Wasser oder Sodawasser, eventuell 2–4 cl Likör	· meist Limettenkeile oder Zitronenscheibe	· straight up auf Eiswürfel, wenn selbst gemacht, dann Trendgetränke · Service: Rührstab und Trinkhalm

Longdrinks

- Eigentlich sind alle Drinks, die größer als 7 cl sind, Longdrinks. Damit würden viele der bereits erwähnten Getränkegruppen nochmals aufgezählt.
- Wir beschränken uns hier auf die klassischen Grundrezepte, wichtig ist die Verwendung der richtigen Eismenge (5–7 Eiswürfel!) je Glas.

Cuba Libre (Foto)

Direkt | Collinsglas | Cubes | 2 Limettenkeile, gepresst

4–6 cl	original Cuba Rum
2	Limettenkeile einpressen
	Pepsi oder Coca-Cola auffüllen
	umrühren

Harvey Wallbanger

Direkt | Collinsglas | Cubes | Orangenscheibe

4 cl	Vodka
10 cl	Orangensaft auffüllen
2 cl	Galliano floaten
	garnieren

Seven & Seven

Direkt | Collinsglas | Cubes, Zitronenkeil

4 cl	Seven Crown oder Canadian Whisky
	mit 7up oder Canadian Dry auffüllen
	garnieren

TECHNIK	GLAS	EIS	REZEPT	GARNITUR	HINWEIS
	· Collinsglas	· Cubes	· 4–6 cl Spirituose oder Likör · Filler: Limonaden, Säfte, Soda	· sparsam (Zitronenscheiben u. Ä. · Einzelgarnituren	· Service: Rührstab, Ablageschale, Trinkhalm · unbedingt Glasgröße beachten (mind. 30 cl)

Country Love (Foto)
(Landliebe)

Shaker | Collinsglas | Cubes | Mohnrand | Getreideähre (getrocknet)

	Collinsglas mit einem Mohnrand versehen
3 cl	Karamellsirup
1 cl	Amaretto
5 cl	dunkler Rum
10 cl	kalte Milch
	straight up auf frische Eiswürfel
	Getreideähre anstecken

Die Gruppe der Milk Shakes ist umfangreich und vielfältig. Erste Rezepte wurden nur mit Sirup, Spirituosen oder Likör, Eiswürfeln und Milch hergestellt. Später kamen Fruchteiskugeln und pürierte Früchte sowie Crushed Ice dazu. In Milchbars ein unbedingtes Muss!

Strawberry Milk Shake

Mixer | großes Eiskaffeeglas | Crushed Ice | 1 Erdbeere

5–6 cl	frische Erdbeeren
1	Kugel Erdbeereis
10 cl	Milch
2 cl	Läuterzucker
2 cl	flüssige Schlagsahne
1	Barlöffel Vanillesirup
	mit 1/2 Schaufel Crushed Ice mixen
	garnieren

Conny Island

Blender | Eiskaffeeglas | Cubes | Muskatnuss

3 cl	Cognac
2 cl	Macadamia-Nuss-Sirup
1 cl	Frangelico (Nusslikör)
10–22 cl	kalte Milch
	blenden und straight up (ohne Eiswürfel) umgießen
	mit Muskatnuss abreiben

TECHNIK	GLAS	EIS	REZEPT	GARNITUR	HINWEIS
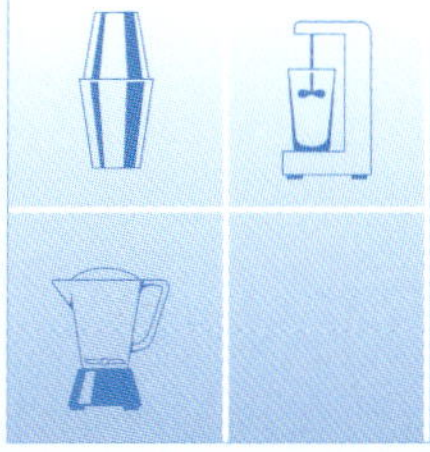	· großes Eiskaffeeglas oder Pilsnerglas ohne Werbung · Collinsglas	· Cubes · Crushed Ice	· unterschiedlich	· unterschiedlich	· Service: Trinkhalm, Ablageschale

Non alcoholic-Drinks

- Kaum eine Gruppe ist so unterschiedlich in Geschmack, Herstellung und Aussehen wie diese. In der Beliebtheitsskala folgt sie den Fancy und Caribbean Drinks auf dem Fuß.
- Gute Rezepturen gibt es zu Hunderten und würden den Umfang dieses Kapitels sprengen. Vielfach sind sie Ableitungen sonst alkoholischer Drinks.

Red Slip (Foto)

- alkoholfreier Fancy Drink -

Shaker | Napoli Grande | Cubes | Fancygarnitur

2 cl	Erdbeersirup
4 cl	Ananassaft, ungesüßt
6 cl	Grapefruitsaft
	straight up auf frische Eiswürfel
	mit Indian Tonic Water auffüllen und umrühren

Good Morning

- alkoholfreie Colada -

Shaker | Squall Hurrican | Cubes | Ananaskeil mit Minzeblatt

4 cl	Mandelsirup
2 cl	Rose's Lime Juice
4 cl	flüssige Sahne
8 cl	Ananassaft, ungesüßt
	shaken und komplett umgießen
	garnieren

Ipanema

- alkoholfreier Caipirinha -

Direkt | Special Highball oder Double Rocks | Crushed Ice | Fancygarnitur

1	geachtelte Limette mit 2 Barlöffeln weißem Rohrzucker auspressen
2 cl	Rose's Lime Juice
ca. 8 cl	Maracujanektar oder klaren Apfelsaft dazugeben
	mit Crushed Ice auffüllen und gut verrühren
	auf Wunsch mit Ginger Ale abspritzen
	Garnitur auflegen

TECHNIK	GLAS	EIS	REZEPT	GARNITUR	HINWEIS
	· große Gläser (Squall Hurrican, Napoli Grande usw.)	· Cubes · Crushed Ice	· unterschiedlich, meist viel Obst mitverarbeitet	· unterschiedlich, oft aufwendig wie bei Tropical Drinks	· sehr beliebte Gruppe bei allen Gästekreisen · Service: Rührstab, Trinkhalm, Ablageschale

Bloody Mary (Foto)
(US-Variante)

Rührglas | Highball | Cubes | Selleriestange, gemahlenes, trockenes Rindfleisch

4 cl Vodka
10 cl Tomatensaft
1 cl frischer Zitronensaft
1 dash Worcestersauce
1 Barlöffel geriebener Meerrettich
1–2 Tropfen Tabasco
etwas Salz und Pfeffer
gut verrühren und straight up (ohne Eis) umfüllen
mit gemahlenem Trockenrindfleisch bestreuen
Selleriestange hinzufügen

Hinweise:
Ein großer Fehler ist der Service von Bloody Mary mit Eiswürfeln in einer Direktzubereitung. Die Gewürze kann der Gast nur schwer selbst unterrühren!
Zugefügte Eiswürfel verdünnen den dicken Tomatensaft ständig, es bildet sich auf der Oberfläche ein unerwünschter Wasserfilm.

Painkiller sagen die Amerikaner zu dieser Getränkegruppe und trinken sie bereits am Morgen bzw. über den Tag verteilt. Der „hang over" der letzten Nacht kann so wirkungsvoll bekämpft werden. Ein Tag ohne Bloody Mary ist für einen Barbesucher kaum vorstellbar.

TECHNIK	GLAS	EIS	REZEPT	GARNITUR	HINWEIS
	· unter-schiedlich	· keines · Cubes · Crushed Ice	· unterschiedlich	· unterschiedlich · kaum süßes Obst	· Service: unterschiedlich, meist nur Rührstab

Pick me ups

- Ebenfalls zu den „hang overs“ gehören Drinks wie Apotheke, White Spider und B & B. Durch die hohe Konzentration von Alkohol dienen sie nach dem Essen zum Wohlbefinden des Magens.

  - **Apotheke:** Fernet-Branca, Crème de Menthe Green (eventuell Vermouth)
  - **White Spider:** Vodka, Crème de Menthe White
  - **B & B:** Brandy, Bénédictine DOM

- Sie werden zu gleichen Teilen (meist 2 cl) direkt in einen Cognacschwenker gegeben oder vorher im Mixglas auf Eis gerührt. Die gewünschte Ausschankform ist beim Gast zu erfragen.

Prairie Oyster (Foto)

Direkt | kleine Margaritaschale | Gewürze

Das Glas wird vorsichtig mit Olivenöl ausgeschwenkt, 2 Esslöffel (geschätzt) Heinz Ketchup in die Vertiefung geben und mit Salz, Pfeffer, Tabasco und 1 dash Worcestersauce verrühren. Mit dem Barlöffel in der Mitte eine Vertiefung drücken und ein frisches Eigelb einsetzen.

Service:
Cocktailserviette, 1 Glas Wasser

Hinweise:
Der Ersatz von Eigelb durch Eierlikör ist hier nicht möglich, unbedingt den Gast informieren und auf Zustimmung warten. Achtung: Produkthaftung bleibt bestehen, eventuell Salmonellengefahr!

Florida Alligator

Blender | Collinsglas | Crushed Ice | Orangenscheibe mit Kirsche

2 cl Ricard
2 cl Bols Blue
1 dash Angostura Bitter
8 cl Maracujanektar
1/2 Schaufel Crushed Ice
komplett umgießen und garnieren

TECHNIK	GLAS	EIS	REZEPT	GARNITUR	HINWEIS
	· unterschiedlich	· keines · Cubes · Crushed Ice	· unterschiedlich	· unterschiedlich · kaum süßes Obst	· Service: unterschiedlich, meist nur Rührstab

Bourbon Puff (Foto)

Shaker | Highball | Eiswürfel

4 cl Bourbon
6 cl kalte Milch
shaken und auf 6 frische Eiswürfel umfüllen
mit Soda abspritzen

Sehr selten ist diese Kategorie noch in Karten zu finden, da der Geschmack nicht dem Trend entspricht. In der Prohibitionszeit wurde zur optischen Täuschung (bei Kontrollen) dieser Drink als „alkoholfreier" verkauft. Da Milch bekannterweise Atemgerüche bremst, entstand so kaum die verrätische „Fahne".

Brandy Puff

Shaker | Highball | Eiswürfel

4 cl Cognac oder Brandy
6 cl kalte Milch
shaken und auf 6 frische Eiswürfel umfüllen
Soda aufgießen

Cherry Puff

Shaker | Highball | Eiswürfel

4 cl Kirschwasser
6 cl kalte Milch
shaken und auf 6 frische Eiswürfel umfüllen
Soda aufgießen

Hinweis:
Die verwendete Milch sollte stets vollfett sein und darf nicht entrahmt werden.

TECHNIK	GLAS	EIS	REZEPT	GARNITUR	HINWEIS
	· Highball · Collins	· Cubes	· 4 cl Basisspirituose · 4–6 cl Milch · Sodawasser auffüllen	· keine	· sehr klasssisch · heute kaum noch verkaufbar · Service: straight up, Trinkhalm

Punches

- Obwohl Punch aus der indischen Sprache kommt und eigentlich „Fünf“ heißt, stammt der Drink aus der Karibik. Man verband damit die wichtigen Lebenselemente im religiösen Sinn: Erde, Sonne, Wasser, Luft und Feuer. Deshalb sollte das Getränk auch nur aus fünf Einzelbestandteilen hergestellt werden, woran sich allerdings nicht alle Rezepturen halten. Jeder Inselkonsul hat seine eigene Geheimmischung.

- Eine äußerst beliebte Gruppe auf den West-Indian-Islands mit Rum, Rum und nochmals Rum!

Creole Ti Punch (Foto) (Originalrezept Martinique)

Direkt | Double Rocks | Cubes | Limettenkeile

$^1/_2$	Limette (geviertelt) ins Glas pressen
1	Würfelzucker
2 cl	Zuckersirup
6 cl	heller Martinique Rhum dazugeben und verrühren
	mit Eiswürfeln auffüllen und mit Soda abspritzen

Achtung:
Getränk braucht 3 bis 5 Minuten, um trinkfertig zu sein, Gast rühren lassen. Extrem stark, da meist hochprozentiger Rhum (bis 76 %) eingesetzt wird, Einheimische trinken ihn aus gutem Grund erst nach Sonnenuntergang!

Planter's Punch (Variante)

Shaker | Collinsglas | Eiswürfel und Crushed Ice | Fancygarnitur | Muskatnuss

3 cl	dunkler Jamaica Rum
3 cl	heller Martinique Rhum
2 cl	frischer Zitronensaft oder Limettensaft
2 cl	Grenadine
4 cl	Orangensaft
4 cl	Ananassaft, shaken, auf Crushed Ice umgießen
1 cl	hochprozentiger Rum (73 %) floaten
	mit frischer Muskatnuss abreiben und garnieren

Hinweis:
Auf einigen Westindischen Inseln wird der Planter's Punch zusätzlich mit gemahlenem Zimt bestreut, eine sehr würzige wohlschmeckende Variante.

Suicide Murders Punch

Shaker | Double Rocks | Eiswürfel und Crushed ice | Limettenkeil | Rum

2 cl	Bacardi Rum	2 cl	Myers's Rum
2 cl	Cointreau	2 cl	Captain Morgan Rum (73 %)
2 cl	Limettensirup		
2 cl	Sweet & Sour	4 cl	Ananassaft

shaken, auf Crushed Ice umgießen und garnieren

TECHNIK	GLAS	EIS	REZEPT	GARNITUR	HINWEIS
	· großes Collinsglas oder Double Rocks	· Cubes (Technik) · Crushed Ice (Glas) oder Cubes (Glas)	· unterschiedlich · klassisch nur 5 Bestandteile	· unterschiedlich, oft effektvoll gesteckte Fancygarnitur	· straight up auf Crushed Ice · Service: Rührstab und Trinkhalm

Tennessee Rickey (Foto)

Direkt | Collinsglas | Eiswürfel

1/2	Zitrone oder Limette
4 cl	Jack Daniel's
	Sodawasser

Gin Rickey (Originalrezept)

Direkt | Collinsglas | Eiswürfel

1/2	Zitrone oder Limette
6 cl	London Dry Gin
	Sodawasser

Cointreau Rickey

Direkt | Collinsglas | Eiswürfel

1/2	Zitrone oder Limette
4 cl	Cointreau
	Sodawasser

- Der erste Rickey soll nach den Wünschen eines US-Offiziers in New York hergestellt worden sein und basierte auf Gin. Man presst eine 1/2 Zitrone oder Limette mit dem Muddler im Gästeglas aus, der Alkohol wird dazugegeben und verrührt. Glas mit Eiswürfeln füllen und mit Soda abspritzen, keine Garnitur.

- Damen, wenn überhaupt, unbedingt einen Edellikör als Basis empfehlen. Trinkfesten Herren kann auch die Originalvariante mit 2 US-oz (ca. 6 cl) Alkohol angeboten werden.

TECHNIK	GLAS	EIS	REZEPT	GARNITUR	HINWEIS
	· Highball- oder Collinsglas	· Cubes	· 1/2 Zitrone oder 1/2 Limette · 4 cl Basisspirituosen oder Likör · Sodawasser	· keine	· sehr herbe Getränke bei Basisspirituosen · Service: Limonadenlöffel

Sangarees

- Diese super Durstlöscher ähneln zum Teil den Fizzes oder Sodas, nur wird zum Füllen kohlensäurefreies Eiswasser aus Pitchern aufgegossen. Das Collinsglas mit Eiswürfeln füllen, Basis einmessen und mit dem Wasser auffüllen.
- Bei Südwein-Sangarees mit hohem Zuckergehalt des Sherrys oder Portweins wird auf Zugabe von Läuterzucker verzichtet.
- Eine europäische Nachahmung, bei der Bier als Filler verwendet wurde, hat sich nicht behaupten können.

Rum Sangaree (Foto)

Direkt | Collinsglas | Cubes | Muskatnuss

4–6 cl	dunkler oder heller Rum
1 cl	frischer Limetten- oder Zitronensaft
1 cl	Zuckersirup
	Eiswasser auffüllen
	mit Muskatnuss abreiben

Malaga Sangaree

Direkt | Collinsglas | Eiswürfel

8 cl	Malaga
1 cl	Zitronen- oder Limettensaft
1 cl	Zuckersirup
	Eiswasser auffüllen

Gin Sangaree

Direkt | Collinsglas | Eiswürfel

4 cl	London Dry Gin (hochprozentig)
1 cl	Zitronensaft
1 cl	Zuckersirup (optional)
	Eiswasser auffüllen

Da die gewünschte Wassermenge je nach Geschmack des Gastes unterschiedlich sein kann, ist ein Selbstmischen ebenfalls angebracht. Der Gast erhält dafür den Eiswasserkrug separat zum Getränk.

TECHNIK	GLAS	EIS	REZEPT	GARNITUR	HINWEIS
	· Collins	· Cubes	· 1. Variante: 4–6 cl Spirituose, 1 cl Zuckersirup, 1 cl Zitronensaft, Eiswasser auffüllen · 2. Variante: 6–8 cl Südwein, 1 cl Zitronensaft, Eiswasser	· klassisch: geriebene Muskatnuss	· Service: Trinkhalm

B 52 (Variante) - geschichtet - (Foto)

Direkt I Shooterglas (in Reihenfolge beginnend)

Je ein Drittel Kahlúa, Galliano und Baileys Irish Cream.

Hinweise:
Als „hartes" Getränk mit hochprozentigem Rum dünn floaten und anzünden. Mit Wasserglas und Trinkhalm reichen, der Gast saugt aus dem brennenden Glas, Vorsicht!

Eine Kategorie, die in Europa überwiegend als Schichtgetränke (Colour-Schnäpse, Pousse-Café) bekannt ist. In Nordamerika werden sie jedoch auch gerührt oder geshakt und meist in Rocksgläsern auf Eiswürfeln oder straight up im Ponyglas gereicht. Die Höchstmenge sollte aber 2 US-oz (max. 6 cl) nicht übersteigen, auf Garnituren verzichtet man ganz.

TECHNIK	GLAS	EIS	REZEPT	GARNITUR	HINWEIS
geschichtet	· Shooterglas · Rocksglas · Hot-Shooter-Glas · Ponyglas	· keines · Cubes	· unterschiedlich · bis maximal 2 oz = 6 cl · straight up, maximal 1 oz = 3 cl	· nicht üblich	· so genannte „Rundengetränke"

Shooters

- **Build Shooter:**
  Es werden verschiedene Sirupe, Liköre und Spirituosen übereinander gesetzt. Als Faustregel gehören Produkte mit hohem Zuckergehalt und wenig Alkohol nach unten. Das Schichten erfolgt über dem Rand des Barlöffels, Profis gießen in Augenhöhe mit schräg gesetzten Gläsern und Flaschen. Da verschiedene Hersteller Produkte mit unterschiedlicher Dichte (Zuckergewicht) liefern, müssen alle Shooter trainiert werden, bevor sie am Gast das erste Mal zubereitet werden.

- **Stired Shooter:**
  Leicht mischbare Ingredienzen werden gerührt und in ein mit Eis gefülltes Rocksglas abgegossen.

  Variante:
  Nach dem Rühren ohne Eis in ein Ponyglas umgießen.

- **Shaked Shooter:**
  Schwer mischbare Ingredienzen werden im Shaker geschüttelt und in ein mit Eis gefülltes Rocksglas abgegossen.

  Variante:
  Nach dem Shaken ohne Eis in ein Ponyglas umgießen.

- **Hot Shooter:**
  Sind „Build Shooter“, wobei sich meist in der Mitte des Drinks heißer Espresso befindet.

- **Galliano Hot Shot/gebaut (heiß)** (Foto)
  In Reihenfolge beginnend, im Hot-Shooter-Glas schichten. Je ein Drittel Galliano, heißer Espresso und halb geschlagene Sahne.

TECHNIK	GLAS	EIS	REZEPT	GARNITUR	HINWEIS
geschichtet	· Shooterglas · Rocksglas · Hot-Shooter-Glas · Ponyglas	· keines · Cubes	· unterschiedlich · bis maximal 2 oz = 6 cl · straight up, maximal 1 oz = 3 cl	· nicht üblich	· so genannte „Rundengetränke“

Beam me up Scotty (Foto) - Shaken -

Shaker I Rocksglas

2 cl	Scotch	shaken und in ein mit Eiswürfeln gefülltes Glas umgießen
2 cl	Baileys	
2 cl	Kahlúa	

Mexican Nut Cracker - Shaken -

Shaker I Rocksglas

2 cl	Tequila Silver	shaken und in ein mit Eiswürfeln gefülltes Glas umgießen
2 cl	Amaretto	
2 cl	Ananassaft	

Neutronbomb - Shaken -

Shaker I Rocksglas

1,5 cl	dunkler Rum	
1,5 cl	Tequila Gold	shaken und in ein mit Eiswürfeln gefülltes Glas umgießen
1,5 cl	Kahlúa	
1,5 cl	Schokoladenlikör	

Grand Slam - Shaken -

Shaker I Rocksglas

2 cl	Ananaslikör	shaken und in ein mit Eiswürfeln gefülltes Glas umgießen
2 cl	Grand Marnier	
2 cl	Baileys	

Popside Shooter - Shaken -

Shaker I Rocksglas

2 cl	Milch	shaken und in ein mit Eiswürfeln gefülltes Glas umgießen
2 cl	Vodka	
2 cl	Apricot Brandy	

Auf Grund der Beliebtheit und der Aktualität hier noch einige der beliebtesten Shooter Kanadas.

- Glas: Rocksglas, mit Eiswürfeln gefüllt, oder bei halbierter Rezeptur ohne Eis im Ponyglas
- Technik: Rühren oder Shaken, straight up (umgießen)
- Menge: 2 US-oz (max. 6 cl), bei straight up (ohne Eis) nur 1 Unze (3 cl)
- Garnitur: keine
- Service: Cocktailserviette

TECHNIK	GLAS	EIS	REZEPT	GARNITUR	HINWEIS
geschichtet	· Shooterglas · Rocksglas · Hot-Shooter-Glas · Ponyglas	· keines · Cubes	· unterschiedlich · bis maximal 2 oz = 6 cl · straight up, maximal 1 oz = 3 cl	· nicht üblich	· so genannte „Rundengetränke“

Snake Bite - Rühren - (Foto)

Rührglas | Rocksglas

4 cl Tequila Silver
2 cl Crème de Menthe White

rühren und in ein mit Eiswürfeln gefülltes Glas umgießen

Chocolate Monkey - Rühren -

Shaker | Rocksglas

2 cl Kahlúa
2 cl Crème de Cacao White
2 cl Crème de Menthe Green

rühren und in ein mit Eiswürfeln gefülltes Glas umgießen

Black Tie - Rühren -

Rührglas | Rocksglas

2 cl Amaretto
2 cl Drambuie
2 cl Scotch Whisky

rühren und in ein mit Eiswürfeln gefülltes Glas umgießen

TECHNIK	GLAS	EIS	REZEPT	GARNITUR	HINWEIS
geschichtet	· Shooter-glas · Rocksglas · Hot-Shooter-Glas · Ponyglas	· keines · Cubes	· unterschiedlich · bis maximal 2 oz = 6 cl · straight up, maximal 1 oz = 3 cl	· nicht üblich	· so genannte „Rundengetränke“

Hot Raspberry Shrub (Foto)

Direkt | Herstellung: Ansatzgefäß | Service: Heißgetränkeglas

Etwa 2 kg Himbeeren mit Skyy Vodka und Campari (Verhältnis 1 zu 1) übergießen und 5 Tage ziehen lassen, abfiltern sowie umfüllen.

Ausschank: Ansatz erwärmen und mit gleicher Menge heißem Wasser übergießen, Orangenscheibe auflegen, Zimtpulver überstreuen.

Cherry Shrub

Direkt | Herstellung: Ansatzgefäß | Service: Shooter

Sauerkirschen mit Rum übergießen
mit etwas Amaretto aromatisieren
5 Tage ziehen lassen
abfiltern und umfüllen

Ausschank: 4 cl in gefrostetem Shooterglas

Pepper Shrub

Direkt | Herstellung: Ansatzgefäß | Service: Shooter

In 1 l Vodka 2–3 Chilischoten und 1 Teelöffel trockene, grüne Pfefferkörner einlegen
5 Tage ziehen lassen
abfiltern und umfiltern

Ausschank: 2 cl eisgekühlter Ansatz
in gefrostetem Shooterglas

Hinweis:
Extrem scharf!

Gute Produkte sind heute schon fertig erhältlich und werden zum Teil als „Limes" bezeichnet, dabei kann Fruchtmark enthalten sein. Als Basisspirituosen werden oft Korn, Vodka, Rum, Cachaça und Genever verwendet. Als verkaufsfördernd für Shrubs gilt in der Getränkekarte der Hinweis: „Eigene Herstellung."

- Den Cups sehr ähnliche Ansatzgetränke, bei denen aber nur die Flüssigkeit Verwendung findet.
- Obst, Gewürze und Gemüse werden mit einer Spirituose übergossen und zirka 1 Woche darin aufbewahrt. Anschließend vorsichtig abfiltern und in neutrale Flaschen umfüllen.
- Cold Shrubs werden gut gekühlt in geeisten Shootergläsern serviert. Die Hot Shrubs 1 zu 1 mit heißem Wasser übergießen und wie Grog servieren.

TECHNIK	GLAS	EIS	REZEPT	GARNITUR	HINWEIS
 · Ansatzgetränk wie Bowle oder Cup	· Shooterglas (gekühlt) · Mazzagranglas (heiß)	· keines	· unterschiedlich	· keine oder selten	· als Fertigprodukt im Handel erhältlich (Korn- oder Vodkaerzeuger)

Slings

Beim ursprünglichen Sling wurde nach der Zubereitung mit Hilfe einer schwimmenden Zitronenscheibe ein Likör gefloatet. Die Grundmischung erinnerte eher an einen großen Fizz, der dadurch optisch aufgewertet und geschmacklich abgestimmt wurde. Legendär und heute völlig unterschiedlich zubereitet ist der aus dem Raffles Hotel stammende „Singapur Sling". Von den ehemaligen Ingredienzen sind nur Gin, Zitrone und Kirschlikör sowie Wasser übrig geblieben. Trendy sind Zugaben von Säften, Bénédictine DOM, Angostura bis hin zu Grenadine. In den meisten Barkarten finden wir ihn deshalb den Fancy oder Tropical Drinks zugeordnet.

Mexican Sling (Foto)

Direkt | Collinsglas | Cubes | Limettenscheibe

4 cl Tequila Gold
3 cl Limettensaft
2 cl Zuckersirup
1 dash Orange Bitter
Sodawasser
2 cl Kahlúa
auf Limettenscheibe floaten
garnieren

Singapore Sling (original)

Shaker oder Direkt | Collinsglas | Cubes | Zitronenscheibe, Kirsche

4 cl London Dry Gin
3 cl frischer Zitronensaft
2 cl Zuckersirup
1 dash Angostura (umstritten!)
Sodawasser
ca. 2 cl Cherry Brandy
auf Zitronenscheibe floaten
garnieren

Singapore Sling (Variante)

Shaker | Collinsglas | Cubes | Ananaskeil, Kirsche

4 cl London Dry Gin
2 cl Cherry Heering
2 cl frischer Zitronensaft
1 dash Bénédictine DOM
1 dash Angostura
1 dash Cointreau
8 cl Ananassaft
shaken und auf Crushed Ice oder Eiswürfel umgießen
kein Wasser zufügen und garnieren

TECHNIK	GLAS	EIS	REZEPT	GARNITUR	HINWEIS
· klassisch:  · Trend: 	· Collins- oder Fancyglas	· Cubes · Crushed Ice	· klassisch: 4 cl Basisspirituose, 3 cl Zitronensaft, 2 cl Zuckersirup, Sodawasser, 2 cl Likör, gefloatet · Trend: abweichend und unterschiedlich	· Zitronenscheibe · Kirsche	· Service: Trinkhalm

Mojito (Variante) (Foto)

Direkt | Collinsglas | Cubes | Minzezweig

6 cl Havana Rum oder Bacardi
3–4 gepresste Limettenkeile,
2 Barlöffel weißer Rohrzucker
2 cl Rose's Lime Juice
1–2 Minzezweige
Sodawasser, 1 Minzezweig als Garnitur

Mojito (Variante)

Direkt | Collinsglas | Crushed Ice | Minzezweig

6 cl Havana Rum oder Bacardi
2 Barlöffel weißer Rohrzucker
3 cl frischer Limettensaft, 2–3 Minzezweige
Sodawasser, 1 Minzezweig als Garnitur

Bourbon Smash (klassisch)

Direkt | Rocksglas | Crushed Ice | Minzezweig

1–2 Minzezweige
2 Barlöffel weißer Rohrzucker
2 cl Limettensaft
pressen und zerreiben, Crushed Ice auffüllen, 6 cl Bourbon einmessen und verrühren, bis das Glas außen beschlägt

Behandlung der Minze (Varianten):

1. Mit dem Muddler Wasser und Zucker völlig zerreiben (starke Aromatisierung).
2. Mit Limettenkeilen, Zucker und Wasser pressen (mittlere Aromatisierung).
3. Mit Limettensaft, Zucker, Wasser und Spirituose verrühren (schwache Aromatisierung).

Eine traditionelle kubanische Methode kann aus hygienischen Vorschriften für Bars nicht angewendet werden, ist aber sehr wirkungsvoll.

Man legt einen ganzen Minzezweig auf den Handteller und schlägt 1- bis 2-mal kräftig mit dem anderen darauf. Es wird dabei ein starkes Aroma freigesetzt. Ob Crushed Ice (eigentlich Cracked Ice) oder Eiswürfel ist Ansichtssache, genauso wie die Menge des zugegebenen Sodawassers.

- Wenn der Julep der große Bruder ist, so wäre der Smash der kleine und die einfachere Form davon. Am bekanntesten ist die kubanische Variante „Mojito", die auf der Sonneninsel in den unterschiedlichsten Arten hergestellt wird.
- Juleps haben eher einen zarten Minzegeschmack, der erste getrunkene Mojito scheint da fast „überaromatisiert". Die Zubereitung lehnt sich stark an die Juleps an, es gibt jedoch individuelle Feinheiten.

TECHNIK	GLAS	EIS	REZEPT	GARNITUR	HINWEIS
 stark rühren	· Collinsglas · Rocksglas	· Crushed Ice · Cubes · Cubletts · Cracked Ice	· 4–6 cl Basisspirituose · 2 Barlöffel weißer Rohrzucker · Saft von einer ½ Limette · Minzezweige	· Minzezweig	· unterschiedliche Herstellung, besonders auf Kuba · Service: 2 Trinkhalme, Rührstab

Smoothies

- Wenn es eine Gruppe gibt, die sich einer stets steigenden Beliebtheit erfreut, so sind es die Smoothies. Entstanden an der Westküste der USA und heute fast überall verbreitet.
- Dem Wunsch vieler Gäste, kein Eis zu verwenden und trotzdem sehr kalte Drinks zu erhalten, wurde hier Rechnung getragen. Eine Vergleichbarkeit mit den Frozen Drinks liegt nahe, die Kälte stammt aber einzig aus tiefgefrorenem Obst. Im Mixer ergibt das dann eine weiche, breiartige Masse ➔ smooth. Heute werden in die klassischen Varianten bereits Basisspirituosen und Liköre eingemischt.

Smoothie classico (Foto)

Mixer I Fancyglas (mindestens 60-cl-Glas)

240 g	Orangensaft (1 Cup)
ca. 200 g	gefrorene geviertelte Erdbeeren
2	Bananen (gefroren und in Scheiben geschnitten)

Im Mixer etwa 30 Sekunden laufen lassen, bis eine kalte Masse entsteht, umfüllen und garnieren.

Peachy Keen

Mixer I Fancyglas (mindestens 60-cl-Glas)

140 g	fettarmer Pfirsichjoghurt
15 cl	Pfirsichnektar
120 g	gefrorene Himbeeren
200 g	geviertelte, tiefgefrore frische Pfirsiche

Im Mixer etwa 30 Sekunden laufen lassen, umfüllen und garnieren.

TECHNIK	GLAS	EIS	REZEPT	GARNITUR	HINWEIS
	· Squall-, Hurrican- oder Fancyglas	· keines (Kälte kommt aus den gefrosteten Bestandteilen)	· unterschiedlich, meist alkoholfrei	· Fancydekoration	· total im Trend, da keine Eisform verwendet wird · Service: 2 dicke Trinkhalme

Maple blue (Foto)

Mixer | Fancyglas (mindestens 60-cl-Glas)

140 g fettarmer Heidelbeerjoghurt
15 cl Milch
2 Barlöffel Ahornsirup
300 g gefrorene Heidelbeeren
1 Barlöffel gemahlener Zimt

Im Mixer etwa 30 Sekunden laufen lassen, umfüllen und garnieren.

- Alle Drinks lassen sich proportional verkleinern, wenn sie entsprechend umgerechnet werden.
- **Hinweis:** Sollte der Mixer keine breiige Masse erzeugen, etwas Flüssigkeit (Saft, Milch usw.) nachfüllen.
- Alkoholische Smoothies werden mit Basisspirituosen und Likören verstärkt. Sie sind nicht ganz so dickflüssig wie die klassischen Smoothies.

Sunset Slipper (alkoholisch)

Mixer | Fancyglas mit Salzrand | Tortillachips

6 cl Tequila Silver
1 cl Cointreau
1 cl Triple Sec
2 cl frischer Limettensaft
6 cl Ananassaft
300 g gewürfelte, gefrorene Ananasstücke

Im Mixer etwa 30 Sekunden laufen lassen und umfüllen. Die Chips separat dazu reichen.

TECHNIK	GLAS	EIS	REZEPT	GARNITUR	HINWEIS
	· Squall-, Hurrican- oder Fancyglas	· keines (Kälte kommt aus den ge-frosteten Bestand-teilen)	· unterschiedlich, meist alkoholfrei	· Fancydekoration	· total im Trend, da keine Eisform verwendet wird · Service: 2 dicke Trinkhalme

Sodas

- Sodas lassen sich in 3 Einzelgruppen einteilen:
  1. Basisspirituose + Sodawasser
  2. Südwein + Sodawasser
  3. Alkoholfreies Getränk ohne Kohlensäure mit Sodawasser
- Sie gelten schlechthin als Erfrischungsgetränke mit und ohne Alkohol. Falls der Gast keine anders lautenden Wünsche äußert, wird 50 zu 50 gemischt (Ausnahme: Basisspirituose). Hier im Zweifelsfall das Sodawasser nur anspritzen und die Flasche daneben stellen. Im klassischen Stil entnahm man das Wasser aus einem Siphon, heute haben sich Portionsflaschen der Firma Schweppes durchgesetzt.

Whiskey Soda (Foto)

Direkt | Rocksglas | Cubes

4 cl Bourbon auf 3–4 Eiswürfel gießen
mit Sodawasser kurz anspritzen
Sodaflasche beim Gast stehen lassen
(so genannter Clubservice)

Martini Soda

Direkt | Highball | Cubes | Zitronenscheibe

5 cl Martini Rosso
ca. 5 cl Sodawasser (auf Wunsch mehr)
auf 4–5 Eiswürfel geben
Zitronenscheibe einlegen

Apfelschorle

Direkt | Weinballon | Calvadosapfel

10 cl Apfelsaft mit etwa 10 cl Sodawasser übergießen und garnieren

Hinweis:
Saft-Sodas erhalten kein Eis, die Ingredienzen müssen gut gekühlt sein.
Das häufig verwendete Mineralwasser als Filler ist grundsätzlich falsch!

TECHNIK	GLAS	EIS	REZEPT	GARNITUR	HINWEIS
	· Rocksglas, Highball, Weinballon	· Cubes · oder kein Eis (Saft-Soda)	· unterschiedlich · nach Basis geordnet	· sparsam · oft gar nicht oder Einzelgarnituren	· auf Gästewunsch Sodaflasche separat servieren

Passion Sorbet (Foto)

Direkt | Sektkelch | Physalis

1 Kugel Schokoladeneis
1 dash Passoa
1 geschälte Kiwischeibe
6 cl Champagner

Strawberry Sorbet

Direkt | Sektkelch | Erdbeeren

1 Kugel Vanilleeis
1 dash Erdbeerlikör
2 geviertelte Erdbeeren
ca. 6 cl Champagner

Pineapple Sorbet

Direkt | Sektkelch | Minzeblatt

1 Kugel Zitroneneis
1 dash Ananaslikör
3 Ananaswürfel
6 cl Portwein Ruby

Aus einer ursprünglichen Form von eingefrorenem Fruchtsaft mit Zugaben entwickelte sich eine Kombination von Fruchteis und alkoholischen Flüssigkeiten. Da man kaum noch von einem Getränk sprechen kann, finden wir es heute in Milch- oder Eisbars. Das Aussehen erinnert eher an einen Mini-Eisbecher.

TECHNIK	GLAS	EIS	REZEPT	GARNITUR	HINWEIS
	· Eiskaffee · Fancyglas · große Sektschale · Sektkelch	· keines · Fruchteis · Aromaeis	· unterschiedlich	· meist auf den Namen abgestimmt	· Service: Untertasse, Löffel, Trinkhalm

Sours

- Wie der Name verrät, handelt es sich um ein herbes Getränk, bei dem die Säure der Zitrone dominiert.
- Klassisch wurden alle Sours geshakt und ohne Eis serviert, heute ist diese Art nur noch bei älteren Gästen beliebt. Spirituosensours sind kräftig, die Likörsours eher weicher und aromatischer. Beide Formen können mit und ohne Eiswürfel gereicht werden.

Bourbon Sour (klassisch) (Foto)

Shaker | Sourglas | Cubes | Sourgarnitur

4 cl Bourbon
2 cl Zitronensaft
1 cl Zuckersirup
ohne Eis (straight up)
garnieren

Apricot Sour

Shaker | Rocksglas | Cubes | Sourgarnitur

4 cl Apricot Brandy
2 cl frischer Zitronensaft
2 cl Orangensaft
on the rocks servieren
Garnitur einlegen

Gin Sour

Shaker | Rocksglas | Cubes | Sourgarnitur

4 cl London Dry Gin
2 cl Zitronensaft
1 cl Zuckersirup
shaken und auf Eiswürfel gießen
garnieren

TECHNIK	GLAS	EIS	REZEPT	GARNITUR	HINWEIS
	· Sourglas (straight up) · Rocksglas (on the rocks)	· Cubes · Straight up	· A: 4 cl Basisspirituose, 2 cl frischer Zitronensaft, 1 cl Zuckersirup · B: 4 cl Likör, 2 cl frischer Zitronensaft, 2 cl Orangensaft	· ½ Zitronenscheibe, ½ Orangenscheibe, 1 Kirsche, am Spieß gesteckt	· auf Bestellform achten! (straight up oder on the rocks) · Service: Rührstab und Trinkhalm

Trinidad Swizzle (Foto)

Direkt | großes Collinsglas | Crushed Ice | Swizzlestick, Garnitur

3 cl Bacardi Rum
3 cl Myers's Rum
3 cl frischer Limettensaft
3 cl Mangosirup
quirlen und garnieren

Ursprungsland der Swizzles sind die Westindischen Inseln, also die Karibik. Ein kleiner vergabelter Aststock (geschält) diente zum Kalthalten der Drinks durch ständiges Rühren (swizzlen), heute benutzt man dafür Candysticks mit weißer oder brauner Zuckerkruste. Obwohl der Spirituosenanteil recht hoch ist, wird er durch das sich bildende Eisschmelzwasser nicht vordergründig zu spüren sein. Dieses „Volksgetränk" besitzt seinen eigenen Charme, der beste Test dafür wäre auf den Antillen selbst!

Barbados Swizzle

Direkt | großes Collinsglas | Crushed Ice | Swizzlestick, Garnitur

3 cl Mount Gay Rum Dark
3 cl Mount Gay Rum White
3 cl frischer Limettensaft
2 cl Läuterzucker
1 cl Triple Sec
quirlen und garnieren

Kingston Swizzle (klassisch)

Shaker | großes Collinsglas | Crushed Ice | Swizzlestick, Garnitur

3 cl Captain Morgan Dark
3 cl Captain Morgan White
3 cl frischer Limettensaft
3 cl Maracujasirup
shaken
auf Crushed Ice gießen und quirlen

TECHNIK	GLAS	EIS	REZEPT	GARNITUR	HINWEIS
· klassisch:	· großes Collinsglas	· Crushed Ice (Glas zu zwei Dritteln füllen)	· 6 cl Basisspirituose (meist 50 % heller und 50 % dunkler Rum), 3 cl Limettensaft, 2 cl Sirup, 1 cl Läuterzucker, optional: eventuell Likör	· Fancygarnitur aus tropischem Obst	· der Gast quirlt mit dem Stick seinen Drink selbst kühl · Service: Swizzlestick und Trinkhalm

Toddies

- Wenn ein Grog an Stelle von Zucker mit Honig gesüßt wird und man etwas Zitrononsaft zugefügt, heißt er Toddy. Auch Honigliköre können dabei eingesetzt werden, dann wird jedoch keine zusätzliche Spirituose verwendet.
- Typische Garnituren wie Zimtstangen, Nelken und Zitronenscheiben werden zum Aromatisieren in die heiße Flüssigkeit eingelegt.

- Eine der bekanntesten Abwandlungen ist

Scotch Honey Tea (Foto)

Direkt | Grogglas | Zimtstange

4 cl Drambuie (erwärmt)
2 cl frischer Zitronensaft
1 cl flüssiger Honig
mit heißem und schwarzem Tee aufgießen
verrühren und Zimtstange einlegen

American Toddy

Direkt | Grogglas | Zimtstange, Zitronenscheibe, 2 Nelken

4 cl Bourbon (erwärmt)
2 cl frischer Zitronensaft
2 cl flüssiger Honig
mit sehr heißem Wasser übergießen
verrühren
Zimtstange und Zitronenscheibe/Nelken einlegen

Caribbean Toddy

Direkt | Grogglas | Zimtstange, Zitronenscheibe, 2 Nelken

4 cl Dark Rum (erwärmt)
2 cl frischer Zitronensaft
2 cl flüssiger Honig
mit sehr heißem Wasser übergießen
verrühren
Zimtstange, Zitronenscheibe/Nelken einlegen

TECHNIK	GLAS	EIS	REZEPT	GARNITUR	HINWEIS
	· Grogglas · Mazzagranglas	· keines	· unterschiedlich, meist 4 cl Basisspirituose, 2 cl frischer Zitronensaft, 2 cl flüssiger Honig, kochendes Wasser (eventuell Honigliköre)	· Zimtstange · Gewürznelken	· kaum noch angeboten · Service: Unterteller

Frozen Daiquiri (Foto)
(nach Hemingway „Como papa“)

Shaker | großes Martiniglas | Limettenkeil

6 cl	Cuba Rum oder Bacardi
2–3	Barlöffel Grapefruitsaft
3 cl	frischer Limettensaft
1	Barlöffel Maraschino
	shaken, in ein mit Crushed Ice gefülltes Glas umgießen, kurz verrühren
	garnieren

Frozen Daiquiri (natural)

Mixer | Rocksglas oder große Sektschale | Crushed Ice | Limettenkeil

5 cl	Cuba Rum oder Bacardi
3 cl	frischer Limettensaft
2	Barlöffel weißer Rohrzucker
1–2	Barlöffel Maraschino
	auf Crushed Ice mixen
	garnieren

Frozen Fruit Daiquiri
(Name nach der Frucht)

Mixer | Rocksglas oder große Sektschale | Crushed Ice | Einzeldekoration des verwendeten Obstes

6 cl	Cuba Rum oder Bacardi
3 cl	frischer Limettensaft
5–6 cl	püriertes Fruchtmark (Erdbeeren, Himbeeren, Pfirsiche, Ananas)
1 cl	Likör (entsprechend der Frucht)
2 cl	Sirup (entsprechend der Frucht)
	ca. 30 Sek. mit 1 Schaufel Crushed Ice mixen
	garnieren

- Ob nun als Tropical, Caribbean oder Exotic Drinks bezeichnet, bilden sie den Hauptteil heutiger Getränkekarten.
- Während andere Generationen von stark bis sehr stark tranken (Alkoholgehalt), hat sich in unserer Zeit doch das Leichtere durchgesetzt. Ein „Barhopping“, das Besuchen mehrerer Lokale in einer Nacht, wäre wohl anders kaum möglich.
- Gut „verpackter“ Alkohol in Obst und Säften mit viel Eis und ansprechende Garnituren machen diese Drinks zu Bestsellern. Die Grenze zu Fancy Drinks lässt sich hierbei nicht mehr eindeutig ziehen.

TECHNIK	GLAS	EIS	REZEPT	GARNITUR	HINWEIS
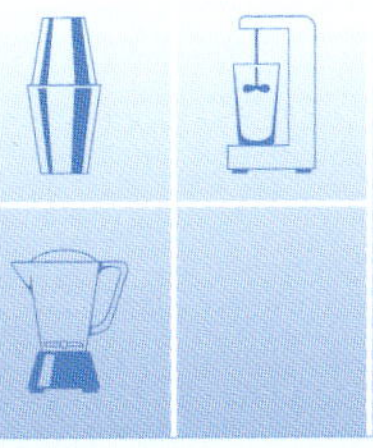	· Fancygläser, Hurrican, Napoli Grande, Margaritaschalen, Weinballons, Pilsnergläser, Eiskaffeegläser	· Crushed Ice · Cubes	· unterschiedlich, oft süßlich, von stark alkoholisch bis leicht	· große Fancygarnituren, teilweise üppig	· bei Verwendung von frischem Obst oder gepressten Säften sehr attraktiv

Tropical/Caribbean Drinks

Mit dem verstärktem Eindringen von Tequila, Cachaça und besonders Rum entstehen immer mehr phantasievolle Drinks. Da große Eismengen die Zunge vorerst unterkühlen und einen Erfrischungseffekt bringen, sind die doch mitunter kräftigen Alkoholeinsätze nicht gleich spürbar. Eine der Hauptgruppen sind die Frozen Daiquiries und Frozen Margaritas, die sich hauptsächlich durch die Basisspirituose Rum und Tequila unterscheiden.

Code Breaker (Foto)

Mixer | Double Rocks | Crushed Ice | Fancygarnitur

2 cl Vodka
2 cl Bacardi Rum
2 cl Tequila Silver
1 cl Eierlikör
3 cl Orangensaft
3 cl Piña Colada mix (siehe Premixer) mit 1 Schaufel Crushed Ice mixen umgießen, garnieren

Auf Grund der Aktualität noch einige weitere Frozen Drinks:

Frozen Margarita (natural)

Mixer | große Margaritaschale mit Salzrand | Crushed Ice | Limettenkeil

5 cl Tequila Silver
2 cl Cointreau
2 cl frischer Limettensaft
mit 1 Schaufel Crushed Ice mixen und garnieren

Hinweis: Farbige Margaritas erhält man, indem der Cointreau gegen Curaçao Liköre ausgetauscht wird.

Beispiele:
- Blue Margarita ➔ Blue Curaçao
- Red Margarita ➔ Red Curaçao
- Green Margarita ➔ Green Curaçao

Golden Eye

Mixer | Squall Hurrican | Crushed Ice | Fancygarnitur

5 cl dunkler Rum
1 cl Crème de Cassis
2 cl Fresh Lime Juice
2 cl Sweet & Sour
3 cl Ananassaft
2 cl Maracujanektar mit 1–2 Schaufeln Crushed Ice mixen umgießen und ca. 2 cl Grenadine floaten, garnieren

Frozen Melon

Mixer | Squall Hurrican | Crushed Ice | Fancygarnitur

4 cl Melonenlikör
3 cl Pisco
2 cl Rose's Lime Juice
4 cl Kokossirup
4–6 cl Ananassaft mit 1 Schaufel Crushed Ice mixen umgießen, garnieren

TECHNIK	GLAS	EIS	REZEPT	GARNITUR	HINWEIS
	· Fancygläser, Hurrican, Napoli Grande, Margaritaschalen, Weinballons, Pilsnergläser, Eiskaffeegläser	· Crushed Ice · Cubes	· unterschiedlich, oft süßlich, von stark alkoholisch bis leicht	· große Fancygarnituren, teilweise üppig	· bei Verwendung von frischem Obst oder gepressten Säften sehr attraktiv

Mai Tai (Foto)
(original von 1944)

Shaker | Mai-Tai-Becher/Double Rocksglas | Cubes, Crushed Ice | Minzezweig

6 cl	Martinique Rhum Dark (Fassstärke!)
0,75 cl	Orgeat Sirup (Mandelextrakt)
0,75 cl	Gumsirup
1,5 cl	Curaçao Orange
	Saft von 1 ausgepressten Limette

Gästeglas zu zwei Dritteln mit Crushed Ice füllen, Limettensaft darüber pressen, andere Ingredienzen shaken und in das Glas umgießen, gut verrühren, mit Minzezweig garnieren.

Die Stärke dieses Getränks ließ später viele Barkeeper Säfte und andere Bestandteile hinzufügen.
Auch in „Traders Vic's", dem berühmten Hotel des Ursprungs, verkauft man heute eine entspanntere Variante.
Der Hamburger Spitzenbarkeeper Uwe Christiansen recherchierte einmal für eine Fachzeitschrift die vielen Mai-Tai-Abwandlungen und konnte so mehrere Seiten mit Rezepturen füllen.

Eine Sonderstellung nimmt der Mai Tai ein, dazu einige Erläuterungen.

Unzählige Abwandlungen tummeln sich in Fachbüchern und Rezepturlisten, das Originalrezept stammt aus Oakland in den USA. Victor Bergeron kreierte ihn 1944 für zwei seiner besten Freunde aus Tahiti.

Nach dem Probeschluck rief einer: „Mai Tai – Roa Ae", was so viel bedeutet wie „Nicht aus dieser Welt – das Beste".

TECHNIK	GLAS	EIS	REZEPT	GARNITUR	HINWEIS
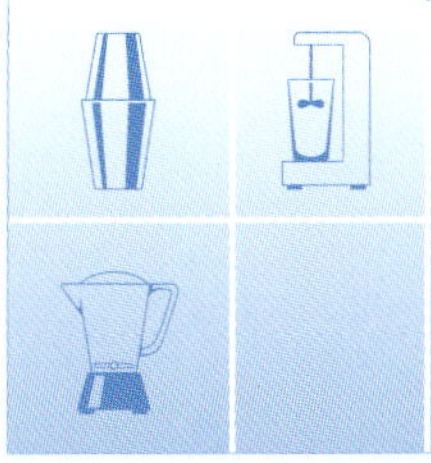	· Fancygläser, Hurrican, Napoli Grande, Margaritaschalen, Weinballons, Pilsnergläser, Eiskaffeegläser	· Crushed Ice · Cubes	· unterschiedlich, oft süßlich, von stark alkoholisch bis leicht	· große Fancy-garnituren, teilweise üppig	· bei Verwendung von frischem Obst oder gepressten Säften sehr attraktiv

Twists

- Diese Gruppe wird heute so gut wie nicht verkauft und wurde auch unterschiedlich hergestellt.
- Man mischte alle Ingredienzen in einem Rührglas und goss anschließend in ein mit zwei Dritteln Crushed Ice gefülltes hohes Sektglas um. Ein Stück Zitronenschale in das Eis legen und wieder rühren, was in dem Falle ein Quirlen war. Es liegt eine starke Ähnlichkeit zu den Swizzles vor, nur dass die Portionen kleiner sind. Ein Beispiel dafür sollte genügen.

Brandy Twist (Foto)

Rührglas | hoher Sektkelch | Cubes, Crushed Ice | Zitronenschale (Twist)

3 cl Brandy oder Cognac
2 cl frischer Zitronensaft
1 cl Curaçao Orange
1 cl Himbeersirup
rühren, umgießen, garnieren, rühren (Gast)

TECHNIK	GLAS	EIS	REZEPT	GARNITUR	HINWEIS
	· Sektkelch · Highball	· Cubes (Technik) · Crushed Ice (Technik)	· klassisch: 1 cl Sirup, 2 cl frischer Zitronensaft, 1,5 cl Likör, 3 cl Basisspirituose	· Zitronenzeste eingelegt	· sehr klassisch, selten noch zu finden · Service: Trinkhalm und Quirlstäbe

Irish Zoom (Foto)

Shaker oder Blender | Cubes | große Cocktailschale | Kaffeepulver

4 cl Irish Whiskey
2 cl flüssige Sahne
2 cl flüssiger Honig oder Honigsirup
mit löslichem Kaffeepulver bestreuen

Tipp:
Der flüssige Honig kann gegen Honigsirup ausgetauscht werden.

- Dieses süffige Nachmittagsgetränk der noblen Pariser Müßiggänger gehört eigentlich in die Gruppe der After-Dinner-Cocktails. Da aber die Gesamtmenge die erlaubten 7 cl der Standardcocktails übersteigt, wurde es extra gegliedert.
- Obwohl früher geshakt, ist der Einsatz des Blenders (Stabmixer) geeigneter, um den Honig in die übrigen Ingredienzen einzumischen. Weil sich durch abschmelzendes Wasser dabei das Volumen vergrößert, sollten größere Gläser verwendet werden als sonst bei Cocktails üblich.

Cognac Zoom

Shaker oder Blender | Cubes | große Cocktailschale | Kakaopulver

4 cl Cognac
2 cl flüssige Sahne
2 cl flüssiger Honig oder Honigsirup
mit Kakaopulver bestreuen

Jamaika Zoom

Shaker oder Blender | Cubes | große Cocktailschale | Muskatnuss

4 cl dunkler Rum
2 cl flüssige Sahne
2 cl flüssiger Honig oder Honigsirup
mit etwas Muskatnuss abreiben

TECHNIK	GLAS	EIS	REZEPT	GARNITUR	HINWEIS
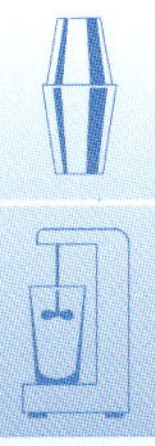	· großer Cocktail-spitz oder Cocktail-schale	· Cubes	· 4 cl Basisspirituose · 2 cl flüssige Sahne · 2 cl flüssiger Honig (besser: Honigsirup)	· unterschiedlich · Einzelgarnitur oder keine	· Service: kurzer Trinkhalm

Nachbemerkung American Drink Groups

Nachbemerkung zu Getränkegruppen und Rezepturen

Wie bereits erwähnt, ist nichts so umstritten wie diese Themen. Fachleute, Profikeeper und sogar die Gäste zeigen hier unterschiedliche Ansichten.

Welcher Drink gehört nun zu 100 Prozent in diese oder jene Gruppe? Könnte er nicht auch an anderer Stelle zugeordnet werden? Warum kennt der Gast verschiedene Variationen von Planter's Punch, Mai Tai und Zombie?

Ganz einfach – weil er schon in anderen Bars dieses Getränk bestellt und eben auch anders bekommen hat. Machen es Köche denn anders? Bestimmt nicht!

Vergleichen Sie dazu gedanklich Ihr Lieblingsgericht in drei verschiedenen Restaurants miteinander. Und ob eine Frozen Margarita nun ein Medium Cocktail in großer Ausführung oder Caribbean Drink ist, scheint dem Genießer egal zu sein, wenn sie schmeckt!

In den Ausführungen zu den Klassifizierungen kann es möglicherweise andere Auffassungen geben. Vergessen wir nicht, dass der Wandel der Zeiten und Generationen auch an unserem „Job" und Arbeitsplatz nicht vorübergeht. Das soll nicht heißen, dass eine klassische Getränkegruppe nicht eines Tages wieder voll aktuell wird.

Eine Renaissance der Cocktails als Gruppe haben wir vor kurzem erst wieder in den USA erlebt. Und dann kann es passieren, dass Caipirinha, Piña Colada sowie Zombie & Co. plötzlich Klassiker sind!

Kapitel 20

Premixer an der Bar

Mit diesem Wort verbindet man Halbfertigprodukte, so genannte Convenience. In der Küche schon längst bekannt, um langwierige Arbeitsprozesse zu verkürzen, tut sich die Bar teilweise noch schwer damit.

Hiermit sind aber nicht in Tüten abgefüllte, pulverisierte Fertigdrinks gemeint, wie es sie leider schon gibt. Über Qualität wollen wir dazu lieber nichts sagen, und wo bleibt da das Handwerk des Barkeepers? Mit Wasser anrühren, kühlen und Spirituose auffüllen, das steht als „Bedienungsanleitung" auf den Rückseiten der Beutel.

Bar-Premixer sind selbst gefertigte Endprodukte zur weiteren Verarbeitung. Die Vorteile liegen klar auf der Hand:

- Keine Rezepturschwankungen durch falsches Abmessen
- Zügiges Arbeiten, auch unter Druck
- Ständig gleiche Qualität
- Verkürzte Zeit der Drinkproduktion
- Gutes Handling über Poure&More-Flaschen
- Großveranstaltungen (Cocktailcatering) anders kaum durchführbar
- Gute Anwendbarkeit für neue Mitarbeiter und Hilfskräfte
- Überschaubare Arbeitsplätze (weniger Einzelingredienzen)

Je nach Gästestrom, Wochentag und Jahreszeit kann in der Vorbereitung die notwendige Menge hergestellt werden.

Verwenden Sie möglichst keinen Alkohol der Rezeptur mit in die Mischung.

Auch wenn einige Endprodukte länger haltbar sind, sollten sie möglichst rasch verarbeitet bzw. verbraucht werden.

LÄUTERZUCKER/ZUCKERSIRUP

- Im Verhältnis 1 zu 1 weißen Rohrzucker (Ersatz Kristallzucker) mit kaltem Wasser aufkochen lassen
- Öfteres Umrühren verhindert ein Anbrennen
- Anschließend abschäumen, erkalten lassen und filtern
- Haltbarkeit:
  gekühlt mehrere Wochen (neutrale Glasflaschen benutzen)

GUM

- Amerikanische Variante des Zuckersirup im Verhältnis 2 Teile Zucker zu 1 Teil Wasser
- Herstellung wie aus Rohrzuckersirup und Arabic Gum ev. Flavouring
- Haltbarkeit:
  Fertigprodukte empfehlenswerter

HALF & HALF

- Mischung aus je 50 Prozent Milch und Schlagsahne
- Die Verwendung von H-Produkten ist hier zu empfehlen
- Haltbarkeit:
  1 bis 2 Tage

SWEET & SOUR

- 1 Liter Läuterzucker mit 1 Liter frischem Zitronensaft und 1 Liter frischem Limettensaft mischen (1 zu 1 zu 1)
- Ersetzt bei vielen Getränkegruppen die üblichen 2 cl Zitronensaft und 1 cl Läuterzucker (Sour, Fizz, Collins usw.)
- Haltbarkeit:
  1 bis 3 Tage

▶ PINA-COLADA-MIX

- 1 Liter Vormix besteht aus 50 cl ungesüßtem Ananassaft, 30 cl flüssiger Sahne (30 Prozent Fett) und 20 cl Kokossirup
- **Haltbarkeit:**
  2 bis 3 Tage

▶ STRAWBERRY PULP
(für Margaritas und Daquiries)

- Etwa 500 g gefrostete Erdbeeren mit 100 cl Erdbeersirup im Mixer ohne Eis pürieren
- **Hinweis:**
  2 cl einer neutralen Spirituose verhindern ein schnelles Schlechtwerden
- **Haltbarkeit:**
  1 bis 2 Tage

Nach diesem Prinzip können alle verwendeten Früchte vorbereitet werden. Zum Portionieren in den Drinks verwendet man die Poure&More-Flasche ohne den Deckelaufsatz.

▶ BLOODY MARY/VIRGIN MARY (US-VARIANTE)

Etwa 1 Liter Tomatensaft wird mit folgenden Gewürzen versehen und gut gekühlt:

- 1 BL Selleriesalz
- 1 BL bunter, gemahlener Pfeffer
- 2 BL Meerrettich
- 2 BL Zitronensaft
- 4 BL Worcestersauce
- 1 BL Salz (gestrichen)
- 1 BL getrocknetes, gemahlenes und aromatisiertes Rindfleisch

Alle Premixer sollten stets abgeschmeckt und geprüft werden. Nach Dienstende sind sie sofort in frische Poure&More-Flaschen umzufüllen und zu verschließen. Eine ideale Lagertemperatur im Kühlschrank wäre zwischen 6 und 8 °C.

Bewertungen von Drinks (Degustationen)

Prinzipiell kaufen Gäste Drinks, die gut aussehen und ebenso schmecken.

Man erwartet eine Harmonie von Farben, Dekorationen, Glasform und ein Ergebnis, welches uns die Zunge verrät. Hier sind alle Gäste gleich, sie möchten eine Topqualität für ihr Geld und entscheiden dann darüber, ob sie bleiben oder gehen.

Falls nach einem selbst kreierten Fancy Drink plötzlich ein simples Bier geordert wird, war irgendetwas falsch. Ersetzen Sie in dem Fall das Getränk durch ein anderes, oder streichen Sie es von der Rechnung!

Nachfolgende Kriterien sind äußerst wichtig, urteilen Sie aber unvoreingenommen.

AUSSEHEN

- Farbe des Drinks oder der Schichtung (Shooter, floaten)
- Glasform und Füllmenge
- Abstimmung von Drink und Dekoration
- Unbeabsichtigtes Absetzen von Einzelteilen

AROMA

- Welche Düfte oder Aromastoffe sind erkennbar?
- Wirkt etwas zu vordergründig?
- Ist eine Überspritung wahrnehmbar?

GESCHMACK

- Stimmt die Temperatur?
- Wie ist der Ersteindruck?
- Verändert sich der Geschmack beim Trinken?
- Sticht etwas hervor (Zucker, Säure, Alkohol)?
- „Hält“ das Getränk den Geschmack in der Verzehrzeit?
- „Abgangsempfinden“
- Nachgeschmack

Bewertungen von Drinks (Degustationen)

Bei nationalen und internationalen Mixwettbewerben wird die Auswertung so vorgenommen:

- **Aussehen**

excellent	=	8 Punkte
very good	=	5 Punkte
good	=	3 Punkte

- **Aroma**

excellent	=	6 Punkte
very good	=	4 Punkte
good	=	2 Punkte

- **Geschmack**

excellent	=	15 Punkte
very good	=	10 Punkte
good	=	7 Punkte

Da Geschmack, Aussehen und Aroma oft individuelle Eindrücke sind, führen solche Tests 4 voneinander unabhängige Profis durch. Man gewährleistet damit ein recht sicheres Ergebnis, das weitgehend frei von ungewollten Empfindungen ist. Gibt es trotzdem eine Punktgleichheit, wird wiederholt und mit neuer Jury bewertet.

Hinweis:
Beim Neuentwickeln von Drinks sollte man pro Tag nicht mehr als zwei bis drei Tests durchführen.

Die Zunge wäre so sensibilisiert, dass bei weiteren Versuchen kein brauchbares Ergebnis herauskäme. In der Praxis lässt man durchaus auch mal einen Kollegen oder Stammgast probieren.

Marlene
BAR

Die Barkarte

Eines der wichtigsten „Aushängeschilder" des Betriebs ist die Getränkekarte. Der Gast nimmt sie als Erstes zur Hand und bildet sich ein Urteil über Leistungsfähigkeit und Fachkompetenz.
Natürlich ist sie auf Ihre Bar spezifisch abgestimmt, das heißt, es gibt keine Universalmuster, die überall anwendbar wären. Je nach Ambiente, Öffnungszeit, Gästestruktur und Bartyp besitzt die Karte ihren eigenen Charakter.

Grundlegende Merkmale treffen aber für alle „Barlists" zu:

- ansprechendes Aussehen
- strapazierfähig, evtl. abwischbar
- übersichtliche Gliederung nach Einzelgruppen oder Basisspirituosen
- zweckmäßiges Format (stehende Karten sind schneller erkennbar)
- fachlich versiert und aktuell (Trends beachten!)
- lockere und interessante Gestaltung
- gut lesbar, auch bei wenig Licht
- nicht inhaltlich überdimensioniert (telefonbuchartig!)
- auch für „Nichtfachleute" verständlich
- kein deutsch-englischer „Wortmix"
- muss einen Werbeeffekt für die Bar bringen
- evtl. für den Gast käuflich (Erinnerungseffekt)

Aber auch der Gesetzgeber schreibt einige Grundregeln vor, die teilweise abweichend sein können.
Unterschiedliche Länder haben dazu Verordnungen erlassen, die strikt einzuhalten sind.
Da sich Gesetze aber immer wieder ändern, ist eine Vorabinformation bei der zuständigen Behörde sinnvoll.

Bei falsch erstellten Karten können Strafen auferlegt werden, im krassen Fall sogar die Androhung eines Konzessionsentzugs oder eine vorläufige Betriebssperre.

In Deutschland gelten zur Zeit der Drucklegung dieses Buchs folgende Richtlinien:

- Preisauszeichnungspflicht für alle verkaufbaren Produkte
- Währungsangabe
- Hinweise auf Inklusivpreise
- Ausschankmenge für ungemischte Ware (Purausschank)
- Inhaltsangabe für Flaschenware im Verkauf
- Name und Ort der Bar
- Angabe von Farbstoffen (z. B. bei Likören usw.)
- Angabe von Zusatzstoffen (Koffein, Chinin usw.)
- Aushang der Karte vor dem Betrieb (auszugsweise)
- Korrekte Warenbezeichnung
- Mindestens ein alkoholfreies Getränk muss günstiger sein als eine vergleichbare Menge Alkohol
  Beispiel: Bier → Saft

Hinweis:
Legen Sie bei Neueröffnung einer Bar Ihr Muster der entsprechenden Behörde zur Durchsicht vor. Lassen Sie erst nach deren Zustimmung die Karte drucken. Möglicherweise erspart das Ihnen viel Geld für einen sonst eventuell notwendigen Neudruck.

Die Barkarte

Ein wichtiger Teil ist eine vernünftige Gliederung und der nachvollziehbare Aufbau. Der Gast muss sich schnell durchfinden können, um seine Favoriten zu finden. Eine bestimmte Reihenfolge ist eigentlich nicht festgelegt, eher empfohlen. Hier ein Grundmuster für klassische Bars und Hotelbetriebe:

Klassischer Aufbau der Barkarte

- 1 Hauscocktail (Bereich: Medium)
- 8–10 Aperitifs (gemischt oder Purausschank)
- 3–5 Pre-Dinner-Cocktails
- 5–8 After-Dinner-Cocktails
- 3–5 Sekt- oder Champagner Cocktails
- 3 Sours
- 3–5 Fizzes und Collinses
- 3 Flips
- diverse Longdrinks (Aufzählung), evtl. mit Flaschenrabatt- und Depotangebot (Drink & Store)
- 3–5 Hang Over/Pick me up
- 5–8 Fancy Drinks
- 8–10 Caribbean Drinks
- 5–8 Alkoholfreie Cocktails
- 2–3 Weinbrände
- 3–5 Brandys
- 1–2 Armagnacs
- 3–5 Cognacs
- 3–5 Obstbrände/Grappas
- 8 Blended Scotch Whiskys
- 8–10 Scotch/Malt Whiskys
- 3 Irish Whiskeys
- 5–8 American Whisky(ey)s
- 2–5 Canadian Whiskys
- 1–2 japanische Whiskys
- ... Zigarren (Hinweis auf Extrakarte)
- 5–8 Rums
- 2–3 Cachaças
- 2–3 Vodkas
- 3–5 Spirituosen (Tequila, Aquavit, Regionalprodukte)
- 2–3 Gins
- 3–5 Bitters
- diverse Liköre (Aufzählung, keine Mixliköre)
- 2–5 Schoppenweine (Aufzählung)
- 2–4 Sekte
- 3–5 Champagner
- Biere (Aufzählung)
- Alkoholfreie Getränke (Aufzählung)
- Alkoholische und alkoholfreie Heißgetränke
- Snacks und Sundries

Hinweise:
Nicht gewünschte Getränkegruppen oder Spirituosengattungen werden gestrichen oder ersetzt. Die empfohlene Anzahl kann beliebig erweitert werden.

In den USA sieht man die Kartengestaltung einfacher als in Europa, jedoch verkaufsaktiver. Oft verzichtet man auf eine umfangreiche Gestaltung, und das hat seinen Grund.
Zum Ermitteln von „Runnern“ & „Sleepern“ werden monatlich die Verkaufszahlen der Einzelprodukte verglichen.
Hierbei gilt ein streng kapitalistischer Grundsatz: Ein Produkt, welches nicht mindestens 1-mal täglich verkauft wird, muss ausgetauscht werden.

Ein Beispiel dazu:

▶ MONATSJOURNAL MAI

- 432 Caipirinha
- 186 Mojito
- 704 Smoothie classico
- 6 Mokkaflip
- 511 Cuba Libre
- 128 Tequila Sunrise

Im Monat Juni wird es auf der neuen Karte keinen Mokkaflip mehr geben, dafür könnte jetzt ein Frozen Strawberry Coffee stehen.

Fazit:

- die Karte wird monatlich nach Verkaufserfolg geändert
- bestlaufende Getränke stehen als Erstes in der Gruppierung

Aufbau einer amerikanischen Barkarte

- Blended American Whisk(e)y
- Bourbon/Tennessee
- Rye Whiskey
- Canadian Whisky
- Irish Whiskey
- Scotch Whisky
- Cigars
- Vodka
- Gin
- Rum
- Tequila & Mezcal
- Aperitifs & Bitters
- Cordials
- Brandys
- Beer
- Martinis & Manhattans
- Margaritas
- Daiquiries
- Two Liquor Drinks
- Classic Cocktails
- Liquors and Mixdrinks
- Sours & Fizzes
- Shooters
- Caribbean & Fancy Drinks
- Freezes
- Miscelaneous Drinks
- Smoothies
- Hot Specialities
- Soft Drinks & Juices
- Wine
- Sparkling & Champagne

Achtung:
Amerikanische Barkarten sortieren sich nach Beliebtheit der Getränke und werden deshalb oft überarbeitet und dem Abverkauf angepasst! Eine Mindestanzahl der Getränke in den einzelnen Gruppen gibt es daher nicht.

Hinweis:
Die Amerikaner beginnen oft ihre Karten mit dem Einzelausschank von Spirituosen, nachfolgend kommen die Mixdrinks. Generell gibt es auch hier keine starren Regeln.

Zusammenfassend lässt sich noch erwähnen, dass die Karte eines der wichtigsten Marketinginstrumente ist. Nichts ist langweiliger als „Dauerjahreskarten“ ohne neue Einfälle, ohne auf den Markt zu reagieren. In Europa ist zumindest ein zweimaliges Wechseln nach Hauptjahreszeiten empfehlenswert. Machen Sie einfach mal einen Bummel durch Ihre Stadt, und schauen Sie sich Ihre Mitbewerber an!

Kapitel 23

Baraktionen – der Verkauf

Was nützt die schönste Bar ohne Gäste?
Wie voll ist eine Diskothek, in der es nur Drinks gibt, aber keine Musik? Wir wollen versuchen, den Verkauf in der Bar etwas mehr auszuleuchten.
Das Wichtigste für maximale Erfolge ist, jederzeit eine systematische Verkaufsstrategie anzuwenden.
Vergleichen Sie es mit Ihrem Auto, legen Sie den 1. Gang ein, und nutzen Sie die optimale Leistung des Motors aus. Unser Auto hat 6 Gänge zum Erfolg:

1. Begrüßung
2. Verkaufsgespräch
3. Vorstellen
4. Präsentation
5. Qualitätskontrolle
6. Verabschiedung

Begrüßung/Welcome

Empfangen Sie Ihre Gäste, indem Sie sie begrüßen, und trainieren Sie folgende Elemente vor einem Spiegel:

- Wortwahl nach Tageszeit
- Blickkontakt (Augenkontakt mit Lächeln)
- Gestik (Ruhe, Sicherheit, Anbieten eines Getränks, Barkarte)

Fehler:
Hektik, laute oder leise Worte, schlechte Haltung, keine Eigenkontrolle.

Verkaufsgespräch und Verkaufsverhalten

Das Eingehen auf den Gästewunsch oder die Vorstellung eines bestimmten Drinks ist der wichtigste Schritt. Versuchen Sie, das passende Produkt individuell zu finden. In diesem Abschnitt wird die Entscheidung getroffen.

Nutzen Sie Ihre Geschicklichkeit und Ihr Fachwissen über

- **Produktkenntnisse**
  Der Gast vertraut Ihnen und verlässt sich auf Ihre Empfehlung.
- **Verkaufshilfsmittel**
  Hier reicht die Palette von einer attraktiven Beschreibung bis hin zu einem Probeschluck. Tischaufsteller und Leuchtdisplays unterstreichen das sinnvoll.
- **Gastzufriedenheit**
  Der Gast ist bei uns, um abzuschalten und den Alltag zu vergessen. Er sucht Unterhaltung, Geselligkeit und gute Drinks.

Fehler:
Mangelnde Warenkenntnis, Zeitdruck, kein echtes Zuhören.

Vorstellen

Nutzen Sie Ihre Feinfühligkeit und die Fähigkeit, den Produktwert zu steigern, ohne zu übertreiben.

- **Demonstration**
  Keine Störung während der Vorführung oder Erläuterung zulassen.
- **Standardisierung**
  Prüfen Sie Ihr Verkaufsverhalten stets auf einer hohen Stufe, meiden Sie Phrasen.
- **Umfeld**
  Vermeiden Sie Schwankungen im Verhalten, gewinnen Sie das völlige Vertrauen des Gastes.

Präsentation

Entspricht das empfohlene Produkt nicht den Erwartungen des Gastes, waren die vorherigen Schritte umsonst. Die Vorstellung des Gastes darf nicht enttäuscht werden, er wäre unzufrieden. Versuchen Sie, etwas anderes zu finden, und danken Sie für den Hinweis.

Fehler:
Auf die Empfehlung beharren, gereizte Arroganz, sichtbares Uninteresse am Gast.

Qualitätskontrolle

Suchen Sie nach Hinweisen und Meinungen, ob positiv oder negativ. Zeigen Sie dem Gast Ihre Sorge um sein Wohlbefinden, fragen Sie nach der Zufriedenheit.
Beobachten Sie diskret das Trinkverhalten und den Gesichtsausdruck. Ignorieren Sie nie unausgetrunkene Gläser! Bei fehlerhaften Empfehlungen werden die Drinks kostenfrei ersetzt, fragen Sie deshalb nicht erst am Ende.

Fehler:
Unglaubwürdige Rechtfertigungen, beleidigt sein, Gast zunehmend ignorieren, Gastkontakt einschränken oder abbrechen.

Verabschiedung

Mit dem Verabschieden runden wir den positiven Eindruck unserer Gäste ab. Wir danken für den Besuch und empfehlen uns. Dezente Wortwahl und Blickkontakt sind zu üben. Geben Sie nie zuerst, wenn überhaupt, die Hand. Diese Art der Verabschiedung ist sehr persönlichen Kontakten vorbehalten.
Wenn betrieblich vorgesehen, überreichen Sie ein kleines Abschiedsgeschenk (Kugelschreiber, Minibarkarte, Aktionsflyer).

Fehler:
Kurze und unpersönliche Verabschiedung, weiterarbeiten oder anderen Gästen zuwenden, phrasenhafte Sätze, überzogene „Kumpeleien", Zeitdruck, eine körperabgewandte Haltung.

Sicherlich ist klar, dass ein perfektes Verkaufen mit einer langen Übungsphase verbunden ist. Unterlaufene Fehler dürfen auf keinen Fall zur Resignation des Bartenders führen.

Verkauf geht nur über Persönlichkeit, wir haben den Schlüssel zum Erfolg dafür selbst in der Hand.

Baraktionen

Auch wenn ein Betrieb scheinbar gut läuft, so muss das nicht von Dauer sein.
Wie in vielen Dingen des Lebens, erwartet der Gast noch stets etwas Besonderes. Einige dieser Aktionen ergeben sich fast von allein, andere kann man aktivieren.
Die Abhängigkeit von Barcharakter und Bartyp sollte bei Aktionen sorgfältig geprüft werden, um eventuell bereits vorhandenes Flair nicht zu beeinträchtigen.

Highlights mit guten Erfahrungen sind

- Happy Hour zwischen 17 und 19 Uhr
  (vorteilhaft ist: 2 für 1 Getränk, statt alles zu 50 Prozent)
- Blue Hour ab 1 Uhr
  (verlängert die Endverkaufszeit durch Preisrabatt)
- Geführte und erklärte Cigarnight
  (kleinerer Gästekreis empfehlenswert)
- Geführte und erklärte Whisk(e)ynight
  (Stammgäste und Whisk[e]yliebhaber)
- Kleines Mixseminar auf Anmeldung
  (Gäste mixen für ihre Hausbar oder Freunde)
- Feiertags- oder Saisonaktionen
  (Osterwassertrinken, Après-Ski, Mittsommerparty)
- Take away (Cocktails to go), der Gast kann zum halben Preis noch Drinks mit nach Hause nehmen bzw. sie – auch ohne direkter Gast zu sein – kaufen.
  Man benötigt dafür Spezialgläser aus Kunststoff mit Deckeln.

Kapitel 24

Fachausdrücke der Barsprache

A

Aerated Water	Wasser mit Kohlensäure, in den USA auch als Club Soda bezeichnet
After-Dinner-Cocktail	süße Cocktails (gehaltvoll, süffig, verdauungsfördernd)
Amaro	italienisch für bitter
Amer	französisch für bitter
Ans	Altersangabe/Jahr
Aperitif Cocktail	appetitanregende Shortdrinks aus Wermut, Wein, Aperitifbittern

B

Before-Dinner-Cocktail	trockene Shortdrinks mit hohem Alkoholgehalt
Blended/Blending	gemischt oder verschnitten
Blender	Elektromixer mit Metallstab und Blendbecher, in den USA als Spindelstabmixer bezeichnet
Bonded	unter Verschluss (Zoll) gelagert
Boston Shaker	zweiteiliger Shaker aus Glas/Metall oder Metall/Metall (Profishaker)
Build in glass	Getränke, die direkt im Gästeglas zubereitet werden

C

Chaser	Produkte zum Auffüllen (Limonaden, Säfte, Bier, Sekt, Milch)
Chilled	gekühlt (oft bei Gläsern)
Choise	auserlesen, etwas Besonderes
Coaster	englisch, Untersetzer für Getränke
Colheita	Erntejahrbezeichnung bei Portwein (Qualitätsstufe)
Cordial	englisch/amerikanische Bezeichnung für Likör
Crème de ...	dickflüssige Liköre mit verstärktem Zuckergehalt
Cuvée	französisch für Verschnitt von Weinen, besonders für Sekt- oder Champagnererzeugung

D

Dash	Spritzer, etwa 1 bis 2 g Flüssigkeit
Demerara	Rummischung aus Britisch Guyana, Sammelbezeichnung für dunkle, vollaromatische Rumsorten der Westindischen Inseln, in England Synonym für Navy Rum
Demi Sec	französisch für halbtrocken bei Qualitätsschaumweinen
Doux	französisch für süß bei Qualitätsschaumweinen
Dulce	italienisch für süß bei Qualitätsschaumweinen

E

Eau de vie	französisch „Lebenswasser" (an der Bar nicht gefärbte Spirituosen)

F

Fancy	Phantasie bei Drinkgruppen und Eiswürfeln
Flavour	englisch, Geruch, Geschmack oder Duft
Fermier	französisch, bäuerliche Herstellung
Filler	wie Chaser, Auffüllgetränke
Fizzy	perlend, enthält Kohlensäure
Floaten	auffließen lassen von Ingredienzen (Sahne, Liköre, Spirituosen)
Frosted	englisch, gefroren (meist für Gläser)
Fuselöl	unerwünschte Alkoholart während der Destillation, schädlich für den menschlichen Genuss („Kater")

G

Gill	amerikanisches Barmaß = 1,5 oz = 4,4 cl
Grater	englisch, Reibe, meist für Muskatnuss
Grind	englisch, mahlen oder reiben

H

Hamilton Beach	amerikanischer Hersteller von elektrischen Barmaschinen
Hard Liquors	amerikanische Bezeichnung für Basisspirituosen
Hors d'Age	französisch, hohes Alter (bei Calvados)

I

Iced	englisch, wie gefroren oder stark gekühlt
Infusion	Methode zum Auslaugen von Gewürzen und Kräutern mit Alkohol oder Wasser

J

Jigger	englisch, Messbecher für cl oder oz

L

- **Liquor** – englisch/amerikanisch, Bezeichnung für Spirituosen

M

- **Measure** – englisch, wie Messbecher, oft aus Glas
- **Millésimé** – französisch, für Jahrgangsangabe bei Champagner
- **Mixer** –
  1. Aufsatzmixer mit Messervorsatz, in den USA als Blender bezeichnet
  2. Auffüllgetränk wie Filler oder Chaser
- **Mixingglass** – englisch, Rührglas
- **Muddler** – englisch, Stößel aus Holz, Kunststoff oder Bambus

N

- **Nutmeg** – englisch, Muskatnuss

O

- **O. F. C.** – englisch, verkürzte Angabe für gelagerten kanadischen Whisky (Old Fine Canadian)
- **O. P.** – amerikanisch, overproofed = Spirituosen mit 50 Vol.-% (Whiskey, Rum)
- **o. t. r. (on the rocks)** – englisch, ursprünglich auf gekühlten Steinen, heute meist für Eiswürfel (wörtlich: auf dem Felsen)

P

- **Pale** – englisch, bleich oder hell bei Cognac
- **Peel** – englisch, Schale (Zitronen, Orangen usw.)
- **Pitcher** – englisch/amerikanisch, großer Krug zum Ausschank von Bier und Cocktails bei mehreren Personen
- **Plain** – englisch, Bestellform von unverarbeiteten Getränken wie Whiskys (ohne Eis)
- **Pourer** – englisch, Ausgießer für Flaschen
- **Poure & More** – englisch, Kunststoffflaschen für Milch, Säfte und Premixer (Gallonenangaben!)
- **Pre-Dinner-Drink** – französisch, entspricht dem Before-Dinner-Drink
- **Proofed** – englisch, wörtlich geprüft oder bewährt, in den USA für Spirituosen mit 50 Vol.-%

S

- **Sauvage** – französisch, wild wachsend (Obstdestillate)
- **Sediment** – Depotablagerung bei altem Wein
- **Shake** – englisch, schütteln
- **Sour mash** – amerikanisch, „saure Maische“, Herstellungsmethode im Whiskeybereich
- **Sparkling** – englisch, schäumend (Sparkling Wine = Sekt)
- **Squeeze** – englisch, pressen oder auspressen
- **Stock** – Gesamtheit der Mixwaren an der Bar
- **Straight** – englisch, unverschnitten, rein
- **Strainer** – englisch, Barsieb
- **Straight up** – englisch, zurückhalten des Eises nach dem Mixvorgang
- **Stir** – englisch, rühren, mischen leichter Ingredienzen im Rührglas oder umrühren
- **Straw** – englisch, Trinkhalm, Saughalm
- **Sugar edge** – englisch, Zuckerrand am Glas
- **Sugar lip** – englisch, halber Zuckerrand oder Zuckerlippe am Glas
- **Sundries** – englisch, Knabbergebäck wie Mandeln, Nüsse, Nachos, Salzstangen

T

- **Triple Sec** – englisch, dreifach trocken = hoher Alkoholgehalt bei Curaçao Likören
- **Twirling stick** – englisch, Quirl für Swizzles oder Sekt/Champagner
- **Twist** – englisch, wörtlich drehen, auspressen oder zugeben von ätherischen Ölen aus Zitronenschalen (auch Limetten und Orangen)

U

- **Underliner** – englisch, Untersetzer für Getränke aus verschiedenem Material
- **U. P.** – amerikanisch, underproofed, Spirituosen unter 50 Vol.-%

V

- **Vecchia** – italienisch, lange Lagerung, alt
- **Vernerable** – alt und ehrwürdig
- **Vintage** – englisch, Jahrgang bei Wein und Sekt, Portwein usw.

Z

- **Zeste** – langer Schalenstreifen von Obst, meist Orange, Zitrone, Limette

Kapitel 25

Preiskalkulationen

Ein sehr sensibles Thema der Bar ist die Ermittlung des Verkaufspreises für Mischgetränke.

Während beim Purausschank fast überall mit Kalkulationsfaktoren (Aufschläge in Prozent) gearbeitet wird, gibt es bei den Mixed Drinks mehrere Varianten.

Prinzipiell ist die Preisfindung von nachfolgenden Hauptmerkmalen abhängig:

- GEMEINKOSTEN
  (Mieten, Personalkosten, Einrichtungs-Abschreibungen, Werbung, Betriebskosten usw.)
- Diese Kostenart sollte vom Steuerberater in Prozent ermittelt werden.

- EINKAUFSPREISE
  (Warenkosten entsprechend der Rezeptur)

- STEUERABFÜHRUNGEN
  (Mehrwertsteuer)

Mit Hilfe dieser Vorgaben lässt sich eine so genannte Zuschlagskalkulation ermitteln. Zuerst errechnet man den Preis der gewünschten Ausschankmenge pro Flasche nach diesem Muster.

$$\frac{\text{Flaschenpreis}}{\text{Flascheninhalt}} \times \text{gewünschte Menge} = \text{Einstandspreis}$$

Beispiel:
1 Flasche Vodka 0,7 l (gewünschte Menge 4 cl)
Einkaufspreis: 15,00 € (ohne Mehrwertsteuer)

$$\frac{15{,}00}{0{,}7} \times 0{,}04 = 0{,}85\ €$$

Die Zuschlagskalkulation sieht jetzt folgendermaßen aus:

Einstandspreis	**0,85 €**
+ Gemeinkosten in % (Bsp. 150 %)	1,27 €
= Selbstkosten	**2,12 €**
+ Gewinn in % (Bsp. 10 %)	0,21 €
= kalkulierter Preis	**2,33 €**
+ Bedienungsgeld in % (Bsp. 12 %)	0,28 €
= steuerpflichtiger Betrag	**2,61 €**
+ Mehrwertsteuer in % (Bsp. 16 %)	0,42 €
= Inklusivpreis	**3,03 €**

Der Verkaufspreis für 4 cl Vodka wäre jetzt gerundet 3,05 €.

In der Praxis sind die Gemeinkostenzuschläge wesentlich höher als in diesem Beispiel, das Gleiche gilt für den Aufschlag des Gewinns.

Um dieses Muster nicht an jeder Flasche erneut berechnen zu müssen, bedient man sich eines so genannten Kalkulationsfaktors.

ERMITTLUNG DES KALKULATIONSFAKTORS

$$\frac{\text{Inklusivpreis}}{\text{Einstandspreis}} = \text{Faktor}$$

Beispiel:

$$\frac{3{,}03}{0{,}85} = 3{,}56 = 3{,}5$$

Alle Einstandspreise bei Spirituosen werden nun damit multipliziert. Diese Berechnung ist sehr theoretisch und wird in der Praxis nur stark abgewandelt angewendet.

Da bei Spirituosen heute Spitzenpreise für mehrere tausend Euro je Flasche bereits im Einkauf erzielt werden, wäre mit unseren Faktoren ein Weiterverkauf an Gäste nahezu unmöglich. Das heißt, je höher der Einstandspreis, desto niedriger ist der Kalkulationsfaktor bzw. der Aufschlag in Prozent.

Preiskalkulation für Spirituosen

▶ FAKTORENEMPFEHLUNG ZUM EINKAUFSPREIS

Einstands-kosten	Aufschlag in %	Kalkulations-faktor
1,00 € bis 10,99 €	300	4
11,00 € bis 18,99 €	240	3,4
19,00 € bis 30,99 €	200	3
31,00 € bis 40,99 €	150	2,5
41,00 € bis 99,99 €	130	2,3
100,00 € bis 150,00 €	100	2

Es wird ein realistisches Verhältnis zwischen Einkaufspreis und Rohgewinn erreicht. Ein Preisvergleich der Mitbewerber (andere Bars) zeigt, ob die errechneten Verkaufspreise in etwa dem Standort Ihres Betriebs entsprechen.

Beispiele:

Spirituose	EK	Faktor	kalkul. Preis	empfohl. Preis	Attraktiv-preis
Obstgeist	37,70	2,5	94,25	95,00	85,00
Malt	54,50	2,3	125,35	125,00	110,00
Cognac X.O.	42,30	2,3	97,29	100,00	85,00

Der Attraktivpreis gilt vorzugsweise für den Verkauf ganzer Flaschen bzw. für Aktionen.
Bislang unberücksichtigt in der Kalkulation sind Warenverluste. Weder Bierfässer, Premixcontainer noch Spirituosenflaschen können mit dem tatsächlichen Inhalt berechnet werden. Verluste entstehen durch normale Arbeit (Überfüllen, Verkleckern, Umkippen) und durch vorgeschriebene Reinigungsarten der Zapfanlagen.

Auch überwärmte oder abgestandene Produkte in Zuleitungsschläuchen wie bei Limonaden oder Bier sind nicht verkäuflich. Man spricht von einer Marge.

Realistische Ausschankmengen im Barbereich

Einheit	Inhalt	Ausschank-mengen	Theoretische Menge	Tatsächliche Anzahl	Marge	Liter
1-hl-Fass	Bier	0,2 l	500	485	15	3
		0,3 l	333	323	11	3,3
		0,4 l	250	242	8	3,2
		0,5 l	200	194	6	3
0,75-hl-Fass	Bier	0,2 l	375	363	12	2,4
		0,3 l	250	242	8	2,4
		0,4 l	187	181	6	2,4
		0,5 l	150	145	5	2,5
0,5-hl-Fass	Bier	0,2 l	250	242	8	1,6
		0,3 l	166	161	5	1,5
		0,4 l	125	121	4	1,6
		0,5 l	100	97	3	1,5
0,3-hl-Fass	Bier	0,2 l	150	145	5	1
		0,3 l	100	97	3	0,9
		0,4 l	75	72	3	1,2
		0,5 l	60	85	2	1
1-l-Flasche	Spirituosen	2 cl	50	45	5	0,1
		4 cl	25	23	2	0,08
		5 cl	20	19	1	0,05
0,7-l-Flasche	Spirituosen	2 cl	35	32	3	0,06
		4 cl	17,5	16	1,5	0,06
		5 cl	14	13	1	0,05
0,5-l-Flasche	Spirituosen	2 cl	25	23	2	0,04
18-l-Container	Limonaden	0,2 l	90	87	3	0,06
1-l-Flasche	Limonaden	0,2 l	5	4,85	0,15	0,03

Diese Berechnung gilt für Betriebe, welche lagerwirtschaftlich geführt werden. Die Margeberechnung lässt dem Barkeeper die Chance einer guten Gästebetreuung, es können auch Kleinverluste (Obst usw.) ausgeglichen werden.

In den USA bzw. in amerikanisch geführten Bars werden aus der kalkulatorisch errechneten Menge 10 Prozent Verlust aufgeschlagen.

Die häufig angewendete Freestyle-Technik ermöglicht eine Umsatzverbesserung, lässt aber rechnerisch genaue Inventuren kaum zu (Warenverlust wird durch erhöhten Umsatz ausgeglichen = bessere Nettobetriebsergebnisse).

Danach ändert sich auch der Bereich der Flaschenkalkulationen. Die Ausschankpreise werden jetzt nach dem Abzug der Menge berechnet.

Preiskalkulation für Einzelausschank

Spirituose	cl	Flasche	Margeabzug	Flaschenpreis	kalkul. Preis	empfohl. Preis
Obstgeist	4	0,7	0,66	95,00	5,76	6,00
Malt	4	0,7	0,66	125,00	7,57	7,50
Cognac X.O.	2	0,7	0,66	100,00	3,03	3,00

Bitte errechnen Sie an folgenden Beispielen den VK selbst:

- Echter Tequila (100 % Agave) — (EK: 20,49) Flaschenpreis: ....
- Edelgrappa — (EK: 84,49) Flaschenpreis: ....
- Small Batch Bourbon — (EK: 46,81) Flaschenpreis: ....
- Single Malt — (EK: 39,56) Flaschenpreis: ....

Kalkulation nach Muster (siehe Tabelle oben):

Spirituose	Fl.	Margeabzug	Flaschenpreis	kalkul. Preis	empfohl. Preis
Echter Tequila (100 % Agave)	0,7	0,66	....	....	....
Edelgrappa	0,7	0,66	....	....	....
Small Batch Bourbon	0,7	0,66	....	....	....
Single Malt	0,7	0,66	....	....	....

Hinweise zur Praxis:
Keines dieser Beispiele ist perfekt und lässt sich schon gar nicht auf jeden Betrieb übertragen. Wichtigster Punkt bei den Kalkulationen ist die Kontrolle der Wareneinsätze.

Während der Küchenbereich heute mit 30 bis 35 Prozent und teilweise darüber hinaus kalkuliert, so hat die Bar zwischen 18 und 20 Prozent. Kontrollieren Sie deshalb unbedingt monatlich den prozentualen Wareneinsatz verglichen mit dem Getränkeumsatz der Mixed Drinks.

Zusätzliche Faktoren bestimmen letztendlich den Kartenpreis. Nicht ganz unüblich ist der Vergleich mit anderen Betrieben am Standort der Bar. Nehmen Sie sich die Zeit, und besuchen Sie Ihre Mitbewerber. Dieser Überblick gibt die Sicherheit, nicht zu weit oben oder unten zu liegen. Der Gast vergleicht stets die Leistung und das Ambiente mit dem Preis. Ein Maximum an Erfolg erreichen wir nur, wenn das beachtet wird.

Warenkunde im Überblick

Unzählige Bücher und Fachjournale beschreiben sehr aufwendig die Herstellung von Getränken jeglicher Art.

Beginnend mit der Gärung und den Destillationsarten bei Spirituosen erklären sie vom Akvavit bis zum Whisk(e)y komplett die Einzelprozesse.

In unserem Überblick wollen wir lediglich die Verwendung, den Service und die besonderen Eigenschaften beschreiben. Die Tabellen helfen dabei, die wichtigsten Informationen mit wenigen Blicken zu erfassen.

Nicht berücksichtigt bleiben spezifische Merkmale von Einzelprodukten, das heißt, die Aussagen betreffen die überwiegende Mehrheit der jeweiligen Kategorie. Nützliche Tipps finden Sie dann unter den Hinweisen.

Legende zu den Tabellen

▶ **Rohstoffe**	verwendete Grundprodukte, Hauptbestandteil(e)
▶ **Herkunftsländer**	geschichtlicher Ursprung oder Produktionsländer
▶ **Charakter**	Hauptgeschmacksrichtung, Eigenschaften
▶ **Mixeignung**	bewertet zwischen 0 und 4 Punkten (0 = ungeeignet, 4 = beste Mixeignung)
▶ **Service**	Empfehlung von Ausschankmenge, Temperatur, Glasform
▶ **Lagerung**	nur bei Spirituosen angegebene durchschnittliche Fasslagerdauer
▶ **Fässer**	nur bei Spirituosen angegebene Fassart zur Lagerung
▶ **Produktempfehlung**	auf Barcharakter zugeschnittene Nennung von qualitativ hochwertigen Markenprodukten (Auswahl)

Hinweis:
Die Übersichtstabellen werden den entsprechenden Getränkekategorien angepasst.

Wasser

Rohstoffe	Herkunftsländer	Charakter	Mixeignung in Punkten (0 bis 4)	Service	Empfehlenswerte Produktauswahl
· natürliches Tiefenwasser · Trinkwasser · Meeressole · Oberflächenwasser	· alle Länder	· unterschiedlich · bei Mineralwasser abhängig vom Quellort · bei Tafelwasser und Soda abhängig von der Grundmischung	· natürliches Mineralwasser: 2 bis 3 · Tafelwasser: 2 · Soda: 3 · Heilwasser: 2 bis 3 · Quellwasser (nur Whisky[ey]s!): 2 bis 3	· Mineralwasser: Nur in der originalen Flasche – kein Eis – keine Zitrone	· natürliches Mineralwasser: Apollinaris, Gerolsteiner, Margon, europäische Premiummarken · Soda: Schweppes · Heilwasser: Staatl. Fachingen

Dass Wasser, die Grundlage menschlicher Existenz, in der Gastronomie beträchtliche Umsätze bringt, ist kein Geheimnis. An der Bar wird es sowohl pur als auch verarbeitet eingesetzt.

Als bartypisch gelten:

- natürliches Mineralwasser (auch medium und still)
- Tafelwasser (bedingt)
- Heilwasser (bedingt)
- Quellwasser (für Malt Whiskys, industriell abgefüllt)
- Sodawasser (Industrieprodukte oder Siphon)

Auf Grund der Beliebtheit empfiehlt es sich, mehrere Wasserarten anzubieten.

Bewährt hat sich eine Auswahl an

- natürlichem Mineralwasser (regional, überregional, international)
- Sodawasser (ein Produkt zur weiteren Verarbeitung)
- Heilwasser (ein Produkt deutscher Abfüllung)
- Quellwasser (Abfüllung aus den Erzeugerländern der Whiskys)

Hinweise:

- Beim Service ist auf die entsprechende Ausschanktemperatur von 6 bis 8 °C zu achten (Ausnahme: Heilwasser). Natürliches Mineralwasser darf nicht glasweise verkauft werden, die Portionsflasche bleibt beim Gast stehen.
- Ein Zusatz von Eiswürfeln oder Zitronenscheiben ist unerwünscht und nur auf Verlangen zu reichen. Neben dem normalen Highballglas ist auch der Service in einem Firmenglas üblich.

Limonaden

Rohstoffe	Herkunftsländer	Charakter	Mixeignung in Punkten (0 bis 4)	Service	Empfehlenswerte Produktauswahl
· natürl. Frucht- und Kräuterauszüge · pflanzliche Stoffe · Gewürze · Farbstoffe · Zucker · Wasser · Kohlensäure	· alle Länder	· von herb bis süß · teilweise fruchtig · sehr unterschiedlich	· Spitzenprodukte: 3 · Standards: 2	· Purausschank: 6 bis 8 °C · Highball- oder Firmengläser · Eis auf Wunsch · Zitrone auf Wunsch	· Pepsi Cola · 7up · Afri Cola · Coca-Cola · Sprite · Schweppes-Limonaden (Indian Tonic Water, Ginger Ale, Bitter Lemon) · zum Teil Energiegetränke

Bei Limonaden industrieller Herstellung handelt es sich fast immer um natürliche Produkte auf Basis von Auszügen, Zucker, Wasser, Farbstoffen und Kohlensäure.

An der Bar sind sie unabdingbar und vielseitig einzusetzen. Uramerikanische Produkte wie Cola schmecken besser, wenn sie mit viel Eis (möglichst Cubletts) serviert werden. Durch den Abschmelzeffekt des Wassers wird jetzt der scheinbar überhöhte Zuckergehalt ausgeglichen und die Limonade angenehm trinkbar. In Kanada und den USA werden Pepsi oder Coca-Cola häufig 1 zu 1 mit Eis versetzt und in übergroßen Gläsern serviert. Trotzdem sollte der europäische Gast vor dem Service gefragt werden, wie viel Eis er in seinen Drink möchte.

Hinweise:

- Bei amerikanischem Service von 1 zu 1 mit Eis ist vorher die zu verkaufende Menge in die entsprechende Glasform umzurechnen oder die Portionsflasche separat zu servieren.
- Zugaben von Zitronenscheiben oder Limettenkeilen nur auf Gästewunsch!

Säfte

Rohstoffe	Herkunftsländer	Charakter	Mixeignung in Punkten (0 bis 4)	Service	Empfehlenswerte Produktauswahl
· Frucht- oder Gemüseauszüge bzw. Pressungen · Wasser · Süßstoffe · natürliche Zusätze	· alle Länder	· je nach Kategorie unterschiedlich	· frisch: 4 · püriert: 4 · Direktsaft: 3 bis 4 · Saft 100 %: 3 bis 4 · Nektar: 3 · Fruchtsaftgetränk: 1 bis 2	· Purausschank: etwa 8 °C · Firmengläser oder Highballgläser · kein Eis · keine Zugaben	· Loóza · Granini · Bauer · Vaihinger

Man unterscheidet in 6 Kategorien von Säften beim Mixen:

- frisch gepresst (Zitrone, Limette, Orange)
- frisch püriert (aus tropischem oder südländischem Obst)
- Direktsäfte (nach der Pressung direkt in die Flaschen abgefüllt)
- Saft aus Konzentrat (Saft aus Früchten oder Fruchtmus, der mit Wasser zu 100 Prozent wieder aufgearbeitet wird)
- Fruchtsaftnektar/Fruchtnektar (Verdünnung mit Wasser und Aufarbeitung mit Zucker und Zitrone bei Früchten, die zu feste oder zu saure Eigenschaften besitzen)
- Fruchtsaftgetränke (sehr starke Verdünnung mit Wasser, z. T. hoher Fremdzucker, für Bars nur bedingt geeignet)

Tiefgefrorene Säfte entsprechen häufig der Qualität eines Direktsafts oder Safts aus Konzentrat. Nach dem Auftauen müssen sie schnell verarbeitet werden, da ihre Haltbarkeit begrenzt ist. Sie sind nur für Großbetriebe empfehlenswert und haben teilweise ein umständliches „Handling".

Hinweise:
Bei Rezepturangaben von Zitronen- oder Limettensaft handelt es sich fast immer um frisch gepresste Produkte. Trotz technischer Höchstleistungen der Industrie kommen Flaschenabfüllungen selten an das Aroma, Geschmack und Aussehen eines handgepressten Safts heran. Auch Preisvergleiche müssen hier zweitrangig gesehen werden!
Beim Pürieren von exotischen Früchten zu Säften kann etwas Wasser oder Crushed Ice zugesetzt werden. Da Fruchtfleischstücke eine gute Optik und Geschmack bringen, werden sie nicht abgefiltert.

Sirup

Rohstoffe	Herkunftsländer	Charakter	Mixeignung in Punkten (0 bis 4)	Service	Empfehlenswerte Produktauswahl
· Frucht- oder Aromakonzentrate · Zucker · Wasser · evtl. künstliche Farbstoffe · evtl. Konservierungsstoffe	· Deutschland · Frankreich · Italien · USA und andere	· hoch konzentrierter Geschmack · sehr hoher Zuckergehalt · teilweise dickflüssig	· je nach Hersteller: 3 bis 4	· kein Purverkauf	· Monin · Riemerschmid · Giffard · Da Vinci · DV 7 · Teisseire · Torani · Philibert Routin

Keine Bar kommt ohne diese Geschmacksverstärker aus, ein Grundsortiment umfasst heute 10 bis 12 Varianten. Der klassische Hauptsirup ist Grenadine, ein Produkt aus überwiegend roten Beeren (z. B. Johannisbeeren), Kirschen und einem kleinen oder gar keinen Anteil an Granatapfel. Nur Sirup mit dem Aufdruck „Granatapfel" besitzt einen hohen Anteil dieser teueren Frucht.
Hinweis: Unbedingt rückseitige Zusammensetzung lesen!
Für viele Bartender bedeutet Grenadinesirup die „Messlatte" der Qualität. Dabei testet man vor allem die Farbintensität, das Laufverhalten beim Floaten (Übergießen) und den Geruch direkt aus der Flasche.

Tipp:
Testen Sie 3 bis 4 Produkte mit einem Glas Orangensaft. Gießen Sie 2 bis 3 cl Grenadine auf die Oberfläche des gefüllten Glases. Vergleichen Sie die Farben der Gläser miteinander, probieren Sie auch den Geschmack. Wählen Sie die Marke, die ein gut leuchtendes Rot am Glasboden bildet.

Die Sortimentsgestaltung ist abhängig vom Umfang der Barkarte und natürlich auch vom Bartyp.

Folgende Produkte sollten aber ständig vorhanden sein:

- Grenadine
- Mandel
- Pfirsich
- Pfefferminz
- Nuss (Macadamia)
- Blue Curaçao
- Rohrzucker
- Rumsirup
- Gumsirup
- Kokos
- Erdbeer
- Maracuja
- Karamell
- Vanille

Warenkunde im Überblick

Noch ein paar Anmerkungen zum so genannten Läuterzucker bzw. flüssigen Rohrzucker. Weit verbreitet, und das nur aus Kostengründen, ist die Eigenherstellung dieses Sirups. Man erhitzt dazu Wasser und Zucker im Verhältnis 1 zu 1 bis zum kurzzeitigen Aufkochen. Eventuell aufstehender Zuckerschaum (Skimming) muss entfernt werden, da dieser später für Flocken oder Eintrübung sorgen würde. So zubereitet, hält er mehrere Wochen, Reserven sollten aber im Kühlschrank stehen.

Der Unterschied zu Produkten der Industrie liegt hier in den verwendeten Zutaten. Für die Eigenherstellung verwenden Barkeeper die Raffinade der einheimischen Zuckerrübe, die Industrie jedoch karibisches Zuckerrohr. Dass dieser Geschmack nicht identisch sein kann, liegt auf der Hand. Die Entscheidung sollte für die Qualität, also zu Industrieprodukten, ausfallen.

Der in den USA häufig verwendete Gum ist eine doppelt konzentrierte Mischung im Verhältnis 2 Teile Zucker zu 1 Teil Wasser.

Hinweise:

- Nicht alle Sirupe sind mit Konservierungsstoffen versetzt und darum teilweise eingeschränkt haltbar (Herstellerinformationen beachten).
- Unbedingt Verfügbarkeit der jeweiligen Marke in der Region beachten.
- Die Flaschen sollten gut in der Hand liegen, eventuelle Ausgießhilfen sind von Vorteil.
- Möglichst bei einem Erzeuger bleiben, da somit Geschmackveränderungen der Drinks unterbunden bleiben.
- Exaktes Abmessen für Rezepturen, sonst ist eine Überzuckerung möglich.
- Tägliches Reinigen der Flaschenöffnung und Gießhilfen ist notwendig (Randverzuckerung!).

Eine gute Hilfe bei der Erstauswahl bringt der so genannte „Schütteltest".
Nehmen Sie die Flasche fest in die Hand, und simulieren Sie die Technik Shaken. Halten Sie jetzt das Produkt gegen das Licht, und beobachten Sie die Bläschenbildung.

- **Hohe Qualität:** feine Luftperlen, die langsam aufsteigen
- **Mittlere Qualität:** grobe Blasen, die schnell aufsteigen
- **Schlechte Qualität:** kaum Bläschen, dafür kurzzeitig Schaumbildung am Flaschenhals

Die Sirupe sind besonders in Bereich der alkoholfreien Mixgetränke von großer Bedeutung, eine Gruppe, die zu den starken Umsatzträgern jeder Bar gehört. Einige Erzeugerfirmen bieten teilweise über 50 verschiedene Geschmacksrichtungen an, bis hin zu Imitaten von Basisspirituosen wie Gin, Rum und auch Likören. Auch hier sollte man, wie sonst immer, sich nicht unbedingt am Einkaufspreis, sondern vielmehr an der Qualität orientieren.

Bier

Rohstoffe	Herkunftsländer	Charakter	Mixeignung in Punkten (0 bis 4)	Service	Empfehlenswerte Produktauswahl
· Gerste · Weizen · Mais · Reis · Getreidemischungen	· Ursprung: umstritten, vermutlich arabischer Raum · heute: alle Länder	· sehr unterschiedlich nach Herkunft, Brauart und Rohstoffen	· Pilsner Typ: 2 bis 3 · Lager Typ: 3 · Dunkle Biere: 1 bis 2 · Spezialbiere: 1	· 6 bis 8 °C · in Firmengläsern oder neutralen Biergläsern · Nord- und Mittelamerika: direkt aus der Flasche	· Deutschland: Warsteiner, Krombacher, Radeberger, Wernesgrüner, Köstritzer · International: Carlsberg (DK), Guinness (IR), Heineken (NL), Blue Star (CDN), Anheuser Busch (USA)

Nicht wegzudenken in europäischen Bars, allerdings mit einem zunehmenden Trendwandel, ist das Bier. Während vor Jahren noch viel Wert auf große gezapfte Marken gelegt wurde, werden heute vielfach auch Flaschenbiere eingesetzt. In den Staaten gibt es schon seit Jahren reine Cocktailbars, ein Bier ist dort nicht zu haben (maximal: Flavoured Beer).
Obwohl eine Cocktailbar vorwiegend Mixdrinks zubereitet, können wir auf Bier nicht ganz verzichten. Zum einen gibt es ausgesprochene Biertrinker, zum anderen ist es am Anfang ein willkommener Durstlöscher beim Studieren der Getränkekarte. Auch im Bereich der gemischten Biere (bestes Beispiel ist Alster-Radler) kommen wir ohne den beliebten Gerstensaft nicht aus.

Die Szenegastronomie überrascht mit einem verstärkten Einsatz von aromatisiertem Bier, das einen vielfach karibischen Ursprung hat. Es werden Einmischungen von Basisspirituosen wie Rum und Tequila genauso gern getrunken wie Ansätze von Cocktails (Caipirinha). Säfte und Limonaden sind regional ebenfalls im Bier zu finden.

Gelungene Versuche von Schichtungen eines hellen und dunklen Biers übereinander werden vom Gast neugierig probiert. Während die klassische Bar eisern zapft, kann man besonders in der „jungen Barszene" häufig den Service ohne Glas beobachten. Verzichten sollte man in Bars jedoch auf überdimensionierte mittige Zapfanlagen, die nur unnötig Arbeitsfläche wegnehmen und manchmal sogar die Sicht zum Gast verbauen.

Sorgfältig sollten die Ausschanktemperaturen geprüft werden, das trifft besonders auf das Abkühlen des Glases mittels Wasser oder Kälte zu. Ein Bierwärmer, wie öfters noch in kleinen Landgasthöfen zu finden, hat an einer Cocktailbar eigentlich nichts zu suchen.

Hinweise:

- Bitte achten Sie auf die Empfehlungen der Hersteller zur Temperatur und zum Service.
- Zapfanlagen sind entsprechend der jeweiligen Landesvorschrift regelmäßig zu reinigen.
- Gläser bei gezapftem Bier über Druckspüler anfeuchten und abkühlen, nicht nachpolieren!
- In anderen Staaten können Biergläser aus Frostern entnommen werden. Twist-oft-Biere werden erst beim Gast geöffnet und meist direkt aus der Flasche getrunken.

Wein

Rohstoffe	Herkunftsländer	Charakter	Mixeignung in Punkten (0 bis 4)	Service	Empfehlenswerte Produktauswahl
· weiße Trauben · rote Trauben	· ursprünglich: Naher Osten · heute: europäische Staaten, südamerikanische Staaten, USA, Kanada, Nord- und Südafrika, Australien und Neuseeland	· sehr unterschiedlich entsprechend der Herkunft	· Weißwein: 1 bis 2 · Roséwein: 1 · Rotwein: 1 · Süd- oder Dessertweine: 3	· Glas entsprechend der Weinart · Temperatur: Weißwein: 8 bis 10 °C Roséwein: 8 bis 10 °C Rotwein: 14 bis 18 °C	· klassische Länder: Frankreich, Italien, Deutschland, Spanien, Griechenland · Neue Welt: USA, Südafrika, Chile, Australien, Argentinien, Neuseeland

Barmäßig betrachtet, ist der Wein etwas untergeordnet, ganz im Gegensatz zum Restaurant oder Hotelbetrieb.
Das soll nicht bedeuten, dass wir ihn vernachlässigen können. Es lassen sich im Verlauf einige Parallelen zum Bier ziehen.
Wein gehört in eine Bar, nur ist der Umfang und das Sortiment wesentlich kleiner.
In letzter Zeit hat sich die Gunst der Gäste zunehmend zur so genannten „Neuen Welt" gerichtet. Produkte aus Kalifornien, Südafrika, Australien und Chile stehen heute gleichberechtigt neben den klassischen europäischen Ländern in den Getränkekarten.

Mixgetränke aus Wein sind, wenn wir Schorlen ausklammern, eher selten zu finden.
Wichtiger am Tresen und häufiger anzutreffen sind eher die Süd- oder Dessertweine. Sie weisen sehr gute Mixeigenschaften auf, können aber selbstverständlich auch pur geordert werden.
So passt zu einer feinen Zigarre durchaus ein kräftiger Portwein, ein halbsüßer Sherry oder ein trockener Vermouth.

Hinweise:

- Sortieren Sie Ihre Sortimente zu Gunsten des Rotweins.
- Wechseln Sie des Öfteren nach Trendmarken aus. Bieten Sie nicht alle Weine in der Bar auch als Schoppen an.
- Verkaufen Sie über Displays den Wein des Monats, Wein der Woche. Bieten Sie dem Gast auch 1 bis 2 Spitzenprodukte aus dem Bereich Rotwein und Weißwein an.

Qualitätsschaumwein

Rohstoffe	Herkunftsländer	Charakter	Mixeignung in Punkten (0 bis 4)	Service	Empfehlenswerte Produktauswahl
· Weißwein · Rotwein · Roséwein (in zweiter Gärung)	· alle weinerzeugenden Länder	· entsprechend des verwendeten Weins und der Zuckerzusätze	· Schaumwein: 1 bis 2 · Sekt: 2 bis 3 · Cava: 3 bis 4 · Champagner: 4	· Sektkelche, Champagnerkelche, Firmengläser · Temperatur: 5 bis 7 °C · Purausschank: Qualitätsschaumwein 10 bis 14 cl, Champagner: 6 bis 8 cl	· Deutschland: Fürst Metternich, Deutz-Geldermann, Mumm · Spanien: Freixenet · Frankreich: Moët Chandon, Krug, Roederer, Pommery

Mit den Qualitätsschaumweinen erreichen wir ein stark gefragtes und auch gut verkaufbares Segment an der Bar. Obwohl die meisten als Glas- oder Flaschenweine verkauft werden, sind sie auch in vielen Drinks enthalten. Beim Mixen erzeugen sie Frische, beleben durch Kohlensäure und geben ein spannungsreiches Flair.

Gute Bartender beherrschen das Sabrieren (Sabre = Säbel) von Champagner, wobei mit Hilfe des Säbels die Flasche regelrecht geköpft wird. Ein guter Effekt zu bestimmten Anlässen, der auch den Umsatz ankurbeln kann.

Beim Service ist ein perfekter Ablauf unbedingt notwendig. Die Einzelschritte noch einmal in der Zusammenfassung:

- Markenempfehlung und Bestellungsannahme
- Kühler mit Eis, Wasser und etwas Salz befüllen
- Gekühlte Gläser entnehmen, notfalls frappieren
- Flaschen präsentieren und öffnen

- Korken zur Kontrolle dem Gast reichen (Ablageschale!)
- Probeschluck (4 bis 6 cl) einschenken
- Glas zu zwei Dritteln befüllen (Champagner etwa zur Hälfte)
- Flasche wieder einkühlen, mit Serviette bedecken
- Sundries (Knabbereien) gratis reichen, bei Champagner eventuell einige frische Erdbeeren
- Gast im Auge behalten und öfters nachschenken

Hinweise:
Einer der häufigsten Fehler beim Sekt- oder Champagnerservice sind ungekühlte, warme Gläser. Falls kein Kühlschrank zur Verfügung steht, frappiert man das Glas mit 2 bis 3 Eiswürfeln, bis es außen beschlägt. Anschließend vorsichtig den Glasrand mit einer frischen Handserviette abtupfen, Wasser entfernen.
Verwenden Sie keine Schaumweine einfacher Herstellung oder Perlweine an der Bar. Flaschen in Piccologröße (0,2 l) erfreuen sich zunehmender Beliebtheit.
Bei schwachem Abverkauf von glasweisem Ausschank (Sekt oder Champagner) hilft die 0,2-Liter-Flasche auch, Warenverluste einzudämmen.

Likör

Rohstoffe	Herkunftsländer	Charakter	Mixeignung in Punkten (0 bis 4)	Service	Empfehlenswerte Produktauswahl
· Monopolalkohol oder Basisspirituosen · Süßstoffe · Aromaträger · Farbstoffe	· Ursprung: umstritten, wahrscheinlich Italien (Mittelalter) · heute: alle Länder, die Basisspirituosen erzeugen oder Monopolsprit weiterverarbeiten	· unterschiedlich, nach Likörgruppe	· Aromaliköre: 3 bis 4 · Destillatliköre: 2 bis 3 · Emulsionsliköre: 2 bis 3 · Gewürzliköre: 2 · Fruchtliköre: 3 bis 4 · Kaffeeliköre: 3 · Kräuterliköre: 2 bis 3 · Crème de ... : 3 bis 4	· Likörschale oder Firmengläser · Temperatur: Aroma-, Emulsion-, Frucht-, Kaffeeliköre: 18 bis 20 °C · Destillatliköre/ Kräuterliköre: teilweise gekühlt oder gefrostet (Herstellerhinweise beachten)	· Bols · De Kuyper · Marie Brizard

Ursprünglich diente die Zuckerung von Alkohol mit Auszügen der geschmacklichen Verbesserung. Häufig als Medizin verwendete Sude aus Alkohol und Pflanzen schmeckten nicht und wurden so einfach versüßt.

„Allheilmittel“ dabei war Honig, später Zucker und Obstteile. Ganz einfach gesehen besteht jeder Likör aus 4 Teilen.

Alkohol	Süßstoff	Aromen	Farbstoffe
Basisspirituosen wie Tequila, Rum, Cachaça, Gin, Whisk(e)y oder Neutralsprit	Honig, Zucker, Kandis, Glykose	Früchte, Fruchtsäfte, Schalen von Obst, Körner, Wurzeln und Rinden, Blüten und Blätter, Nüsse und Mandeln	Zuckercouleur, Cochenille, Karotten, Blätter, Blüten, Safran, Backpflaumen, Gelbwurz

Die Aromatisierung des Alkohols kann in 4 Varianten erfolgen:

- **Komposition**
  Mischen von Grundessenzen

- **Destillation**
  Einlegen der Aromen in Alkohol (Grundlikör) mit anschließender Destillation
  (Mazeration = Kaltauslaugen, Digestion = Heißauslaugen)

- **Perkulation**
  Ausdampfen der Aromen über Alkohol oder Auslaugen in fließendem Alkohol

- **Emulsion**
  H-Sahne, H-Milch (auch Kokosmilch) oder Eigelb werden mit dem Grundlikör vermischt

Die Vielfalt der weltweit produzierten Liköre ist kaum überschaubar. Länder, die eigene Basisspirituosen erzeugen, benutzen sie zur Herstellung ihrer Liköre.

Beispiel:

Kahlúa (Mexiko)	→	Zuckerrohrdestillate
Batida de Coco (Brasilien)	→	Cachaça
Tia Maria (Jamaika)	→	Rum
Grand Marnier (Frankreich)	→	Cognac
Drambuie (Schottland)	→	schottischer Whisky
Baileys Irish Cream (Irland)	→	irischer Whiskey

Warenkunde im Überblick

Liköre werden nach den Hauptbestandteilen in mehrere Gruppen unterteilt. Für den Gruppennamen kann auch die Erzeugungsmethode ausschlaggebend sein.

- **Fruchtsaftliköre/Fruchtliköre**
  Ansätze aus Früchten oder deren Bestandteilen mit Alkohol (Kirschlikör, Melonenlikör)

- **Getreideliköre/Gewürzliköre**
  Mischung von neutralem Grundalkohol mit Gewürzen (Akvavitliköre, Anisliköre)

- **Aromaliköre**
  Grundlikör mit entsprechender Verstärkung, teilweise naturidentisch (unter anderem Liköre mit dem Zusatz Brandy)

- **Kräuterliköre/Bitterliköre**
  Grundlikör oder Neutralsprit mit Auszügen aus Pflanzen oder deren Teilen (Jägermeister, Ramazzotti, Underberg, Unicum)

- **Emulsionsliköre**
  Verbindung aus Grundlikör mit Sahne, Milch oder Eiern, z. T. können auch mehrere Produkte auftreten. Achtung: Nicht alle Erzeugnisse sind angebrochen dauerhaft haltbar! (Eierlikör, Batida de Coco, Baileys Irish Cream)

SONDERBEZEICHNUNGEN AUF ETIKETTEN

- Crème de … = zuckerverstärkte Mixliköre
- … Brandy = aromaverstärkte Fruchtliköre
- Cordial = englisch/amerikanisch für Likör

Hinweise:
Die meisten der heute verkauften Liköre werden nicht pur getrunken, sondern weiterverarbeitet. Der Barkeeper sollte spezielle Eigenschaften kennen und auch dem Gast erläutern können. Wichtig dabei sind die Hauptgeschmacksrichtungen, die vom Etikett manchmal nicht ablesbar sind.

Beispiel:
Drambuie = Whisky, Honig
Cointreau = Orange
Kahlúa = Kaffee, Vanille
Cherry Heering = Kirsche (mit feinem Mandelgeschmack)
Maraschino = Kirsche
Galliano = Kräuter, Vanille
Amaretto = Mandeln

Basisspirituosen

Das Wichtigste zum Mixen sind die „Basics", also unsere Spirituosen. Sie bilden fast immer den Kern der Drinks, sind aber ebenso stark im Einzelabverkauf.

Zurzeit wird dem großen Klassiker Gin durch Rum, Vodka, Tequila und Cachaça eine beträchtliche Konkurrenz geboten. Unabhängig von jeweiligen Trends werden wir alphabetisch die wichtigsten Spirituosengruppen im Überblick vorstellen.

Der Barkeeper ist auch hier wieder ein „Vermittler" der Getränkeindustrie und der Fachmann, der häufig die ersten Proben an den Mann oder die Frau bringt. Gerade deshalb ist die Warenkunde über Ursprung, Verwendbarkeit und besondere Eigenschaften so wichtig. Den „Vertrauensvorschuss" des Gastes können wir nun bestätigen. Zur Erinnerung: Was du nicht kennst, kannst du nicht verkaufen!

Tipps zum geschickten Verkauf finden Sie wie immer unter den Hinweisen, vorweg noch ein paar generelle Hilfen.

▶ **Bieten Sie dem Gast niemals nur ein Produkt an, sondern stets zwei!**

Falsch: „Ich empfehle die Marke XY besonders."
Richtig: „Welchen Cognac bevorzugen Sie?"
Marke X (Name) oder Marke Y (Name)?
Ergebnis: Der Gast wird jetzt seltener ablehnen, sondern sich eher entscheiden bzw. wählen oder noch einmal fragen.

▶ **Nicken Sie öfters leicht während des Sprechens!**
Der Gast empfindet das als persönliche Empfehlung.

▶ **Halten Sie Augenkontakt, und präsentieren Sie das Produkt etwa in Kopfhöhe!**
Es gelingt jetzt der Blickwechsel zwischen Flasche und Augen.

▶ **Lächeln Sie!**
Muffel können nicht verkaufen oder empfehlen.

▶ **Beugen Sie sich dem Gast leicht entgegen!**
Die beste Höhe wäre eine Kopf-an-Kopf-Annäherung mit dem Gast, ohne den Höflichkeitsabstand von 1 Meter zu überschreiten.

▶ **Geben Sie eventuell 1 bis 2 cl Probeschlucke gratis!**
Nun kann der Gast kaum noch zurück, er fühlt sich fast verpflichtet.

Ohne Training kann dieses Verkaufen ungeschickt oder lächerlich wirken. Üben Sie es zuerst vor einem Spiegel, später mit anderen Mitarbeitern und Kollegen. (Eine Videoaufnahme zeigt deutlich die Fehler.)
Der Spirituosenverkauf gilt als hohe Schule an der Bar. Das „Who's who" ist die Grundlage, nicht nur für den Purausschank, sondern besonders bei der Verwendung der „Basics" in unseren Drinks.

Warenkunde im Überblick

▶ ABSINTH/ABSENTA/ABSENTE

Rohstoffe	Herkunftsländer	Charakter	Mixeignung in Punkten (0 bis 4)	Service	Empfehlenswerte Produktauswahl
· Monopolalkohol, früher auch Traubendestillate und Kornbrände · Zucker · Vermouth · Rauschmittel „Thujon" · Anis, Fenchel, Muskat, Kräuter, Kardamom	· Ursprung: Frankreich · heute: Frankreich, Tschechische Republik, Portugal, Spanien, Deutschland	· stark würzige Kultspirituose mit unterschiedlichem Geschmack · Zusätze des Nervengifts Thujon auf 10 mg/Liter begrenzt · oft Anisgeschmack · bitter	· pur (mit Zucker und Wasser): 2 bis 3 · Mixgetränke: 3	· Purausschank: Firmengläser · grob geschlagenes Eis · 2 cl mit Absinthbesteck (Löffel, Zuckerwürfel, Wasser)	· Absente (Eggers & Franke) · Philip Casala · Mari Mayans · Pierre Ordinaire · Pernod Absinthe

Genau genommen handelt es sich hier um eine gezuckerte Spirituose, also einen Likör. Auf Grund des sehr hohen Alkoholgehalts zwischen 50 und 70 Vol.-% und einigen Besonderheiten soll er aber unter den Basisspirituosen erläutert werden. In einigen Epochen französischen Künstlerschaffens galt er als die Inspiration schlechthin. Aus dem ursprünglichen Heilmittel gegen Läuse, Bandwürmer und stechende Insekten, Absinth war auch fiebersenkend und sollte bei Depressionen helfen, wurde es zum Kultgetränk von Malern, Musikern, Schriftstellern und anderen Künstlern.
Der damals extrem hohe Anteil des Rauschmittels Thujon, das aus dem Vermouthkraut gewonnen wurde, führte zu schneller Sucht mit allen bekannten Folgen.

Van Gogh, Oscar Wilde, Picasso und auch Hemingway waren ihm erlegen, Selbstverstümmelungen und Selbstmorde sind auch aus anderen Unterlagen dazu bekannt.
Die Franzosen verboten Absinth bereits 1914, Deutschland 1924. Fast alle europäischen Staaten schlossen sich an, ausgenommen die damalige Tschechoslowakei und Portugal.
Zur vergangenen Jahrtausendwende wurde nach Versuchen in den USA und mit stark geänderten Rezepturen diese Spirituose neu belebt.

Staatlich reglementiert und abhängig vom Alkoholgehalt dürfen heute maximal 10 mg Thujon 1 Liter Absinth beigefügt werden. Die anderen Zusatzstoffe sind je nach Hersteller sehr unterschiedlich, Vermouth und Anis verwenden die meisten.
Es entstanden vielfältige Mixrezepturen, bis hin zum Auffüllen mit Champagner, und man spricht schon von einem neuen Trend. Trotzdem sollte der interessierte Gast nicht damit „abgefüllt" werden, der Barkeeper muss einen eventuellen Missbrauch gefühlvoll einschränken.
Servieren Sie dem Gast möglichst nur 3 bis 4 Mixgetränke oder 2 bis 3 Absinthgetränke pur.

Hinweise:
Klassische Absinthtrinker mischen ihr Getränk in einer regelrechten Zeremonie selbst an. Auf das Glas, in dem sich das Produkt befindet, wird ein gelochter Spezialöffel gelegt. Einen mit wenigen Tropfen Absinth befeuchteten Würfelzucker darauf geben und anzünden.

Die Karamellisierung abwarten und mit klarem Leitungswasser löschen. Der Wasserzusatz ist individuell, sollte aber nicht zu knapp sein.
Der Absinth mischt sich mit zuckrigem Wasser zu einem grünlichen, teilweise milchigen Getränk – der grünen Fee!

Akvavit

Rohstoffe	Herkunftsländer	Charakter	Mixeignung in Punkten (0 bis 4)	Service	Empfehlenswerte Produktauswahl
· Getreide · Kartoffeln · Gewürze, z. T. auch Zucker oder andere Süßstoffe	· Skandinavien (Dänemark, Norwegen) · Deutschland · nordeuropäische Länder	· starker Kümmel- oder Dillgeschmack · Digestif · in Dänemark auch Aperitif auf Büfetts oder vor Fischgerichten	· 0 bis 1	· Menge: 2 cl · Temperatur: bis –18 °C in gefrosteten Gläsern nach Gästewunsch · unbedingt Firmengläser verwenden	· Malteser · Jubiläumsakvavit · Linie Aquavit · Bommerlunder · norddeutsche Kümmelmarken

Ob als Aquavit oder Akvavit geschrieben, es ist die Übersetzung des abgewandelten lateinischen Worts „Lebenswasser". Besonders in Skandinavien sind festliche oder üppige Mahlzeiten ohne diese Spirituose undenkbar.

Die Dänen gelten als Vorreiter, obwohl viele Rezepturen aus dem ehemals sächsischen Königreich stammen und überliefert wurden.

Heute werden bei Spitzenprodukten benutzte Südweinfässer (Sherry, Port usw.) zur weiteren Aromatisierung eingesetzt. Der bekannte Linie Aquavit fährt sogar zweimal per Schiff über den Äquator, bis er wieder in Norwegen ankommt.

Interessant sind auch die dänischen Juul-Abfüllungen (Weihnachten), die zeitlich begrenzt in limitierter Auflage jährlich erscheinen.

Hinweise:

- Akvavit trinkt man in einem Schluck, deshalb sollten nur 2 cl gereicht werden.
- Einige Firmen empfehlen, die Gläser nicht zu frosten, da das eiskalt gelagerte Produkt den Glaskelch selbst beschlagen lässt.
- Skandinavier trinken ihn oft ungekühlt.

Armagnac

Rohstoffe	Herkunftsländer	Charakter	Mixeignung in Punkten (0 bis 4)	Service	Empfehlenswerte Produktauswahl
· Wein aus weißen Trauben: Colombard, Ugni Blanc, Folle Blanche, Meslier, Folle Jaune und andere · Zusätze (optional): Pflaumen, Haselnüsse	· Gascogne/ Frankreich (Region Armagnac)	· von fein-herb bis kräftig-würzig	· je nach Qualität: 1 bis 2 · Jahrgänge: 0	· Sherryglasform, (Nosingglas) oder Firmengläser · Temperatur: 18 °C · Menge: 2 cl	· Janneau · Clés de Ducs · Samalens · Lafontan

Häufig als der kleine Bruder des Cognacs angesehen, entwickelte der Armagnac doch seine Eigenheiten. Heute sind beide Destillationsarten erlaubt, und einige Firmen bedienen sich einer Aromatisierung mit Obst und Nüssen.

Vor Jahrhunderten das Getränk der Bauern und armen Leute, hat sich der Armagnac ein neues Kleid angelegt. Früher etwas stiefmütterlich behandelt, findet man ihn heute auf jedem Digestifwagen und auch in allen guten Bars.

Hinweise:

- Für das Grundsortiment an der Bar genügen zwei bis drei Marken, wobei stets auch ein Jahrgang (Millésimé) dabei sein sollte.
- Hotelbars bieten meist eine größere Auswahl.

Arrak

Rohstoffe	Herkunftsländer	Charakter	Mixeignung in Punkten (0 bis 4)	Service	Empfehlenswerte Produktauswahl
· Datteln und Feigen (arabischer Raum) · Königskokosnuss (indischer Raum) · Reis und Zuckerrohr (indonesischer Raum) · Wein und Anis (Mittelmeerraum)	· Arabien · Indien · Sri Lanka · Indonesien · Libanon	· sehr unterschiedlich, je nach Ausgangsprodukten oder Lagerung · teilweise rumähnlich · anisähnlich	· arabische Produkte: 1 bis 2 · indische Produkte: 2 bis 3 · indonesische Produkte: 1 bis 2 · Mittelmeer 2 bis 3	· kleines Becherglas · Ausschankmenge: üblich 4 cl · Temperatur: ungelagert: 6 bis 8 °C gelagert: 18 °C	· momentan kein Import hochwertiger Marken · Hinweis: bei Spezialhändlern erfragen

Ob die Inder oder die Araber der ersten Produzenten waren, lässt sich nicht mehr klären. Übersetzen kann man den Begriff mit „Schweiß" oder „schwitzen", und das ist aus dem arabischen Wortschatz abgewandelt. Je nach Region finden wir unterschiedliche Schreibweisen:

- Arrak
- Arak
- Arrack

Auch der türkische Raki entspringt diesem Wortstamm, wird aber oft mit Anis aromatisiert. Qualitätsmäßig findet man von sehr einfachen Produkten, zum Teil auch Eigendestillate, bis zur guten Oberklasse fast alles. Im indischen Raum wird Arrak mit frisch püriertem Obst und Früchten zu guten und sehr erfrischenden Drinks verarbeitet.

Hinweise:

- In Deutschland wird Arrak momentan von den großen Vertriebsgesellschaften auf Grund des geringen Absatzes kaum noch angeboten. Er eignet sich vorzüglich in Heißgetränken an Stelle von Rum.
- Die Schweden benutzen Arrakdestillate zur Herstellung des „Schwedenpunschs".

Cachaça

Rohstoffe	Herkunftsländer	Charakter	Mixeignung in Punkten (0 bis 4)	Service	Empfehlenswerte Produktauswahl
· grünes, unreifes Zuckerrohr einschließlich der Blätter	· Ursprung: Brasilien · heute: auch andere Zuckerrohr produzierenden Länder wie Kuba · auch aromatisiert angeboten	· ungelagert: sehr würzig, scharf, manchmal säuerlich · gelagert: intensiv, kräftig, gehaltvoll	· ungelagert: 3 bis 4 · gelagert: 2 bis 3	· ungelagert: unüblich als Purgetränk · gelagert: kleiner Becher oder Nosingglas · Temperatur: 18 °C · Ausschank: 2 oder 4 cl	· Berro d'Aqua · Nêga Fulô · Pitú · Cachaça 51 · Ypioca · Canario · Cachaça Tropicana

Kaum eine Spirituose hat solch starke Zuwächse in den letzten Jahren erfahren wie das Nationalgetränk der Brasilianer. Arme Leute und Bauern mischten es mit Limetten oder Limonaden und Zucker zum Caipirinha, was abgewandelt Bauer/Bäuerin heißt.

Eine Spirituosenmischung aus Cachaça, Fruchtsäften oder Kokosmilch nennt man Batidas. Sie sind selbst hergestellt, neben dem Caipirinha, die interessanteste brasilianische Getränkegruppe.
Wird Cachaça in Fässern gelagert, verliert er den rauen ursprünglichen Charakter und kommt fast in die Nähe eines Rums. Trotzdem sind beide miteinander nicht vergleichbar, die Rohstoffe spielen dabei die tragende Rolle.

Hinweis:
Ob Caipirinha mit weißem oder braunem Rohrzucker zubereitet werden sollte, ist sicherlich Ansichtssache. Die Wahl überlässt man dem Gast.

Im Mutterland Brasilien wird Caipirinha ausnahmslos mit weißem Rohrzucker hergestellt

- Weißer Rohrzucker: schnell löslich > süß
- Brauner Rohrzucker: schwer löslich > herb

Bieten Sie dem Gast beide Varianten an, ebenso wie mehrere Einzelprodukte von Cachaça zur Auswahl. Die Spirituose eignet sich hervorragend zu weiteren Kreationen von Caribbean Drinks in Verbindung mit Sirupen und exotischen Säften.

Calvados

Rohstoffe	Herkunftsländer	Charakter	Mixeignung in Punkten (0 bis 4)	Service	Empfehlenswerte Produktauswahl
· normannische Äpfel (vergorener Apfelwein = Cidre) · Zusatz von einem geringen Anteil an Birnen ist erlaubt	· Normandie/ Frankreich (unterteilt nach Regionen)	· intensives Apfelbukett beim Riechen · kräftiger und würziger Geschmack im Tasting	· Fine, V.S., V.S.O.P: 3 · Spitzenprodukte: 0 bis 1 · Jahrgänge: 0	· in gedeckelten Spezialgläsern der Erzeuger, sonst Obstbrandglas · Temperatur: 18 °C · Ausschank: 2 cl	· Boulard · Dauphin · Château du Breuil · Gilbert · Pâpidoux · Père Magloire

Die verwendeten Apfelarten in der Region eignen sich nicht zum Verzehr als Tafelobst, sie dienen lediglich zur Erzeugung des Apfelweins Cidre. Der Geschmack von stark sauer über bitter bis hin zu süß lässt verschiedene Geschmackskomponenten in der Endmischung zu. Einige Hersteller verwenden teilweise auch Birnen aus der Region in den Grundmaischen. Destilliert wird klassisch mit einer Zwischenlagerung des Raubrands (1. Destillation), die Fassreifung erfolgt in Eichenfässern.

Viele Calvadosprodukte gelangen als Mischungen (Verschnitte mehrerer Lagerjahre) auf den Markt, bei besonderen Ertragsjahren entschließen sich die Erzeuger auch zu Jahrgangsprodukten, bei dem ausschließlich Destillate dieser Ernte verwendet werden. Versuche, Calvados in natürlicher Gärung ohne Zusatz von Hefekulturen herzustellen, werden in der Normandie durchgeführt. Allerdings sind sie noch nicht für den offiziellen Handel zugelassen.

Hinweise:

Calvados besitzt eine sehr gute Mixeignung in vielen Getränkegruppen. Der Name „Jack" in einer Rezeptur weist häufig auf die Verwendung dieses Apfeldestillats hin. Abgeleitet wurde er vom amerikanischen „Apple-Jack", eine dort übliche Bezeichnung für Calvados bzw. einheimische Apfelbrände.

Etwas umstritten sind die mit Deckeln versehenen Ausschankgläser. Einen Aromaschutz stellt dies keineswegs dar, alle Edeldestillate (Whisky, Rum, Cognac) müssten dann gedeckelt werden.

Hierbei handelt es sich um eine Wiedererkennung der Produktgruppe. Außerdem hat der Gast auch seine Freude an dem speziellen Service. Das Einlegen von konservierten Äpfeln in die Spirituose sollte zuvor beim Gast abgeklärt werden, nicht alle mögen die dadurch entstehende Nachzuckerung. Bei Jahrgängen sollte dies generell unterbleiben.

Cognac

Rohstoffe	Herkunftsländer	Charakter	Mixeignung in Punkten (0 bis 4)	Service	Empfehlenswerte Produktauswahl
· Wein aus weißen Trauben: Colombard, Folle Blanche, Ugni Blanc und z. T. wenige andere Trauben (max. 10 Prozent)	· Charente mit Untergebieten: Bois Ordinaires, Bons Bois, Fins Bois, Borderies, Grande Champagne, Petite Champagne	· vollmundig · ausgeprägt · weich und duftig · perfekt	· Qualitätsstufen V.S. und V.S.O.P.: 3 bis 4 · hochwertige Produkte dem Purausschank vorbehalten	· Firmengläser oder Nosingglas (keine Cognacschwenker!) · Temperatur: 18 °C · Ausschank: 2 cl	· Bisquit · Frapin · Hennessy · Hine · Cognac Marnier · Martell · Otard · Rémy Martin · Delamain

Die Erzeugung dieses französischen Edelbrands unterliegt einer Reihe von staatlichen Gesetzen und vielfältigen Kontrollen. Man garantiert so eine hohe Qualität beim Endverbraucher. Die aufwendige Rebpflege, das Erzeugen der Grundweine und eine spezielle Destillation (häufig mit der Hefe) sind dabei maßgebliche Grundvoraussetzungen.
Eine lange Lagerung in speziellen Eichenfässern (Limousin, Tranchaise) und die jährliche Verdunstung von etwa 3 Prozent verwandeln die Spirituosen bis zur Perfektion.

Erfahrene Blendmeister mischen den Cognac am Ende aus verschiedenen Einzeldestillaten mit unterschiedlicher Lagerzeit zu dem, was dann auf Flaschen abgefüllt wird. Die vom Staat vorgeschriebenen Mindestlagerzeiten werden von allen Firmen weit überschritten, um individuelle Abfüllungen zu erhalten. Diese Betriebsgeheimnisse sind so vertraulich, dass eine allgemeine Zuordnung von Buchstabenbezeichnung und Lagerzeit nahezu unmöglich ist.
Der Aufwand zur Herstellung von Cognac ist enorm und nur noch mit den schottischen Malt Whiskys vergleichbar.

Hinweise:
Sehr häufig findet man beim Ausschank noch den Cognacschwenker als Gästeglas. Seit vielen Jahren empfiehlt die Industrie aber die Grundform der so genannten Kellermeistergläser oder Nosinggläser, die stark an Sherrygläser erinnern. Sie verhindern den Bukettverlust, vermeiden eine Überwärmung durch Handberührung und bündeln flüchtige Aromastoffe durch den schlanken „Kamin".
Cognac sollte nicht erwärmt werden, auch nicht durch die Hand! Die noch enthaltenen Hefespuren geben dann einen leicht seifigen Geschmack an das Getränk ab.

Altersklassifizierungen nach Buchstaben:

- V = very
- S = superior oder special
- O = old
- P = pale oder product
- X = extra oder extremly

Genever

Rohstoffe	Herkunftsländer	Charakter	Mixeignung in Punkten (0 bis 4)	Service	Empfehlenswerte Produktauswahl
· Roggen · Gerste · Mais und Gewürzzusätze (Wacholder, Koriander, Kümmel und andere)	· Niederlande, z. T. Nachahmungen aus anderen Ländern	· jonge: leichtes Wacholderaroma · oude: malzig, kräftig, aromatisch	· jonge: 3 · oude: 2	· Firmengläser oder schlanke Spirituosengläser (Shooter) · Temperatur: jonge: 0 bis –18 °C oude: 0 bis –6 °C · Ausschank: 2 cl	· De Kuyper · Bokma

Der eigentliche Vorläufer des englischen Gins ist der Genever und leitet sich aus dem Wort „Genievre“ (französisch Wacholder) ab.

Hauptsächlich modern destilliert (Patent Still) werden die Aromaträger durch Perkulation (Eindampfen) oder Digestion (heißes Einweichen) hinzugefügt.

Unterschiede zwischen jungen (jonge) und alten (oude) Genever werden durch Zumischung von teilweise gelagertem Moutwijn erreicht. Während die jungen Genever wenig oder keinen Zusatz dieser Gewürzflüssigkeit haben, müssen die alten Genever mindestens 5 Prozent besitzen. Diese sind jedoch von Firma zu Firma unterschiedlich und werden meist überschritten. Die besten Genever kommen nach wie vor aus Holland.

Hinweise:

- Die Hersteller von Genever erzeugen heute sehr gute aromatisierte Produkte, die aber nicht mit dem Ausgangsdestillat verwechselt werden dürfen.
- So wie in Deutschland Korn mit Früchten oder deren Säften versetzt wird, gibt es Genever mit Kirsch-, Johannisbeer-, Pflaumen- und Zitronengeschmack. Ausgeschenkt werden sie bei Kühlschranktemperatur in Shootergläsern.

Gin

Rohstoffe	Herkunftsländer	Charakter	Mixeignung in Punkten (0 bis 4)	Service	Empfehlenswerte Produktauswahl
· Gerste, Roggen · Getreidemischungen und Gewürzzugaben (Wacholder, Koriander, Angelika, Ingwer, Anis, Kümmel, Zitronen- und Orangenöl, Fenchel, Mandel, Zimt, Lavendel)	· Ursprung: England · heute: viele Länder, in denen Spirituosen erzeugt werden	· sehr unterschiedlich nach Gewürzzusatz · alle: deutliche Wacholdernote, kräftig	· London Dry Gin: 3 bis 4 · Dry Gin: 2 bis 3 · aromatisierter Gin: 2 bis 3	· Purausschank: Becherglas oder Firmengläser, teilweise mit Eis · Temperatur: 6 bis 8 °C · Ausschank: 2 cl, bei on the rocks 4 cl · auf Wunsch Lemonpeel	· Bombay Sapphire · Gilbey's · Silver Top · Gordon's · Tanqueray · Larios · House of Lords · Hendricks · Beefeater

Wenn es neben Vodka eine zweite Universalspirituose gibt, so ist es der Gin. Kaum eine klassische Getränkegruppe kommt ohne dieses Produkt aus, und hervorragende Mixeignungen lassen immer wieder neue Kreationen entstehen.

Aus ursprünglich sehr rauen Destillaten entstand im Laufe der Zeit ein Edelprodukt, welches seinen Siegeszug um die ganze Welt antrat. Man denke dabei nur an die Vielfältigkeit der Martini-Cocktails, auch englische Besatzungssoldaten in Indien mischten ihn gern in das von Militärärzten verordnete Tonic Water, um die Malariaprophylaxe angenehmer zu machen. Die Herstellung gleicht in vielen Punkten der Geneverproduktion, auch hier wird Neutralsprit mit Gewürzen aromalisiert. Der unterschiedliche Einkaufspreis ist auf die Anzahl und Menge der verwendeten Zusätze und auf den Alkoholgehalt zurückzuführen.

Neben dem am häufigsten verwendeten ungesüßten London Dry Gin gibt es noch weitere Kategorien.

- **Hendricks Gin:** Salatgurkenauszüge
- **Old Tom Gin:** leicht gesüßt mit Zucker oder Honig
- **Plymouth Gin:** leicht gesüßt
- **Aromatisierte Gins (Auswahl):**
  - Apple Gin → Apfelaroma
  - Almond Gin → Mandelaroma
  - Sloe Gin → Schlehenzusatz, meist süßlich
  - Pink Gin → Zusatz von Angostura
  - Pimm's N° I Cup → gewürzt und gesüßt
  - Orange Gin → Bitterorangen

Hinweise:
Bei Rezepturangaben bedeutet das verwendete Wort Gin stets London Dry Gin, andernfalls wird die Kategorie angegeben. In Deutschland wird dem Purausschank nicht viel Bedeutung beigemessen, in England, Kanada, den USA und in Skandinavien schon eher. Servieren Sie dann den Gin auf Wunsch mit Eis in einem Becherglas, und geben Sie ein Stück Zitronentwist (ungepresst) hinein.

Grappa & Uve (Acquavite d'Uva)

Rohstoffe	Herkunftsländer	Charakter	Mixeignung in Punkten (0 bis 4)	Service	Empfehlenswerte Produktauswahl
· Uva und Uve: weiße Trauben, rote Trauben · Grappa: Trester (Rückstände der Weinerzeugung) · teilweise Zusätze von Gewürzen und Kräutern	· Italien	· sehr unterschiedlich, von scharf und brennend bis weich, mild und hoch aromatisch	· ungelagert: 0 bis 1 · gelagert: 1 bis 2	· Spezialgläser der Firmen oder Obstbrandglas · Temperatur: 18 °C · Ausschank: 2 cl	· Barbero · Fior di Vite · Frattina · Maschio · Piave · Nonino · Levi · Alexander

Bevor sich diese heutige Kultspirituose zu einer solchen entwickelte, war sie, wie viele andere auch, eher ein Getränk der Armen und Nebenprodukt der Winzer. In der damaligen Qualität hätte sie derzeit keine solch große Fangemeinde. Da wir an der Bar von Spitzenqualitäten ausgehen, kommen diese auch heute noch erhältlichen Brände nicht in Betracht. Die Auswahl ist fast unendlich, konzentriert man sich auf das Etikett, kann man besser unterscheiden.

- Angabe der Weinbauregion
- Angabe der verwendeten Rebsorte
- eventuell Jahresangabe bei Spitzenernten
- Riserva
  (Lagerung in Eichenholz, Kirsche, Esche oder Kastanie)
- bekannte Erzeugerfirmen
- Uve oder Uva bedeutet, dass kein Trester, sondern ganze Trauben (Uva regina) verwendet wurden, deshalb sind diese Produkte eher ungelagerte Weinbrände mit teilweise exzellenter Qualität.

Hinweise:
Der Grappa ist als Mixgrundlage weniger geeignet und sollte eher pur verkauft werden.

Je nach Barcharakter ist das Angebot unterschiedlich groß zu gestalten. In reinen Cocktailbars reizen den Gast eher erlesene Spitzenmarken als eine Sortimentspalette wie im italienischen Restaurant um die Ecke.

Warenkunde im Überblick

Italienischer Brandy

Rohstoffe	Herkunftsländer	Charakter	Mixeignung in Punkten (0 bis 4)	Service	Empfehlenswerte Produktauswahl
· Wein aus weißen und roten Trauben · auch Mischungen	· Italien	· kräftig · aromatisch · gehaltvoll	· Mixgetränke allgemein: 2 bis 3 · Longdrinks: 3	· Firmengläser oder Nosingglas · Temperatur: 18 °C · Ausschank: 2 cl	· Vecchia Romagna · Stock Brandy

Lange Erfahrungen aus dem Weinbau und der Grappaproduktion bringen in Italien ebenfalls hervorragende Brandys auf den Markt. In Deutschland sind nur wenige Erzeugnisse wie Vecchia Romagna bekannt, die Palette ist aber weitaus größer. Sehr oft in der aromaschonenden klassischen Destillation (Pot Still) hergestellt und jahrelang auf Eiche gelagert, erreichen diese Brandys eine ausgezeichnete Qualität.

Edelbrandys können bis zu 15 Jahren und mehr im Fass reifen und so zur Vollendung finden. Die Sondergruppe Uve (weiße Traubendestillate) wurde im Kapitel Grappa mit erläutert.

Hinweise:
Beim Mixen bringen italienische Brandys einen sehr gehaltvollen Hintergrund in das Getränk. Es sollten kräftige Gegenprodukte eingesetzt werden, damit eine Überlagerung des Geschmacks vermieden wird. Ideal für klassische Longdrinks mit Fillern und als Purgetränk.

Korn

Rohstoffe	Herkunftsländer	Charakter	Mixeignung in Punkten (0 bis 4)	Service	Empfehlenswerte Produktauswahl
· Gerste · Roggen · Buchweizen · Hafer · oder Endmischung von Einzeldestillaten	· Deutschland	· Roggen: würzig, kraftvoll, · Buchweizen: mild, fein · Mischungen: unterschiedlich, teilweise neutral	· 2 bis 3, je nach Rohstoffen · selten zu Mixgetränken verwendet	· einfacher Korn: gekühlt in vorgefrosteten Gläsern · Doppelkorn: 0 bis –18 °C in gefrosteten Gläsern · Firmengläser oder Shooter · Ausschank: 2 cl	· Nordhäuser Doppelkorn · Fürst Bismarck · Berentzen

Was dem Holländer der Genever, dem Briten der Gin, ist dem Deutschen sein Korn. Auch hier reicht die Qualitätsbreite von sehr einfach bis zur Spitzenqualität.
Barkeeper scheuen zu Unrecht oft bei Mixgetränken vor diesem Produkt, hat es doch im allgemeinen Volksverständnis oft den Eindruck eines günstigen Preises und damit einfacher Ware. Mixwettbewerbe brachten aber andere, viel bessere Ergebnisse als gedacht.
Ein Aromatisieren ist nicht erlaubt, jedoch bringt eine Holzfasslagerung, wie sie teilweise angewandt wird, einen geschmacklichen Effekt.
An der Bar genügen wenige Marken, hochwertig sollten sie allerdings sein.

Hinweise:

- Die lang praktizierte Ausschankform „Bier und Korn" ist eher überholt. In Verbindung mit Sirupen, Fruchtsäften und Limonaden lassen sich aus Korn gute Mixgetränke herstellen.
- Auch als „Verdauungshilfe" nach einem kräftigen Essen ist er stets eine gute Empfehlung.

Marc

Rohstoffe	Herkunftsländer	Charakter	Mixeignung in Punkten (0 bis 4)	Service	Empfehlenswerte Produktauswahl
· Trester von roten und weißen Trauben	· Frankreich · französisch sprechende Schweiz · Luxemburg	· unterschiedlich nach Traubensorte · roter Trester: aromatisch, kräftig · weißer Trester: mild, feiner Weingeschmack	· roter Trester: 0 bis 1 · weißer Trester: 1 · fast unüblich	· Obstbrandglas oder Firmengläser · Temperatur: 18 °C · Ausschank: 2 cl	· Produkte von Champagnerhäusern · Nusbaumer · bedeutende Weinbauregionen (Bourgogne, Alsace, Champagnergebiete)

Im weitesten Sinne der französische Bruder des Grappas, wird er in den bedeutenden Weinbauregionen Frankreichs hergestellt. Gute Produkte, wenn auch kaum im Export, kommen aus der französischen Schweiz.

Für die Bar fast unbedeutend, dennoch sollten eine bis zwei Marken im Angebot stehen. Bewährt haben sich besonders Erzeugnisse der Champagnerindustrie, die oft in deren Flaschen abgefüllt werden. Die Herstellung gleicht stark der Grappaindustrie in Italien.

Hinweise:
Mit Ausnahme von großen Hotelbars oder Digestifwagen ist Marc für die Bar ein Nebensortiment. Beobachten Sie den Abverkauf, und stellen Sie daraufhin die Auswahl zusammen.

Mezcal

Rohstoffe	Herkunftsländer	Charakter	Mixeignung in Punkten (0 bis 4)	Service	Empfehlenswerte Produktauswahl
· unspezifische Agaven · Zuckerrohr · früher auch Kakteenarten	· Mexiko (bevorzugte Region: Oaxaca), aber auch im übrigen Land erzeugt	· kräftig · scharf und intensiv	· ungelagerte Produkte: 2 bis 3 · gelagerte Produkte: 2 · oft Purgetränk	· Shooter- oder Firmengläser · Temperatur: hell: 6 bis 8 °C, Gold dunkel: 18 °C · Ausschank: 2 cl, oft mit Limette, Salz und Chilipulver	· Gusano Rojo Mezcal · Miguel de la Mezcal

Lange bevor die Spanier nach Mexiko kamen, tranken die einheimischen Indios den Saft vergorener Agavenpflanzen und Kakteen, der als Pulque bezeichnet wurde. Durch Brennen dieser leicht alkoholischen und milchigen Flüssigkeit entstand ein Getränk namens Mezcal. Der später daraus entwickelte Tequila, der Name stammt von einer Stadt in der Region Jalisco, war eine spezielle Form des ursprünglichen Mezcal.

Heute noch werden über den beigefügten Wurm verschiedene Legenden erzählt. Sehr wahrscheinlich ist, trinkbaren und nicht trinkbaren Alkohol voneinander zu unterscheiden. Während Methanol organische Zellen angreift und zersetzt, tut Äthanol dies nicht.

Zum Schutz vor Falschdestillationen und deren Folgen, wie Blindheit oder Tod, fügte man die Würmer dem frischen Destillat zu. Es wurde abgewartet, ob der Wurm heil blieb oder nicht.

Trotz heutiger Technik ist dieses Ritual geblieben. Weiterhin als sehr einleuchtend gilt, den vielen Analphabeten Mexikos eine schnelle Unterscheidung zwischen günstigem und teurem Alkohol zu ermöglichen.

Es gibt einfachen, meist nicht im Export, und vergleichbar sehr guten Mezcal mit Ursprungsbezeichnung und Fasslagerung.

Hinweise:
Der Service und die Trinkzeremonie gleicht dem Tequila. Beachten Sie bitte, dass an Stelle der fälschlicherweise oft benutzten Zitrone im Ursprungsland Limetten oder Limonen verwendet werden.

Achtung:
Das oft mitgelieferte Salz ist häufig mit Chili aromatisiert und extrem scharf!
Der Wurm ist essbar, für viele Gäste ein Mutprobe.

Obstbrand

Rohstoffe	Herkunftsländer	Charakter	Mixeignung in Punkten (0 bis 4)	Service	Empfehlenswerte Produktauswahl
· Steinobst, Kernobst · zuckerarme Früchte und Beeren	· Mitteleuropa (Deutschland Österreich, Schweiz, Frankreich)	· stark aromatisch entsprechend der verwendeten Frucht	· allgemein: 1 bis 2	· Firmengläser oder Obstbrandglas · Temperatur: 18 °C, minderwertige Produkte auch gekühlt · Ausschank: 2 cl	· Dettling · Etter · Fassbind · Morand · Nusbaumer · Rouyer · Schladerer · Ziegler

Man unterteilt in zwei Hauptgruppen, so genannte Geiste oder Brände und Wasser. Obstwässer sind Maischedestillate aus Früchten oder deren Säften, eine Fremdzuckerung ist neuerdings schon erlaubt, wird von vielen Destillateuren allerdings abgelehnt (neue EU-Norm).

Fehlt dem Obst der entsprechende Fruchtzucker, das heißt, er reicht für eine Gärung nicht aus, wird es mit neutralem Alkohol ausgelaugt und anschließend destilliert. Beispiele dafür sind Brombeeren, Himbeeren und Schlehen.

Fasslagerungen verstärken die Aromen und machen das Endprodukt weich und harmonisch.

Im Vergleich mit anderen Spirituosen ist die produzierte Menge gering, nicht aber ihr Ruf als Edelspirituose.

Gute Restaurantbars stocken ihre Sortimente stark auf, auch eine reine Cocktailbar sollte eine gewisse Auswahl bieten. Zum Mixen fast zu schade, manchmal auch zu teuer, eignen sie sich doch recht gut, um den Geschmack zu verstärken. Spitzenprodukte kann man folgendermaßen auf Qualität testen: Ein leer getrunkenes Obstbrandglas sollte mindestens 30 Minuten, besser noch bis zu 1 Stunde, nach seinem vorherigen Inhalt riechen.

Hinweise:
Der Ausdruck „Obstler" ist hier völlig falsch und bezieht sich fachlich auf eine recht einfache Grundmischung aus Äpfeln und Birnen, nicht auf eine einzelne Frucht. Ein häufiger Fehler ist das Abkühlen oder gar Gefrieren dieser Edelbrände, damit wird fast sämtliches Aroma unterbunden.

Pisco

Rohstoffe	Herkunftsländer	Charakter	Mixeignung in Punkten (0 bis 4)	Service	Empfehlenswerte Produktauswahl
· Weintrester · Wein, überwiegend aus der Muskateller-Traube · manchmal auch Rohrzucker (nördliches Südamerika)	· Peru · Chile · Argentinien	· dem Grappa ähnlich mit kräftiger Muskatnote · wasserklar oder leicht gelblich	· 2 bis 3	· Firmengläser oder Obstbrandglas · Temperatur: 18 °C · Ausschank: 2 cl	· Alto del Carmen · Pisco Capel · Pisco Control · Inca Pisco · Pisco Peruano

Die südamerikanische Heimat bietet den Trauben sehr gute Reifemöglichkeiten, und neben dem eigentlichen Wein entstanden auch Spirituosen hoher Qualität. Man rechnet den Peruanern das Geburtsrecht zu, gefolgt von Chile mit der wohl größten Rebfläche in Südamerika.

Ob aus Wein oder Trester gebrannt, ist eine Frage der Qualität, die mit Grappa vergleichbar ist.

Ursprünglich und zum Teil auch noch heute, wurde er in Tonfässern gelagert, die zum Auslaufschutz innen mit Bienenwachs versiegelt wurden. Sehr ansprechende Flaschenformen, die wie Inkastatuen aussehen, findet man in Peru.

Vergleichbare chilenische Piscos sind eher in einfachen, fast geschmacklosen Flaschen abgefüllt, wenn man sie mit den ursprünglichen vergleicht. Für den Barkeeper eine notwendige Spirituose, findet man doch fast in jeder Cocktailkarte unter den Klassikern einen „Pisco Sour".

Hinweise:

Oft unterschätzt wird der Purausschank, besonders bei Gästen aus den Heimatländern des Piscos. Mit dieser Basisspirituose können vielfältige Fancy Drinks und erfrischende Longdrinks kreiert werden.

Der Pisco und der Grand Pisco unterscheiden sich hauptsächlich durch ihren Gehalt an Volumprozenten.

Rum

Rohstoffe	Herkunftsländer	Charakter	Mixeignung in Punkten (0 bis 4)	Service	Empfehlenswerte Produktauswahl
· reifes, gelbes Zuckerrohr (vorwiegend Martinique) · Zuckerrohrmelasse	· allgemein: Westindische Inseln, Brasilien, Mexiko, Britisch Guyana, Französisch Guyana, Madagaskar, Venezuela, USA	· hell: leicht, trocken, teilweise fruchtig · dunkel: kräftig, würzig, aromatisch, mittelschwer · gelagert: exzellent, weich, vielfältig	· hell: 3 bis 4 · dunkel: 2 bis 3 · gelagert: 1 bis 2 (meist nur Purausschank)	· hell: fast unüblich · Temperatur: 8 °C · Shooterglas · Ausschank: 2 cl · dunkel: kleiner Becher · Temperatur: 18 °C · Ausschank: 2 bis 4 cl · gelagert: Nosingglas · Temperatur: 18 °C · Ausschank: 2 cl	· Bacardi · Myers's Rum · Havana Club · Pusser's Navy Rum · Lemon Hart · Coruba · Ronrico · Mount Gay · Appleton · Captain Morgan · Cruzan

Rum in seiner Vielfalt und Unterschiedlichkeit ist an der Bar fast die Hauptspirituose, zumindestens bei den gemischten Getränken. Es war Kolumbus, der das Zuckerrohr nach Westindien brachte und dort kultivieren ließ. Später breitete sich der Zuckerrohranbau über die gesamte Karibik und den Nordwesten Südamerikas aus. Heute gibt es auch in den Staaten Mittelamerikas und im Süden der USA große Zuckerrohrplantagen.

Ein genaues Geburtsrecht lässt sich nicht mehr nachvollziehen, da Holländer in ihren Kolonien, z. B. Indien, und auch Afrikaner sehr zeitig mit der Alkoholherstellung aus Zuckerrohr begannen. Heutige Produkte sind jedoch nicht mehr mit diesen meist rauen und ungeschliffenen Destillaten vergleichbar. Für die Bar sind überwiegend karibische Rumsorten interessant, aber auch Australien stellt hochwertige Produkte her.

Man unterscheidet, je nach Herkunft, in drei Schreibweisen:

Ron → spanische Antillen

Rhum → französische Antillen

Rum → englisch sprechende Gebiete

Zu den bekanntesten Ländern oder Inselgruppen zählen:

- Aruba
- Barbados
- Dominikanische Republik
- Puerto Rico
- Kuba
- Martinique
- Antigua
- Guadeloupe
- Dominica
- Curaçao
- Jamaika
- Virgin Islands

Es schließen sich noch Kleinstinseln an sowie Teile der Südstaaten der USA und Länder im Norden Südamerikas bzw. Mittelamerikas.

Erzeugt wird Rum fast überall aus Melasse, ein Nebenprodukt der Zuckerindustrie. Eine Ausnahme sind hier aber Martinique und Guadeloupe. Fast nur noch dort werden sehr aufwendig und teuer aus dem Saft des reifen Zuckerrohrs exzellente fruchtige Rhums hergestellt.

Die Destillation kann im Pot-Still- und Alambic-Verfahren oder auch im Patent Still erfolgen, hier werden jetzt das Aroma und der Geschmack festgelegt.

Geschmacksverstärkend ist der Einsatz von Skimming (Schaum beim Aufkochen des Zuckerrohrs) zur Gärverlängerung. Dunder (feste Rückstände in den Brennkesseln) erzeugen zusätzlich Aromastoffe und werden der Grundmaische beigefügt.

Andere Zusätze wie Vanille, Obst und Zimt sind ebenfalls möglich (Flavoured Rum).

Helle Rums werden nach der Destillation rückverdünnt, geblendet und abgefüllt, bei goldenen und dunklen gibt es zwei Varianten:

- Färbung durch Karamellzugaben, auch Zuckercouleur
- Fasslagerung in ausgekohlten oder fremdbenutzten Eichenfässern (häufig Bourbon)

Fast alle Rums werden nach der Lagerung, ähnlich dem Scotch, geblendet.
Eine Echtlagerung im Fass wird ab einer gewissen Lagerzeit mit Angaben von Jahren auf dem Etikett vermerkt oder ist durch Spezialbezeichnungen auf dem Etikett erkennbar.

Weitere Unterscheidungen entstehen durch die Rumgruppen:

- **Original-Rum**
  unverändert, im Erzeugerland in Fassstärke oder bis 80 Prozent auf Flaschen abgefüllt
- **Echter Rum**
  Original-Rum, der auf so genannte Trinkstärke rückverdünnt wird. Kann auch im Ausland abgefüllt werden.
- **Rum-Verschnitt**
  Rum mit Beimischung von Fremdalkohol und anderen Zusatzstoffen in unterschiedlicher Stärke. (Achtung: Für Bars nicht geeignet!)
- **Overproof**
  Rum mit über 50 % Volumen

- **Flavoured Rum oder Spiced Rum**
  aromatisierte Rums mit Gewürzen und Obstauszügen (Kokosnuss, Ananas, Banane usw.), teilweise auch gezuckert

▸ SONSTIGE ETIKETTENSPRACHE

- **Demerara Rum**
  (englisch) für Mischungen aus mehreren Destillerien oder Erzeugerländern, ursprünglich in Guyana für die britische Navy hergestellt
- **Aged xxx Years**
  gealtert im Fass ..... Jahre
  (gereifter Rum mit Altersangabe)
- **Trés Vieux/Reserve/Select**
  französisch für gelagerten Rum
- **Anejo/Reserva/Especia**
  spanisch für gelagerten Rum
- **Overproofed**
  Rum mit über 50 Vol.-% (meist Etikettierung für die USA)
- **Rhum Agricole**
  französisch für landwirtschaftliche Herstellung aus Zuckerrohrsaft
- **Black Label**
  sehr kräftig oder lang gelagert, manchmal auch hochprozentig
- **Bottled (Jahresangabe, z. B. 1985)**
  gereifter Rum eines besonderen Erntejahres

Hinweise:

▸ Auch in Deutschland nimmt die Anzahl der importierten Rummarken zu. Spezifische Informationen zu Einzelprodukten sollte man bei den Vertriebsgesellschaften erfragen.

▸ Zunehmend ist der Verkauf von teurem, lang gelagertem Rum, er passt als Purgetränk hervorragend zur Zigarre.

▸ Eine Zugabe von einem neutralen stillen Wasser empfindet der Gast als besonders aufmerksam.

▸ In Südamerika wird zum dunklen Rum häufig ein Limettenkeil sowie etwas Kaffeepulver und weißer Rohrzucker serviert.
Man empfielt dem Gast dann in etwa das Tequilaritual (Wälzen, beißen, saugen, trinken).

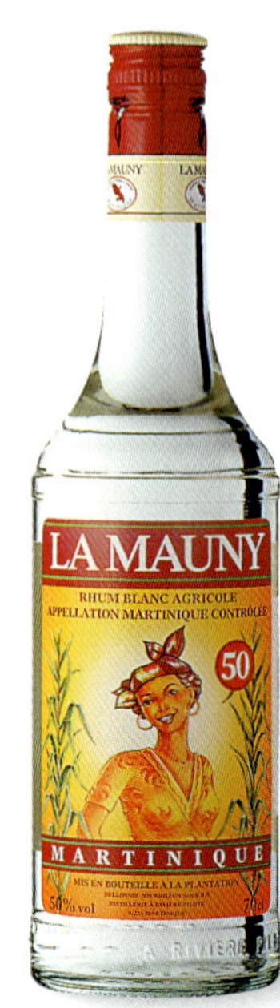

Spanischer Brandy

Rohstoffe	Herkunftsländer	Charakter	Mixeignung in Punkten (0 bis 4)	Service	Empfehlenswerte Produktauswahl
· Wein aus weißen und roten Trauben, meist aus La Mancha bei Madrid · Endmischung aus niedergrädig destillierten Holandas und Destilados	· Spanien, Regionen: El Puerto de Santa Maria, Jerez de la Frontera, La Mancha	· temperamentvoll, wuchtig, sehr aromatisch durch Aromatisierung im Solera-Verfahren (benutzte Sherry-Fässer)	· allgemein: 2 · Longdrinks: 3	· Sherryglasform, Copita, Firmengläser · Temperatur: 18 °C · Ausschank: 2 cl	· Sandeman Capa Negra · Lepanto · Carlos 1 · Cardenal Mendoza · Soberano

Im Bereich der Brandys erreichen die Spanier ein Produkt, das als äußerst aromatisch bezeichnet werden kann. Sein eigentliches Aroma erhält der Brandy durch die Lagerung in bereits benutzten Sherry-Fässern. Man wendet das Solera-Verfahren der Sherry-Herstellung an, um entsprechende Altersstufen zu erreichen. Die Art des Fasses und die Lagerdauer legen dann den Charakter fest.

Ähnlich wie bei Cognac gehen viele Firmen über diese Vorgaben hinaus, um das Produkt noch weiter zu verbessern. Spanische Brandys sind ein Muss für jede Bar.

Hinweise:
Verwenden Sie diese Brandys nur bei Mixgetränken, in denen ein starker Hintergrund erwünscht ist. Ideal sind sie für Longdrinks und selbstverständlich auch im Digestifbereich.

Man unterscheidet bei den Altersbestimmungen in drei Gruppen:

- Solera → mind. 6 Monate
- Solera Reserva → mind. 12 Monate
- Solera Gran Reserva → mind. 3 Jahre

Tequila

Rohstoffe	Herkunftsländer	Charakter	Mixeignung in Punkten (0 bis 4)	Service	Empfehlenswerte Produktauswahl
· blaue Agave (Tequilana Weber) · Zuckerrohr · echter Tequila: 100 % blaue Agave	· Mexiko: Provinz Jalisco und kleine Nebenregionen	· Silver: scharf, würzig · Gold/Reposado: kräftig, leichte Karamellnote oder Fassaroma · gealtert/Anejo (Lagerung): gehaltvoll, aromatisch, weich	· Silver: 3 bis 4 · Gold: 3 · gealtert: 1 bis 2	· Silver: Shooterglas · Temperatur: 6 bis 8 °C · Ausschank: 2 cl mit grobem Salz und Limette oder Sangrita · gealtert (Anejo): Nosingglas · Temperatur: 18 °C · Ausschank: 2 cl · Salz, Limette oder pur	· Jose Cuervo · Sierra · Sauza · El Toro · Mariachi · Olmeca · Coyote · Silla

Früher fast nur in den USA und Kanada, so ist heute auch bei uns der Agavenbrand ein Trendsetter. Kaum eine Bar, Szenelokal oder Tex-Mex-Laden, die nicht über ein gutes Sortiment verfügen.
Allerdings führen schlechte Warenkenntnisse immer noch zu groben Fehlern beim Verkauf.

Die meisten Tequilas bestehen nur zu 51 Prozent aus Destillaten der blauen Agave. Nur der Hinweis auf dem Etikett „100 Prozent Agave" zeigt uns einen echten Tequila an. Eine Wachstumszeit von 8 bis 10 Jahren der Frucht, die wie eine riesige Ananas aussieht und mit einem Kaktus gar nichts zu tun hat, führt immer wieder zur Knappheit. So mischt man Fremdzucker aus Zuckerrohr in die Maische ein, um dem Bedarf Herr zu werden. Ein nachträgliches Blenden beider Destillate ist auch möglich. In Mexiko wird der Agavenbrand sehr gern „ex" in Verbindung mit Sangrita (scharfwürzige Mischung aus Tomatensaft, Orange, Chili und Gewürzen) getrunken.

Die oft gereichte Zitrone ist prinzipiell falsch, man nimmt die dort wachsenden Limonen oder Limetten. Auch mit Zimt bestreute Orangenscheiben sind den Mexikanern fremd, obwohl sie hier zu Lande sehr beliebt scheinen.

Bieten Sie Ihrem Gast drei Varianten des Tequilatrinkens an:

- Limettenkeil mit Salz bestreuen, reinbeißen und Tequila Gold nachtrinken
- Tequila Gold zuerst trinken, dann in das mit Salz bestreute Limettenstück beißen (heißt in Mexiko ablöschen)
- Tequila trinken, gefolgt von zirka 4 cl Sangrita (oder im Wechsel)

Im Ursprungsland trinkt man nur gelagerte Produkte pur. Der hier übliche Service mit Orange und Zimt ist dort unbekannt.

Teure, gut gealterte Produkte genießt man am besten pur bei Zimmertemperatur aus einem Nosingglas. Mexikaner trinken ihren Tequila oft noch traditionell aus abgesägten Stierhörnern.

Hinweise:

- Der höhere Einkaufspreis von Limetten darf nicht zu falschem Sparen verleiten!
- Tauschen Sie das Siedesalz möglichst gegen grobes Meersalz aus!
- Verkaufen Sie dieses Getränk original. Tequila besitzt eine hervorragende Mixeignung und ist Basis von vielen Caribbean und Fancy Drinks.

Vodka

Rohstoffe	Herkunftsländer	Charakter	Mixeignung in Punkten (0 bis 4)	Service	Empfehlenswerte Produktauswahl
· Kartoffeln · Getreide (meist Mischungen) · teilweise Zuckerrübenmelasse (Billigmarken)	· Ursprung: Polen, Russland · heute: Russland, Skandinavien, USA, Kanada, fast alle Länder, die Spirituosen produzieren	· westlicher Geschmack: völlig neutral, · osteuropäischer Geschmack: aromatisch · aromatisierte Produkte: entsprechend der zugesetzten Basis, kein Zucker!	· neutrale Produkte: 4 · osteuropäische Produkte: 3 · aromatisierte Produkte: 3 bis 4	· Shooter- oder Firmengläser (gefrostet) · Temperatur: −18 °C · Ausschank: 2 cl · osteuropäische Produkte manchmal wärmer	· Smirnoff · Absolut · Wyborowa · Moskovskaya · Finlandia · Danska · Skyy · Romanoff

Wie bei anderen Spirituosen ist die Herkunft nicht ganz eindeutig, so behaupten Russen und Polen gleichermaßen, die Erfinder zu sein. Politisch und geographisch gesehen, gehörten heutige russische Gebiete damals zu Polen, und so neigt man zu diesem Land. Begründet auf dem Riesenerfolg des Vodkas, produziert heute fast die ganze Welt, Kenner bevorzugen aber polnische, skandinavische, russische und amerikanische Produkte.
International erwartet man von einem Vodka, dass er neutral und geruchsfrei ist. Bekannte Hersteller (zum Beispiel Skyy) erreichen das durch bis zu vierfache Destillation und Aktivkohlefilterung.
An der Bar gilt diese Spirituose als die universellste, da sie den Geschmack der anderen Ingredienzen unterstreicht, verstärkt oder hervorhebt.

Spitzenprodukte sind „hang-over-free“, denn man hat nach dem Genuss weder Kopfschmerzen noch die so unbeliebte „Fahne“. No smell, no taste.

Dank seiner Neutralität produziert die Industrie auch aromatisierte Vodkas mit Geschmacksträgern aus Zitrone, Pfeffer, Johannisbeere und Mandarine oder Vanille.

Damit lassen sich phantasievolle Drinks herstellen, besonders bei Abwandlungen des Caipirinhas (Ausnahme: Pfeffer). Die Bloody Mary hat genügend Schärfe, wenn man Pepar Vodka als Basis benutzt.

Pur genießt man Vodka eiskalt in einem Schluck, der Großteil aber wird in Mixgetränken weiterverarbeitet.

Hinweise:

- Bieten Sie dem Gast eine größere Auswahl an Einzelmarken an.
- Prüfen Sie die Qualität über den „Abreibetest" in den Händen (neutrale Produkte).

▶ QUALITÄTS-CHECK
(Vodka westlicher Herstellung)

1 bis 2 cl Vodka in die geöffnete Hand gießen und sofort verreiben, bis die Innenflächen trocken sind. Riechen Sie jetzt daran!

Kein Geruch → Spitzenprodukt

Leichter Getreidegeruch → mittlere Qualität

Von säuerlich bis herb → schlechte Qualität

Vodka bildet mit Gin, Rum, Whisk(e)y, Cachaça und Tequila das Hauptsortiment einer Bar.

High-Quality-Vodka
Zunehmende Bedeutung hat diese Gruppe im Purausschank. Bei der Herstellung werden Produkte klassischer und moderner Destillationen gemischt, aufwendig gereinigt und gefiltert und teilweise kurz gelagert. Empfehlenswerte Marken: Grey Goose, Elit, Level und Exellent.

Weinbrand

Rohstoffe	Herkunftsländer	Charakter	Mixeignung in Punkten (0 bis 4)	Service	Empfehlenswerte Produktauswahl
· Wein aus weißen und roten Trauben, teilweise aus Frankreich, Spanien und Italien	· Deutschland	· mild, weich, oft schwach aromatisch · Spitzenprodukte: weinig und gehaltvoll	· allgemein: 2 bis 3 · Spitzenprodukte: 1 bis 2	· Firmengläser oder Cognacschwenker, Spitzenprodukte im Nosingglas · Temperatur: 18 °C · Ausschank: 2 cl	· Mariacron · Bols · Asbach · Wilthener

Weinbrände spielen in Barbetrieben, mit wenigen Ausnahmen, eine Nebenrolle. Obwohl im Lebensmitteleinzelhandel der Verkauf nahezu konstant ist, sinkt der Umsatz in der Gastronomie. Im Geschmack mild und fein, werden sie oft nur pur verkauft. Auch Spitzenerzeugnisse mit langjähriger Fassreife gehören nur zum Beisortiment in Cocktailbars. Die Standards haben gute Mixeigenschaften, vor allem im Longdrinkbereich.

Keinesfalls sollten Erzeugnisse, die als „Spezialitäten" mit Einmischungen von Neutralalkohol hergestellt sind, ins Barprogramm aufgenommen werden.

Nur Produkte mit der Bezeichnung „Deutscher Weinbrand" (oder „Weinbrand") entsprechen den Qualitätsanforderungen einer Bar.

Hinweise:

- Der Abverkauf von Weinbrand ist regional sehr unterschiedlich.
- Sortieren Sie Ihr Angebot entsprechend der Nachfrage, ein Spitzendestillat sollte stets mit eingeordnet werden.

Whisky & Whiskey

In seiner Gesamtheit haben wir es hier mit der meistgetrunkenen Spirituose der Welt zu tun. Nach wie vor gibt es unterschiedliche Auffassungen über den Ursprung. Die Iren besitzen unbestritten mit Bushmills die älteste Destillerie, die gewerbsmäßig Whiskey produziert.

In Schottlands Bergen stellten Bauern als landwirtschaftliches Nebenprodukt schon früher ein vergleichbares Erzeugnis für den Eigenbedarf her.
Wie auch immer, die Whisky(ey)s kommen von diesen beiden europäischen Inseln. Zur Zeit der großen Einwanderungswellen in die Neue Welt zogen viele Iren in den Mittleren Westen der USA, daher auch die typische Schreibweise mit „ey"!

Vergleichsweise dazu ließen sich die Schotten eher in Kanada nieder und behielten das für sie klassische „y" auf dem Etikett. Das fünfte bedeutende Whiskyland ist Japan, das nach schottischem Muster wieder ein „y" schreibt.

Andere Staaten erkannten die Beliebtheit dieser Spirituose und erzeugten selbst, vor allem nach schottischem Vorbild, diese Destillate. Zu ihnen gehören Australien, Brasilien, China, Deutschland, Indien, Korea, Neuseeland, Spanien, Südafrika, Tschechien, Thailand und die Türkei. Für die Bar sind diese Whiskys eher uninteressant, ausgenommen sie steht in einem Hotel dieser Länder.

Die unzähligen Whisk(e)yliköre der einzelnen Länder sollen hier nicht gesondert aufgeführt werden, da sie nicht als Basisspirituose gelten.

Bevor wir uns den einzelnen Aufgliederungen zuwenden, erst einmal ein Gesamtüberblick:

Schottland	Irland	Kanada	USA	Japan
· Malt, unterteilt nach Regionen (Highland, Lowland, Islay, Islands, Campbeltown) · Blended · Grain	· Blended · Vatting · Malt · Peated Malt (nach schottischem Muster)	· Blended · Straight (Rye, Bourbon!) · Natural Small Batch	· Blended · Straight (Rye, Bourbon, Tennessee, Corn) · American Light · White Whiskey (ungelagert), auch White Dog	· Blended · Malt

Whisky aus Schottland

Kategorie	Rohstoffe	Fässer	Durchschnittliche Lagerung	Service	Mixeignung in Punkten (0 bis 4)
· Malt · Blended · Grain	**Malt:** · Gerste (getorft) **Blended:** · Gerste (getorft) Getreide-mischungen, Mais **Grain:** · Getreide-mischungen (getorft und ungetorft), Mais	**Malt und Blended:** · benutzte Süd-weinfässer, Bourbon, Rum **Grain:** · benutzte und neutrale Fässer	**Malt:** · 3 bis 25 Jahre, auch darüber hinaus **Blended:** · 3 bis 21 Jahre, auch darüber hinaus **Grain:** · entsprechend der Lagerzeit des Endprodukts oder ungelagert	**Malt:** · Firmengläser oder Nosingglas · Temperatur: 18 °C · Ausschank: 4 cl Zugabe von stillem Wasser **Blended:** · Firmengläser oder Whisky-becher · Temperatur: 18 °C · Ausschank: 4 cl **Grain:** · kein Puraus-schank mit weni-gen Ausnahmen (unbedeutend)	**Malt:** · 0 · reines Purgetränk **Blended:** · je nach Lager-dauer 2 bis 3 **Grain:** · entfällt, dient zur Herstellung der Blended Scotch Whiskys

Allein schottischer Whisky füllt ganze Bücher in der Fachliteratur. Wir beschränken uns an dieser Stelle mit den wichtigsten Informationen der Hauptgruppen.

▸ MALT SCOTCH WHISKY

Der ursprüngliche und die Grundlage für die wohl bekannteren Blended Scotch Whiskys überhaupt. Gerste, die über Torffeuer geräuchert wird, klares Wasser verschiedener Flüsse mit eigenem Charakter und lange sorgfältige Lagerung in benutzten Fässern machen diese Spirituosen so einmalig. Auch die Region, aus der der Whisky stammt, hat einen starken Einfluss.

Highlands → mittelschwer

Lowlands → leicht

Islands → kräftig bis schwer

Islay → intensive und ausdrucksvolle Produkte

Campbeltown → mittel bis mittelschwer

Die Auswahl ist groß und ohne Vorkenntnisse kaum zu verstehen. Gute Barbetriebe bauen ihre Sortimente bis zu fast 100 Einzelmarken aus, hier muss der Barkeeper allerdings ein Profi sein. Malt Whisky verkauft sich nicht allein! Um die Auswahl etwas zu erleichtern, haben wir eine Tabelle erstellt, welche die bekanntesten Marken erwähnt.

▶ MALT SCOTCH WHISKY

(es wurden nur 4- bzw. 5-Sterne-Destillerien berücksichtigt)

Die in Klammern geschriebenen Worte entsprechen in etwa der deutschen Aussprache!

Highland

- The Balvenie (Balvenie)
- Clynelish (Kleinliesch)
- Cragganmore (Kraganmor)
- The Dalmore
- Dallas Dhu
- Glenfarclas (Glenfarkles)
- Glen Grant
- Glen Garioch (Glengirie)
- The Glenlivet
- Glenmorangie (Glenmoranschie)
- Glen Rothes
- The Edradour (Edradauer)
- Longmorn
- Oban (Oben)
- The Macallan (Macallan)

Islands

(die Inseln Skye, Mull, Aberlour, Orkney, Isle of Jura)

- Talisker/Skye
- Highland Park/Orkney
- Tobermory***/Mull
- Scapa***/Orkney
- Isle of Jura***/Jura (Eil of Dschura)

Islay

- Ardbeg
- Bowmore
- Caol Ila (Kaliela)
- Lagavulin
- Laphroaig (Lafroig)
- Port Ellen

Lowland

- Auchentoshan (Ochentoschen)
- Bladnoch
- Rosebank
- Glenkinchie
- Littelmill

Campbeltown

- Glen Scotia (Glenskoscha)
- Springbank

Service:
Nosingglas, 4 cl, kein Eis, gegebenenfalls etwas stilles Wasser.

Hinweis:
Perfekter Service beinhaltet unaufgefordert die Zugabe von stillem Wasser. Der Kenner nimmt gern auch ein Stück Bitterschokolade (ca. 80 % Kakaoanteil) dazu.

Achtung:
Malt Whiskys tragen gälische Namen, die nicht englisch gesprochen werden können!

BLENDED SCOTCH WHISKY

Wie der Name verrät, handelt es sich um eine Mischung von mehreren Whiskys. Der starke Geschmack des Malts, der vergleichsweise hohe Preis und besonders die steigende Nachfrage ließen Whiskypioniere experimentieren.
Leichte Grain Whiskys und schwere Malts wurden miteinander kombiniert, das Resultat überzeugte die Welt.
Obwohl das Interesse an Malt seit Jahren zunimmt, bestimmen immer noch die Blendings den Markt.
Auch wäre ein „Whiskyeinsteiger" mit einem Malt der Insel Islay völlig überfordert, genau hier passen die Blended Scotchs. Die Qualität ist von der Lagerzeit in den Fässern, aber besonders vom Anteil der verwendeten Malt Whiskys abhängig. Im Durchschnitt bestehen die „gemischten Schotten" aus 35 bis 45 Einzeldestillaten. Alle Altersangaben beziehen sich wie bei Cognac auf das jüngste Produkt der Gesamtmischung.

BEKANNTE MARKEN

- Dimple
- Haig
- Black & White
- Dewar's
- J & B
- Teacher's
- Johnnie Walker
- Old Smuggler
- Chivas Regal
- 100 Piper's
- Cutty Sark
- Vat 69

Hinweis:
Zum Kühlen der Whiskys benutzte man früher Steine aus den Gebirgsbächen, daher „on the rocks". Versuche ergaben, dass der Gast dies gern einmal testet, erläutern sollte man ihm das jedoch vorher. Kühlen Sie diese Steine in klarem Wasser im Kühlschrank.

Achtung:
Bei selbst gesammelten Steinen unbedingt die hygienischen Vorschriften beachten (mehrfach abkochen!)

SCOTCH GRAIN

Da nur wenige Produkte als Flasche in den Handel gelangen, ist er für Bars unbedeutend. Meist in den Lowlands produziert, nutzen ihn die Whiskyerzeuger zum Mischen der Blendings. Viele Gäste können gar nichts mit dem Begriff anfangen, die Nachfrage ist deshalb äußerst gering.

DIE SPRACHE DES ETIKETTS

Single Malt	Produkt eine Destillerie
Vatted Malt	Mischung von Malt Whiskys mehrerer Destillerien
Single Barrel	Einzelfassabfüllung eines Brennvorgangs nach der Lagerung (beste Produkte)
Strength cask	in Fassstärke (unverdünnt) abgefüllt
Double wood	in zwei verschiedenen Fassarten gelagert oder umgelagert
Three wood	in drei verschiedene Fassarten gelagert oder umgelagert
Sherry wood finished	Lagerung im Sherry-Fass beendet
Solera	sherryähnliches Durchlaufverfahren während der Lagerung
Blended and Bottled	gemischt und abgefüllt
Bottled in Bond	unter Zollaufsicht gelagert u. abgefüllt
Aged xxx Years	mindestens xxx Jahre gelagert
Matured & Bottled	gereift und abgefüllt
Black Label	hohes Alter, länger gelagert als gleicher Grundwhisky
De Luxe Blended	hoher Anteil an Malt Whisky in der Grundmischung

Mit den amerikanischen bilden die schottischen Whiskys das Hauptsortiment jeder Bar.
Barfly's (wörtlich: Barflieger), also Kenner, beurteilen am Barstock des Whiskys die Leistungsfähigkeit und die Fachkenntnis des Keepers.
Stellen Sie Ihre Flaschen möglichst in die Mitte des Rücktresens und damit gut sichtbar für den Gast.
Eine Beratung ist wichtig, man wird Ihnen vertrauen!

Whiskey aus Irland

Kategorie	Rohstoffe	Fässer	Durchschnittliche Lagerung	Service	Mixeignung in Punkten (0 bis 4)
· Blended · Vatted · Malt · Peated	**Blended und Vatted:** · Gerste, Roggen, Weizen, Hafer (nicht getorft) **Malt:** · überwiegend Gerste und Roggen oder Mischungen **Peated:** · überwiegend Gerste, Roggen (getorft)	für alle: · Südweinfässer wie Port oder Sherry, Bourbon, Rum und neutrale Eichenfässer	· mindestens 3 Jahre, üblich 8 bis 12 und Spitzenmarken darüber hinaus	**Blended und Vatted:** · Rocksglas oder Firmengläser · Temperatur: 18 °C · Ausschank: 4 cl **Malt:** · Firmengläser oder Nosingglas · Temperatur: 18 °C · Ausschank: 4 cl **Peated:** · Rocksglas oder Nosingglas (hochwertige Produkte) · Temperatur: 18 °C · Ausschank: 4 cl	**Blended:** · 2 bis 3 **Vatted:** · 3 bis 4 **Malt:** · 1 bis 2 je nach Qualität **Peated:** · 1 bis 2 je nach Qualität

Im Wesentlichen unterscheidet sich die Herstellung des irischen Whiskeys vom schottischen Bruder nur an wenigen Stellen. Hauptpunkt, mit Ausnahme des Peated Whiskeys, ist, dass man das Getreide nicht einräuchert, also torft. Zum anderen sind die Kessel beim Destillieren wesentlich größer, und es wird dreifach gebrannt. Üblich ist das Pot-Still-Verfahren, die klassische Destillation, aber auch ein Wechsel von verschiedenen Brennverfahren während des Durchlaufs wird angewandt.

Im Gegensatz zum schweren und rauchigen Geschmack des Scotchs sind irische Whiskeys malzig und leicht. Fassaromen der benutzten Südweinfässer können sich gut ausprägen.
Als Grundlage und Basisspirituose haben irische Erzeugnisse gute bis hervorragende Mixeignungen. Übrigens nennt der Ire in seiner gälischen Heimatsprache den Whiskey „Uisce Beatha", was wie „Ischge Baha" gesprochen wird.

▸ EMPFEHLENSWERTE PRODUKTE

Blended/Vatted

- Jameson
- Paddy
- Black Bush
- Power
- Kilbeggan
- Tullamore Dew
- Midleton Very Rare

Malt

- Bushmills
- Sainsbury's
- The Tyrconnell

Peated Irish

- Connemara (Malt)

Hinweise:

- Wegen seiner Leichtigkeit und dem malzigen Abgang kann Irish Whiskey besonders Damen angeboten werden.
- Das beste Aroma bringt er ungekühlt in Whiskybechern, ein gutes Inselbier wie Guinness darf durchaus dazu gereicht werden.

Whisky aus Kanada

Kategorie	Rohstoffe	Fässer	Durchschnittliche Lagerung	Service	Mixeignung in Punkten (0 bis 4)
· Blended · Straights · Specials: Pot Still · Small Batch · Double Barrels	**Blended:** · Gerste und Roggen (auch ungemälzt), Mais **Straights:** · Rye (überwiegend Roggen) · Bourbon (überwiegend Mais) **Specials Pot Still:** · Getreidemischungen und gemälzter Roggen **Small Batch:** · meist Roggen oder Mais **Double Barrels:** · Getreidemischungen, Mais	**Blended:** · benutzte Brandy-, Bourbon-, Südweinfässer, Eichenholzfässer, neutrale Steineichenfässer **Straights:** · Bourbon, Sherry, Rum, neutrale Fässer, auch aromatisiert über zugesetzten Südwein oder Früchte (flavouring) **Specials Pot Still:** · benutzte Eichenfässer **Small Batch:** · Weißeiche, Portwein **Double Barrels:** · Südweinfässer, Bourbon, Rum	**Blended:** · 2 bis 8 Jahre, Spitzenprodukte bis 12 Jahre **Straights:** · 3 bis 8 Jahre, manchmal auch länger **Specials Pot Still:** · 3 bis 8 Jahre **Small Batch:** · Einzelfassabfüllung wie Single Barrel **Double Barrels:** · umgelagert oder aus 2 Lagerfässern gemischt	**Blended:** · Rocksglas · Temperatur: 18 °C · Ausschank: 4 cl **Straights:** · Rocksglas · Temperatur: 18 °C · Ausschank: 4 cl **Specials Pot Still:** · Firmengläser oder Nosingglas · Temperatur: 18 °C · Ausschank: 4 cl	**Blended:** · 3 bis 4 **Straights:** · 2 bis 3 **Specials Pot Still:** · 0 bis 1 **Small Batch:** · 0 bis 1 **Double Barrels:** · 0 bis 1

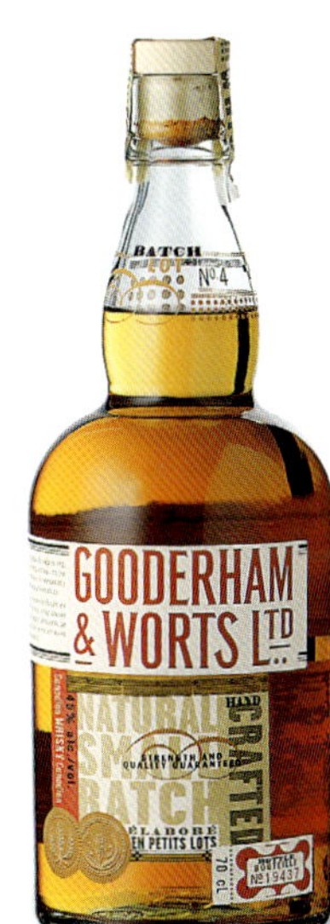

Die „Canadian“ sind die leichtesten der Whiskywelt, sieht man von einigen Spezialprodukten einmal ab.
Berühmtheit erlangten sie besonders durch die Prohibition in den USA, es gab regelrechte Pilgerfahrten von Amerikanern ins „nasse Land“.
Obwohl alle kanadischen Bundesstaaten ihren eigenen Whisky erzeugen, liegt das Herzstück der Brennerei in Ontario nahe der Grenze zu den USA.
Manchmal fälschlicherweise als Rye (Roggen) bezeichnet, benutzt man hauptsächlich Mais. Die Blendings/Blends werden oft bereits vor der Lagerung gemischt, Einzelfasslagerung findet man bei Pot-Still- oder Small-Batch-Abfüllungen.
Da Canadian Whisky eine ausgezeichnete Mixspirituose ist, sollte das Sortiment nicht zu klein gestaltet werden.

▶ EMPFEHLENSWERTE MARKEN

Blended

- Canadian Mist
- Crown Royal
- Canadian Club
- Seagram's V.O.
- Black Velvet
- Windsor Supreme

Rye

- Alberta Springs
- Golden Wedding
- Canadian Spirit
- Valleyfield Schenley

Bourbon

- Gibson's Sterling, Edition

Special

- **Single Cask:** Bush Pilot's Reserve
- **Single Pot Still:** Lot No. 40
- **Double Barrel:** Pike Creek
- **Small Batch:** Gooderham & Worts Ltd.

Hinweise:
Für viele Kanadier gilt es als Kult, ihre Blended Whiskys wie folgt zu trinken:
Ein Rocksglas mit 3 Eiswürfeln und 4 cl des Whiskys füllen, 1 Barlöffel Ahornsirup dazugeben und verrühren.
Man nennt diese Serviceform Maple Leaf (Ahornblatt).

Whiskey aus den USA

Kategorie	Rohstoffe	Fässer	Durchschnittliche Lagerung	Service	Mixeignung in Punkten (0 bis 4)
· Bourbon · Tennessee · Rye · Corn · Blended · American Light · White Whiskey (White Dog)	**Bourbon:** · Mais (51 bis 79 %) · Roggen und andere Getreidearten **Tennessee:** · Mais, Roggen, andere Getreidearten **Rye:** · Roggen (mind. 51 %), Mais **Corn:** · Mais (ab 80 %), Roggen **Blended:** · Grundwhiskeys von Bourbon, Rye und Corn mit Neutralsprit **American Light:** · Grundwhiskeys mit hohem Anteil von Monopolalkohol, manchmal getorft **White Whiskey:** · Mais, Roggen, Getreidemischungen	**Bourbon:** · ausgekohlte amerikanische Steineichenfässer **Tennessee:** · ausgekohlte Süßahornfässer, zusätzlich Aktivkohlefilterung über Ahornkohle **Rye u. Corn:** · ausgekohlte Eichenfässer **Blended:** · neutrale Fässer, Fässer des Grundwhiskeys, ausgekohlte Eichenfässer, Tanks **American Light:** · ausgekohlte Eichenfässer, benutzte Fässer, Tanks **White Dog/ White Whiskey:** · darf nicht gelagert werden, Tanks	**Bourbon:** · 2 bis 8, max. 12 Jahre **Tennessee:** · 2 bis 8 Jahre, teilweise auch darüber **Rye:** · 2 bis 8 Jahre, länger unüblich **Corn:** · 2 bis 8 Jahre, oft nur kurze Lagerung **Blended und American Light:** · entsprechend der Lagerung des Grundwhiskeys **White Dog/ White Whiskey:** · nur Stahltanks erlaubt	· allgemein: Rocksglas oder Firmengläser · Temperatur: 18 °C · Ausschank: original: 1 oz = 3 cl od. 1,5 oz = 4,5 cl, üblich 4 bis 5 cl · Spitzenerzeugnisse: Nosingglas · Temperatur: 18 °C · Ausschank: 1,5 oz = 4,5 cl oder 4 cl	**Bourbon:** · 3 **Tennessee:** · 3 **Rye:** · 2 bis 3 **Corn:** · 2 bis 3 **Blended:** · 3 **American Light:** · 1 bis 2 **White Dog/ White Whiskey:** · 1 bis 2

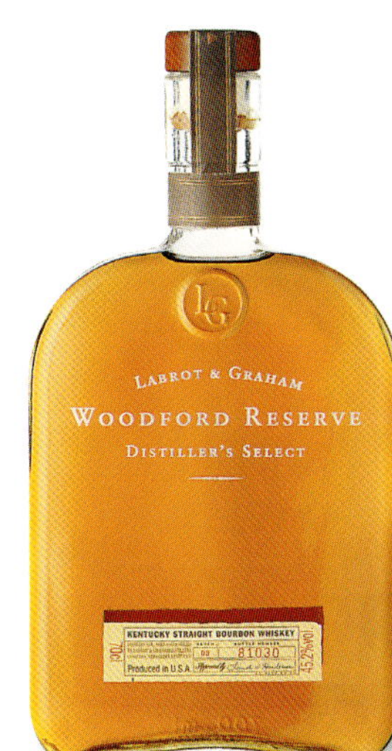

Offensichtlich haben die Amerikaner die größte Einteilung in Einzelgruppen. Die wichtigsten davon sollen kurz erläutert werden:

▸ BOURBON
(Herkunft: Kentucky, Virginia, Indiana)

Der Hauptwhiskey und bedeutendste zugleich kommt aus dem Bourbon-Country in Kentucky. Durch ehemalige Gebietsreformen stehen auch noch wenige Destillerien in den angrenzenden Nachbarstaaten.

Die würzig, kräftige und leicht süßliche Spirituose wird in mehreren Gruppen unterteilt:

- **Small Batch Bourbon**
  höchste Qualität, vergleichbar mit dem schottischen Single Barrel (mehrere ausgesuchte Fässer werden miteinander geblendet)
- **Straight Bourbon**
  reiner Bourbon, aus einer Destillerie
- **Blended Straight Bourbon**
  Bourbonmischungen von Straight Bourbons mehrerer Destillerien
- **American Blended Bourbon**
  geringer Anteil eines Straight Bourbons mit Fremdalkohol

Hinweise:
Nur die ersten beiden Gruppen kommen für Bars in Betracht. Lagerzeiten über 12 Jahre hinaus sind sehr selten, da sich in dieser Zeit die innere Holzkohleschicht des Fasses löst und zu Geschmacksbeeinträchtigungen (schlamming) führen kann.

▸ TENNESSEE
(Herkunft: Tennessee)

Direkt an Kentucky angrenzend findet man den zweiten großen amerikanischen Whiskey. Grob gesehen gleichen die Herstellungsverfahren einander, doch Lagerung und Filterung bringen den Unterschied.

Für die Steineiche tritt jetzt Ahorn, der ebenfalls angebrannt wird, zur Fassproduktion in den Vordergrund. Auch bei der Filterung wird Holzkohle aus dem Süßahorn verwendet, bei Georg Dickel legt man sogar noch Wolldecken zwischen die Kohleschichten.
Also sind die Produkte eigenständig und nicht, wie so oft, mit Bourbon zu verwechseln.

▸ RYE
(Herkunft: Pennsylvania, Maryland, Kentucky, Kalifornien)

Das Gesetz verlangt mindestens 51 Prozent Roggen für einen Straight Rye, der Anteil kann aber durchaus höher sein. Früher tranken die Bewohner von Pennsylvanien den sehr einfachen Rye fast ungelagert oder nach nur wenigen Wochen Fassreife.

Heutige Whiskeys haben ebenso Charakter wie die großen Brüder Bourbon und Tennessee, auch wenn sie in Europa weniger bekannt sind.
Kalifornien und Kentucky stellen sehr gute Ryes her, kräftig und würzig, genau das Richtige für männliche Gäste.

AUSZUG EMPFEHLENSWERTER PRODUKTE

Kentucky Straight Bourbon

- Jim Beam
- Early Times
- Heaven Hill
- Four Roses
- Old Charter
- Wild Turkey
- American Biker
- Old Forester
- Colonel Lee
- Old Grand-Dad

Small Batch Bourbon

- Woodford Reserve Single Barrel
- Knob Creek
- Booker's
- Four Roses Single Barell
- Elijah Craig Single Barell
- Basil Hayden's
- Baker's

Tennessee

- Jack Daniel's
- Gentleman Jack
- George Dickel
- Barrel House I

Rye

- Old Fitzgerald
- Jim Beam, Yellow Label
- Old Overholt
- Wild Turkey
- Old Potrero
- Pikesville

DIE SPRACHE DES ETIKETTS

- **Sour mash**
  Rückstände der Destillation werden der neuen Maische zugesetzt
- **Small Batch**
  Wörtlich kleiner Haufen, vergleichbar mit der Einzelfassabfüllung des schottischen Single Barrel, allerdings werden mehrere Fässer gemischt
- **Proof**
  Wörtlich bewährt oder geprüft, ein Produkt mit 50 Vol.-% (100 US proof = 50 Vol. %)
- **Overproof**
  Spirituosen über 50 Vol.-%
- **Underproof**
  Spirituosen unter 50 Vol.-%, seltene Angabe
- **Barrel Proof**
  in Fassstärke abgefüllt (z. B. 108,4 Proof = 54,2 Vol.-%)

Hinweis:
Amerikanische Whiskeys haben eine Vielfalt, die nur von Schottland übertroffen wird. Sie sollten das zweite Hauptsegment im Whisk(e)yregal jeder Bar sein.

Achtung:
Amerikaner haben keinen metrischen Ausschank (cl) und trinken deshalb in Unzen.

- Kleiner Whiskey = 1 oz = 3 cl
- Großer Whiskey = 1,5 oz = 4,5 cl

Warenkunde im Überblick

Whisky aus Japan

Kategorie	Rohstoffe	Fässer	Durchschnittliche Lagerung	Service	Mixeignung in Punkten (0 bis 4)
· Blended Whisky · Malt	· importierte Gerste (getorft) und andere Getreidearten, manchmal auch Mischungen mit original schottischem Malt Whisky	· benutzte Sherry-Port- oder Bourbonfässer, ausgekohlte Eichenfässer	· üblich: 3 bis 12 Jahre · Spitzenprodukte bis 20 Jahre	**Blends:** · Whiskybecher oder Rocksglas · Temperatur: 18 °C · Ausschank: 4 cl **Malt:** · Firmengläser oder Nosingglas · Temperatur: 18 °C · Ausschank: 4 cl	**Blends:** · 2 bis 3 **Malt:** · 0 bis 1

Sehr an Schottland erinnernd, produzieren die Japaner ein fast vergleichbares Produkt. Obwohl sie teilweise etwas milder sind, gibt es Destillate, die an schwere Islay Whiskys herankommen.

Der Import großer Mengen an Rohstoffen und auch Malt Whiskys aus Schottland hängt sicher mit dem Kauf von Bowmore und Auchentoshan zusammen.

Viele andere Staaten imitieren mittlerweile den Scotch, doch nur Japan ist eine unverwechselbare Eigenheit gelungen, einerseits mit asiatischem Touch und andererseits mit dem großen Vorbild der schottischen Highlands.

Vor einigen Jahren in Europa nahezu unbekannt, gehört heute eine Produktauswahl von japanischem Whisky in jede gute Bar.

EMPFEHLENSWERTE PRODUKTE

Suntory

- Yamazaki Malt, 12 Jahre
- Hibiki Royal, 12 Jahre
- Suntory Reserve
- Suntory Presidents Choice

Yoichi Nikka

- Yoichi Malt, 10 Jahre

Hinweise:
Behandeln Sie japanische Produkte im Verkauf wie schottische. Viele Gäste sind an außergewöhnlichen und für sie neuen Spirituosen interessiert. Mit Whiskys aus Japan haben Sie Ihre Palette der fünf großen Whiskynationen komplett.

Regionalspirituosen

Fast jede Stadt hat heute Cocktailbars, vom Bodensee bis Rügen werden Drinks gemacht und Spirituosen verkauft.

Das internationale Sortiment bildet den Kern des Barstocks, alle sind von vergleichbar hoher Qualität. Die Frage nach dem Einsatz von Spezialitäten aus der Region kann man mit „Ja" beantworten.

Der Urlauber, Tourist und auch der ausländische Gast lassen sich ja auch von der Küche damit verwöhnen. Aber ein Enzian passt nicht zu Sylt, ein Küstennebel nicht nach Berchtesgaden. Wählen Sie aus Ihrer Region das Typische aus!

Ob Likör oder Spirituose, eine gute Qualität lässt sich stets verkaufen.

Hinweise:
Regionalprodukte haben oft ihre Eigenarten, teilweise sogar Geschichten. Sie sollen zu Land und Leute passen. Trendprodukte sind überregional! Der Einheimische am Biertisch, beim Wirt um die Ecke, weiß sicher so manches zu erzählen.

Tom who?

Die Flasche kreist in der Luft. Im nächsten Moment steht sie auf der Hand dieses lächelnden Bartenders. Die Zigarette in meiner Hand wartet auf Feuer. Da blitzt schon das Feuerzeug von Martin vor mir auf. Martin ist 29, er ist nicht besonders groß, auch nicht besonders gut aussehend, dennoch fesselt er seine Gäste mit allem, was er tut. Martin ist kein einfacher Barmann, Martin ist Flair Bartender. Was das ist, hat er mir mal an einem dieser ruhigen verregneten Abende erzählt. Bartender zu sein, stelle ich mir so vor: Die Nacht gehört dir, du bist der Zeremonienmeister der Party, und alle Frauen umschwärmen dich. Easy living. Da klärt Martin mich auf. Er nimmt seinen Job ernst, so ernst, dass er abends mit allen Gästen lachen kann und dennoch nie die Kontrolle verliert. Er ist stolz auf seinen Beruf. Ich hatte mir das noch nie überlegt, Bartender – ein „richtiger" Beruf? Martin unterhält uns mit seinen Storys über alle möglichen Spirituosen an der Bar, woher sie kommen und wie sie entstanden. Ich sehe ihm gerne zu, wenn er Drinks zubereitet und dabei Flaschen, Shaker und Gläser durch die Luft fliegen. Martin ist schnell, verdammt schnell; und er verschüttet nichts. Wie er das macht, frage ich ihn. „Ganz einfach", sagt er, „die Flüssigkeit muss nur in der Flasche bleiben." Einmal hat er doch einen Drink verschüttet. Er hat gelacht und seinen Shaker einem Gast geschenkt.

Nachdem ich in meiner Küche drei Sprudelflaschen bei dem Versuch, sie stilvoll zu werfen, zerstört habe, will ich von Martin wissen, wie er die Tricks gelernt hat. Er antwortet, er habe sich viel selbst beigebracht, Videos von Wettbewerben angeschaut und im Garten trainiert. Er übt jeden Tag, um in Form zu bleiben. Vor Wettbewerben, an denen er teilnimmt, trainiert er bis zu 4 Stunden täglich! So viel habe ich mich seit meinem Studium nicht mehr mit Weiterbildung in meinem Beruf beschäftigt. Je mehr ich über Martins Job erfahre, desto neugieriger werde ich, und bald ertappe ich mich dabei, wie ich ein wenig neidisch in dieser Bar sitze und mein Durst immer größer wird.

Geschichte

Im Gegensatz zu der landläufigen Meinung, Flair Bartending sei eine Modeerscheinung, angeheizt durch den Film „Cocktail" Ende der 80er-Jahre, ist diese Art des Bartending die eigentlich klassische. Schon 1862 hat der berühmte Bartender Jerry „the professor" Thomas in seiner Bar den ebenso berühmten „Blue Blazer" zubereitet. Nachdem das Licht im Gastraum abgedunkelt wurde, entzündete er Whiskey in einem Metallbecher und goss diesen in einem hohen Bogen in einen anderen Becher, der mit Wasser gefüllt war. Das sah nicht nur sehr spektakulär aus, es war auch für den speziellen Geschmack dieses Drinks von großer Bedeutung. Ebenso hat er bei Mehrfachbestellungen gerne Pyramiden aus Gläsern aufgebaut, in die er die gemixten Drinks eingoss. Mr. Jerry Thomas war einer der großen Bartender des 19. Jahrhunderts, und er gilt als einer der sechs möglichen Erfinder des „Martini Cocktails".

Die Renaissance des Flair Bartending begann in den 60er-Jahren des vergangenen Jahrhunderts, als in den USA eine Restaurantkette immer beliebter wurde: T. G. I. Friday's hat in allen Lokalen eine zentrale Bar, die Mittelpunkt des Geschehens ist. Dort wurde schon sehr früh Working-Flair praktiziert, und diese Kette war auch die Erste, die eine systematische hausinterne Schulung für alle Bartender durchführte.

Ein paar Worte noch zu „Cocktail" mit Tom Cruise: Die Mitglieder der Flair Bartenders' Association (FBA) möchten zunächst dem Mann aus Syracuse, New York, Tom Cruise, für seinen Beitrag zur Verbreitung des Performance Bartending danken. Um ihm im Anschluss direkt gnadenlos seinen Kopf zu waschen für all den Kummer, den er uns Bartendern bereitete bzw. bereitet. Welchen Kummer? Gehen Sie in die Bar eines Weltklasse-Bartenders. Dann schauen Sie sich den Film nochmal an. Und dann denken Sie darüber nach, wie an jedem einzelnen Tag unseres Lebens irgendwer sagt: „Hey, Tom Cruise", während wir arbeiten. Das ist der Kummer. Nun, bleiben wir fair. Mit Sicherheit traf viele Bartender die Erleuchtung, nachdem sie den Film aus dem Jahre 1988 gesehen haben. Ohne Zweifel hat dieser Streifen Flair Bartending ins Licht der Öffentlichkeit gerückt, das Thema Millionen und Abermillionen von Menschen gleichzeitig bekannt gemacht. Dafür danken wir allen, die an „Cocktail" beteiligt waren, vor allem dem Trainer John „J. B." Bandy (T. G. I. Friday's), Herrn Cruise, Herrn Brown und den Produzenten des Kassenschlagers, der – ob zum Guten oder zum Schlechten – das Leben vieler Bartender verändert hat.

Flair Bartending

Nachdem dies gesagt ist, blicken wir nach vorn in eine nicht allzu ferne Zukunft, wenn die wahre Geschichte dieser uralten darstellenden Kunstform und des explodierenden Freestyle-Sports denselben Millionen Zuschauern erzählt wird. Vielleicht werden die Herren Cruise und Brown uns auf einer Veranstaltung in der Zukunft die Ehre erweisen. (Wir haben das Shampoo bereit.)

▶ VORTEILE

Flair Bartending ist schnell. Die richtigen Techniken und das beidhändige Arbeiten beschleunigen die Produktion der Drinks erheblich.
Der im Jahr 2000 aufgestellte Weltrekord des Master-Bartenders Ken Hall aus Las Vegas macht dies mehr als deutlich. In 45 Sekunden produzierte er fünf Drinks mit Garnitur und servierte noch eine Flasche Bier – mit einem Lächeln.

Wie in allen Berufen ist natürlich die Voraussetzung für exaktes Arbeiten die richtige Technik und auch die Übung. Trainierte Bartender können jede beliebige Menge einer Spirituose sehr exakt ausgießen. In Wettbewerben wird diese Fähigkeit in einem „Pour-Test" geprüft. Die amerikanische Barkette „T. G. I. Friday's" prüft ihre Bartender in regelmäßigen Abständen, und nur wer die Prüfung besteht, kann auch an der Bar arbeiten. Ausbilder in diesen Betrieben müssen die Fähigkeit besitzen, gleichzeitig mit beiden Händen auszugießen. Mit der einen Hand gießt der Bartender, beginnend bei 0,5 oz. bis hoch zu 2,5 oz., 8-mal aus, während er mit der anderen Hand von 2,5 oz. absteigend bis 0,5 oz. 8-mal ausgießt. Nur wer diesen Test fehlerfrei besteht, darf sich Master-Bartender nennen und fortan weitere Bartender im Haus schulen.

Professionelle Bartender befolgen bei der Arbeit immer die Regel Nummer 1:

DAS VERSCHÜTTEN VON ALKOHOL
IST ABSOLUT INAKZEPTABEL!

Nur Amateure schleudern mit den Zutaten herum, verschmutzen dabei ihre ganze Bar und verschütten eine Menge. Die Gäste werden diese Art zu arbeiten sicher nicht honorieren, denn der Gedanke liegt nahe, dass das, was da auf dem Boden gelandet ist, ja eigentlich in ihre Drinks gehört.

▶ MEISTER IHRES FACHS

Dies sind die Altmeister und Vorbilder des Flair. Einige von ihnen fingen in den 70er- und 80er-Jahren an, die Renaissance dieser Kunst einzuleiten, weitere in den 90er-Jahren. Alle beeinflussten eine neue Generation von Bartendern auf der ganzen Welt. Diese Frauen und Männer, allesamt selbst hervorragende Flair Bartender, leisteten einen erheblichen Beitrag zur Weiterentwicklung und Verbreitung von Flair. Viele dieser Legenden stehen immer noch voller Stolz hinter einer Bar und verzaubern ihre Gäste. Ohne ihr Tun würde Flair Bartending, wie wir es heute kennen, sicherlich nicht existieren:

- John „J. B." Bandy
- Ken Hall
- Billy Sudsiri
- John Fiore
- Paolo Ramos
- Toby Ellis
- Leigh Miller
- Mike Dotterweich
- Tim „Storm" Norman
- Marcelo Benitez
- Alan Mays
- Stefan Notteboom
- T. Green
- Chuck Rohm

Wettbewerbe

Auf immer mehr Wettbewerben kämpfen Flair Bartender um begehrte Trophäen und Preisgelder. Die größten Wettbewerbe sind in den USA zu finden:

- WORLD BARTENDER CHAMPIONSHIP
  Orlando/Florida, 25 000 $ Preisgeld

- LEGENDS OF BARTENDING
  Las Vegas/Nevada, 25 000 $ Preisgeld

Zu den Legends of Bartending werden jährlich die besten 100 Bartender aus der ganzen Welt eingeladen. Wer hier teilnehmen darf, ist schon ein Sieger.
In Europa gibt es mittlerweile auch einige sehr interessante und professionelle Wettbewerbe, wie beispielsweise

- BOLS BATTLE OF THE BAR STARZ
  Niederlande, 6-mal jährlich, 5000 Euro Gesamtpreisgeld

- HAVANA CLUB BAR STARS CHALLENGE
  Deutschland, 1-mal jährlich, 5000 Euro Preisgeld

- READHOUSE FLAIR CHALLENGE
  England, 11-mal jährlich, 5000 Pfund Preisgeld

Häufig gestellte Fragen über die FBA

▶ WAS IST DAS ARBEITSFLAIR (WORKING-FLAIR)?

Arbeitsflair ist die Art von Flair, welche die Flair Bartender Association (FBA) auf den üblichen Bar-Schichten unterstützt.
Schnelle, leichte, einfache Bewegungen, die, ohne dass der Service leidet, durchgeführt werden können. Meist bezieht Arbeitsflair Gläser, 1 Flasche, Flasche und Shaker, Garnituren

oder gelegentlich 2 Flaschen mit ein. Arbeitsflair wird immer beim Produzieren eines Cocktails oder eines Getränks durchgeführt. Das Werfen von leeren Flaschen ist kein Arbeitsflair. Arbeitsflair wird von vielen Europäern als der einzige akzeptable Flair-Stil betrachtet, obwohl durch die Verbreitung des Sports „Flair Bartending" die Gelegenheiten für „Show-Flair" wachsen und auch dieser Stil mehr Akzeptanz findet.

WAS IST SHOW-FLAIR?

Show-Flair ist die Art von Flair Bartending, die zur Unterhaltung und bei Wettbewerben ausgeführt wird. Sie enthält im Allgemeinen längere, einstudierte Bewegungsabläufe. Show-Flair benötigt normalerweise eine spezielle Vorbereitung und Aufstellung der Flaschen und anderen Zubehörs. Es ist ein Flair-Stil, der normalerweise nicht auf alltäglichen Bar-Schichten zu finden ist. Es gibt jedoch eine wachsende Zahl von Flair-Bars auf der Welt, die Show-Flair als Teil ihres Unterhaltungsprogramms aufführen. Show-Flair umfasst oftmals Tricks und Bewegungsabläufe mit 2, 3, 4 und 5 Flaschen/Shaker. Während in Europa nicht sehr akzeptiert, ist Jonglieren ein beliebtes Beispiel für Show-Flair in Nordamerika. Es gibt jedoch auch einige 3- und 4-Flaschen-Bewegungen, die kein Jonglieren enthalten. Show-Flair kann Bewegungen und Abläufe enthalten, die nicht direkt im Produktionsprozess des Drinks stehen.

WELCHER STIL IST DER RICHTIGE?

Es gibt keinen „richtigen" Flair-Stil, sondern nur verschiedene. Bestimmte Stile sind mehr anerkannt als andere in bestimmten Gegenden der Welt. Das ist es, was die FBA so aufregend macht. Die FBA bringt Bartender mit allen möglichen Schwerpunkten und Stilen zusammen und trägt zu Verständnis, Akzeptanz und Kameradschaft unter Bartendern bei, ohne Rücksicht auf Fähigkeiten, Stile oder Erfahrung. Die FBA glaubt daran, dass Service immer vor Flair kommt, aber dass Flair ein fundamentaler und wesentlicher Teil eines professionellen Bartenders ist.

WAS IST DER AUFTRAG DER FBA?

Die Förderung von Flair Bartending mit einem starken Schwerpunkt auf Genauigkeit und Service.

WAS MACHT DIE FBA?

Sie organisiert, unterstützt und verbessert Bartending-Wettbewerbe. Sie schafft und unterhält eine Gemeinschaft von Flair Bartendern weltweit, hauptsächlich durch die „Members Lounge" unserer Website www.barflair.org. Sie lehrt die Kunst des Flair in Workshops, auf Seminaren und in unseren Heimatstädten. Sie verbreitet den Sport des Freestyle-Bartending auf der ganzen Welt durch Förderung von Veranstaltungen, durch das Ermutigen der Bartender, an diesen auch teilzunehmen, und durch die Information der Medien. Verhält sich als Bindeglied zwischen Bartendern, Managern, Inhabern, den Medien, der Industrie, um sie über die technischen Fähigkeiten und die Service- und Verkaufsqualität professioneller Bartender zu informieren.

WER FING AN MIT DER FBA?

Obwohl sicherlich viele Leute auf der ganzen Welt jahrelang davon geträumt haben, war die ursprüngliche Planung einer weltweiten Gemeinschaft von Performance Bartendern eine Zusammenarbeit aus dem Jahr 1997 zwischen den amerikanischen Flair Bartendern Alan Mays und Toby Ellis. Später kamen 30 weitere Flair Bartender aus den USA und Kanada dazu und gründeten das Flair Bartenders' Network. Weitere Gründer und am meisten eingebundene Mitglieder sind Jim Allison, Dean Serneels, Rob Corujo, Stefan Notteboom, Philip Duff, Ken Hall, Jason Jelicich, Fabio Milani, Chuck Rohm, Joe Pereira und John Fiore. Mitte 1998 war die FBA auf 250 Mitglieder in 24 Ländern angewachsen. Heute (Stand: 2002) gibt es mehr als 2800 Mitglieder, die in 83 Ländern arbeiten. Yahoo!

WER GEHÖRT ZUR FBA?

Bartender, die gerne Drinks machen und gerne unterhalten. Neulinge, Veteranen, Puristen der alten Schule. Moderne Verrückte. Meister ihres Fachs und Freestyle-Weltmeister wie Alan Mays, Ken Hall, Mindaugas Gradeckas, Nathan Taylor, Fifi, Guy Minshall, Stefan Notteboom, Philip Duff, Jason Jelicich, Leigh Miller, Joe Pereira, Marcelo Benitez, Steve Hirst, Hirman Asnadi, Rob Corujo, Stephane Hadjadje, Fabio Milani, John Fiore, Toby Ellis, Scott Young und viele andere mehr.

WAS IST DAS GEHEIMNIS DES FLAIR?

Tu es. Übe (zu Hause!). Habe Spaß daran. Mache viele Flaschen kaputt.

WIE VERMEIDE ICH VERSCHÜTTEN?

Physik. Zentrifugalkraft. Veranschauliche es dir und übe, die Flüssigkeit an den Boden der Flasche zu „drücken". Die meisten Bewegungen sind Kurven, und der Boden der Flasche ist außen. Es gibt keine speziellen „Trick"-Ausgießer. Wirf und drehe keine Flaschen, die mehr als zu einem Viertel voll sind. Übe. Es wird kommen.

Flair Bartending

WIE LANGE DAUERT ES, GUT ZU WERDEN?

Wie sehr willst du es? Mit all der Unterstützung, die durch eine FBA-Mitgliedschaft möglich ist, können die meisten Bartender in ein paar Monaten genug Flair lernen, um an Wettbewerben teilzunehmen. Du musst es nur wollen und bereit sein, dafür zu arbeiten.

WAS HABE ICH VON DER FBA-MITGLIEDSCHAFT?

- **Information**
  Wettbewerbe, Trainer, Flair-Bars, spezielle Veranstaltungen, neue Produkte.

- **Gemeinschaft**
  Triff über 2800 andere Bartender, die die gleiche Leidenschaft haben, eingeschlossen fast jeder professionelle Flair Bartender und Weltmeister auf diesem Planeten. Sei ein Teil von einer lustigen und coolen Gemeinschaft.

- Du bekommst Dinge wie T-Shirts und Videos. Unsere ständig wachsende Mitgliedssektion der barflair.org Website enthält Bilder, Video-Clips, Insider-Tipps zu Wettbewerben, Zeichnungen des Baraufbaus der großen Wettbewerbe, detaillierte Ergebnislisten usw. Mitglieder können mit jedem der anderen 2800 Mitglieder auf Knopfdruck Kontakt aufnehmen. Suche nach Bartendern nach Land, Name oder Stadt.

WIE KANN ICH MITGLIED WERDEN UND MEINEN BEITRAG BEZAHLEN?

Du kannst online über einen sicheren Kreditkarten-Server bei www.barflair.org bezahlen oder kontaktiere den FBA-Repräsentanten für dein Land.

WIE KANN ICH SONST HELFEN?

Verbreite Informationen. Lehre andere. Werde Mitglied. Zahl deinen Beitrag. Nimm an Wettbewerben teil. Schick uns alle Neuigkeiten über Bartending, insbesondere Flair Bartending. Lass niemals den Service an der Bar leiden, um Flair zu machen. Repräsentiere die FBA mit Klasse, Demut und Sinn für Humor.

Berufsethik

Professionelle Flair Bartender sind sehr kameradschaftlich und helfen einander, insbesondere auf Wettbewerben, aber auch im Berufsalltag. Sie behalten ihr Wissen nicht für sich, sondern zeigen interessierten Newcomern gerne ihre Tricks.

Zu ihren obersten Grundsätzen gehört: Service first, flair second! Im Zentrum ihres Handelns steht immer der Gast, denn ohne ihn verliert die ganze Arbeit ihren Sinn.

GOLDENE REGELN

- Sei dir sicher, dass Flair in eurem Lokal auch gewünscht wird. Viele Chefs haben Angst vor Flair, weil angeblich viel kaputtgeht und viel verschüttet wird. Beweise ihnen das Gegenteil.

- Übe NIEMALS hinter der Bar. Das sieht nicht gut aus und geht Mitarbeitern und Gästen sehr auf die Nerven.

- Flair ist ja nicht nur das Werfen von Flaschen und Shakern. Mache Flair mit ungefährlichen Dingen. (Lime wedges, Strohhalme, Eiswürfel!) Das gibt dir Selbstvertrauen.

- Du musst wissen wann und wann nicht. Es macht keinen Sinn, viel Flair zu machen, wenn deine Gäste dafür auf ihre Drinks warten müssen.

- Mach hinter der Bar nur Tricks, die du schon gut beherrschst, und bringe unter keinen Umständen Gäste oder Mitarbeiter in Gefahr!

- Versuche nicht immer und immer wieder, denselben Ablauf zu machen.

- Denke immer daran, warum du Flair machst. Die Arbeit macht mehr Spaß (das sollte man dir ansehen!), und du unterhältst deine Gäste damit. Mache nie Flair um anzugeben, es gibt schon mehr als genug arrogante Barkeeper in Deutschland.

- Wenn dir doch was hinfällt, trage es mit Fassung und Humor. Nimm dich selbst nicht zu ernst.

- Flair sollte nur betrieben werden, um einen Drink zu machen. Sinnloses Herumflippen mit leeren Flaschen ist kein Flair, und du bist Bartender und kein Zirkusclown.

- Deine Drinks müssen mindestens genauso gut schmecken wie ohne Flair! Arbeite sauber, die Gäste denken nämlich, dass das, was du verschüttest, eigentlich in ihre Drinks gehört.

- Versuche in allen Bereichen der Bar gut zu sein. Erweitere deine Produktkenntnisse und respektiere die alten Meister ihres Fachs, die mit stoischer Ruhe an irgendeiner Hotelbar einen perfekten Manhattan zubereiten.

Die wichtigsten Übungen für Anfänger

A

- Shaker auf der Handfläche um 360 Grad drehen: Shaker bekommt durch den Zeigefinger einen kleinen Schwung, der durch den Unterarm unterstützt wird.

B

- Flasche mit einer Hand am Flaschenhals greifen und mit einer 360-Grad-Drehung in die andere Hand werfen.

C

- Flasche mit einer Hand am Flaschenhals greifen und nach einer 360-Grad-Drehung auf dem Handrücken balancieren.

D

- Shaker steht kopfüber auf dem Barbrett vor dem Barmann, wird mit einer Hand aufgenommen, fliegt mit eineinhalb Umdrehungen durch die Luft und landet in derselben Hand.

E

- Shaker mit Drehung in der Luft vom Barbrett nehmen. Dieses Mal jedoch über die Schulter werfen und hinter dem Rücken mit der anderen Hand fangen.

F

- Shaker mit Drehung in der Luft vom Barbrett nehmen. Dieses Mal jedoch mit der anderen Hand hinter dem Kopf fangen.

G

- Flasche aus dem Regal der Arbeitsfläche ziehen oder vom Barbrett aufnehmen und mit der anderen Hand hinter dem Rücken fangen.

H

- Flasche am Hals fassen, mit eineinhalb Umdrehungen seitlich oder nach vorne werfen und senkrecht über dem Shaker fangen. Flüssigkeit direkt in den Shaker laufen lassen. Am Ende des Eingießens Flasche waagrecht wegklappen.

- Roll up: Flasche am Hals fassen und über den Handrücken 180 Grad nach oben drehen, dann Flasche am unteren Ende festhalten.
- Roll down: Flasche am unteren Ende festhalten, über den Handrücken 180 Grad nach unten rollen und am Flaschenhals wieder fangen.

Übungen möglichst mit beiden Händen trainieren und miteinander kombinieren.

Wir werden wohl nie erfahren, wer der Erste war. Aber vor langer Zeit entdeckte ein Bartender, dass es schneller war, mit beiden Händen zu arbeiten, und das nicht unbedingt simultan. In diesem Moment der Klarheit wurde die alte Kunst des Flair Bartending geboren. In den hunderten, vielleicht tausenden Jahren seitdem haben Bartender auf der ganzen Welt Techniken erfunden, die Effizienz in der Bewegung mit Stil und Ausdruck verbinden. Vom „4 bottle pour" bis hin zum „good foot" (T. Green) haben Master-Bartender seitdem zahllose Freestyle-Bewegungen entwickelt, die ihnen helfen, bessere Drinks schneller zu servieren.

Die „richtige Art", einen Cocktail herzustellen

Was ist die „korrekte" Art, einen Martini zuzubereiten? Wird zu einer Bloody Mary neben dem Selleriestick ein Limettenachtel zugefügt? Warum in aller Welt würde jemand Soda in einen Cape Cod oder einen Fuzzy Navel gießen? Ist es möglich, dass das Originalrezept für einen Long Island Iced Tea ein built Drink war und kein shaken Drink? Kann ein Drink ohne 73-prozentigen Rum möglicherweise „Zombie" genannt werden? Ist der Zombie wirklich ein Party-Gag gewesen? Vertreter der klassischen Schule vertreten die Auffassung, dass ein Cocktail ein Drink mit bestimmten Anforderungen sei, von denen nicht abgewichen werden darf. Ein Martini darf keinen Saft, Sirup oder Farbstoff enthalten, sagen die Hardliner, aber er muss Vodka oder Gin als Basis haben und nur einen Hauch eines Modifiers. Und so nehmen die alten Herren sorgfältig gewählte frische Zutaten und blitzende, polierte Gläser, um ihre Arbeit gut zu präsentieren.
Die modernen Bartender haben andere Ideen. Für sie ist ein Cocktail ganz einfach eine meisterhafte Verbindung verschiedener Zutaten, die ein aufregendes optisches und geschmackliches Erlebnis bieten und in einem Cocktailglas serviert wird. Es gibt keine anderen Einschränkungen, sagen die Youngster, schütteln ihre Chocolate-Martinis und viele andere Drinks mit Kokosrum und Ananassaft und nennen sie Cocktails.

WER HAT RECHT?

Fragen Sie das Huhn. Dann fragen Sie das Ei. Wen interessierts? Ist es denn nicht viel wichtiger, dass wir alle Künstler sind und begabte Fachkräfte, die mit Stolz Cocktails produzieren? Sind wir denn so egoistisch und ignorant darauf zu bestehen, es gäbe nur eine Art unseren Beruf auszuüben? Sind wir denn gleichermaßen so arrogant, die Traditionen und Erfahrungen von Master-Bartendern, die als Erste bestimmte Drinks erfanden, über Bord zu werfen? Ist es möglich, dass ein moderner Bartender eine Hommage an die, die vor ihm schüttelten, mit seinen eigenen Innovationen verbinden kann? Richtig oder falsch, Tequila oder nicht im Long Island Iced Tea; vielleicht der beste Maßstab ist die einfache Frage: Wie schmecken deine Kreationen? So wie das Rezept für einen Burgunderbraten sich nicht selbst kocht, so wenig gießt sich ein Cocktailrezept selbst ein. Und alle, die diesem Beruf verschrieben sind, ob Alt oder Jung, passen sie auf diese einfache Wahrheit auf: Am Ende, wer sagt denn, was die richtige Art ist, einen Cocktail zuzubereiten? Derjenige, der ihn bezahlt natürlich. Das ist der Grund, warum ich ohne Zögern einen Martini schütteln werde – denn wer bin ich denn, jemanden zu sagen, wie er seinen Drink bekommen muss. Am Ende bin ich schließlich nur der Bartender.

QUELLENANGABEN

- www.barflair.org
- Toby Ellis, Barmagic, USA
- Jim Allison, Director of Operations, FBA
- Ken Hall, High Spirits, Las Vegas, USA
- Jason Jelicich, speedpour, Australia
- Phil Duff, Liquidsolutions, Netherlands

Flair Bartending

Showbarkeeping - Grundkurs

▸ GRUNDSÄTZLICHES ZUR SHOW

- Die Arbeitsweise guter Bartender wird besonders durch die Bartypen und deren Publikum beeinflusst
- Wir stehen dabei im Mittelpunkt der Aufmerksamkeit unserer Gäste
- Jeder Handgriff wird beobachtet und registriert
- Deshalb steht die Frage im Vordergrund: Wie gehe ich mit meinem Werkzeug, Flaschen und Shakern um?
- Jede Bewegung innerhalb der Show soll dem Gast signalisieren: Hier steht ein Profi!
- Absolute Selbstkontrolle, persönliche Sicherheit und natürlich Freundlichkeit sind die Grundvoraussetzungen
- Niemals sollte man Techniken am Tresen versuchen, die man noch nicht vollkommen beherrscht
- Geht doch etwas schief, so liegt es in unserem Geschick, das zu überspielen und die Technik besonnen zu beenden
- Mit einem Gag und einem Lächeln verzeihen die Gäste auch dem Profi seine Fehlbarkeit!

▸ DIE GEHEIMNISSE DES FLASCHENWERFENS

Eines muss an dieser Stelle bemerkt werden: Ein Tageskurs allein reicht nicht aus, wie Tom Cruise mit Flaschen zu hantieren. Auch er brauchte ein wochenlanges Training in England, um seine Szenen halbwegs durchzustehen.
Uns stehen am Tresen leider keine Filmschnittmöglichkeiten und andere Tricks zur Verfügung.
Somit wird klar, dass nun eine lange Trainingsphase vor uns liegt. Hier nun die goldenen Regeln, die das A und O unseres Könnens darstellen:

- Nichts tun, was man nicht beherrscht
- Immer an die Sicherheit der Gäste und Kollegen denken
- Niemals zu Lasten der Qualität der Drinks arbeiten
- Nur volle, leere oder viertel volle Flaschen verwenden
- Geeignete Flaschenformen (ein Drittel Hals, zwei Drittel langer runder Bauch)
- Flaschen und Hände müssen sauber und trocken sein
- Auf ausreichendes Licht am Tresen achten
- Platzverhältnisse am Tresen prüfen (1 m x 1 m x 1 m mindestens)
- Ein etwa 10-minütiges Warm-up vorher einkalkulieren
- Spezialgießer verwenden
- Üben, üben, üben (Sicherheit beginnt ab 100 Würfen)

▸ DAS SETUP (MISE EN PLACE)

Zusätzlich zur normalen Barvorbereitung, sind nun einige Besonderheiten zu beachten:

- Betreffende Flaschen freistellen
- Geeignete Drinks für die Show heraussuchen
- Möglichst mit hellen Spirituosen arbeiten
- Flaschen befüllen (maximal zu einem Viertel)
- Genügend Flaschen vorbereiten
- Gießer ausrichten
- Equipment für Drinks bereitlegen
- Fußbodenmatten aus Gummi sind vorteilhaft
- Reinigungsset bereitstellen (Besen, Schaufel, Wischlappen)
- Eventuell Pflaster bereitlegen (Schnitte an den Händen)

Achtung:
Unbedingt auf Showeinlagen verzichten, wenn die Sicherheit der Gäste nicht gewährleistet ist!

Fachsprache des Flair Bartending

- **Back throw** – Flaschenwurf hinter dem Rücken ohne Drehung
- **Back to front** – Shakerwurf von hinten über die Schulter nach vorne
- **Back to front** – Flaschenschulterwurf – fertig zum Eingießen
- **Behind the head catch** – 1½ Drehungen des Shakers und Fangen hinterm Kopf
- **Bounce pour** – Wie der slide pour, aber mit ruckartiger Unterbrechung des Flüssigkeitsstrahls durch kurzes Stoßen der Flasche, um sofort zum nächsten Shaker oder Glas überzugehen
- **Break** – (= Fehler) Flasche fallen lassen
- **Double flip** – Wie beim single flip, aber mit zweifacher Drehung (720 Grad)
- **Double trouble** – Überarmwurf mit 1½ Drehungen und Handwechsel
- **Drop** – (= Fehler) Flasche fallen lassen
- **Drop & Twist** – Wurf des Blenders über die Schulter. Rechts werfen → rechts fangen
- **Elbow bounce** – Zweites abstoßen des Shakers mit dem Unterarm, fangen mit der anderen Hand
- **Fine-Flair** – Reine Show, z. B. brennende Flaschen wirbeln
- **Hand to hand throw** – Shakerwechsel mit ganzer Drehung von der rechten in die linke Hand
- **Horizontal catch** – Flaschenwechsel hinterm Rücken mit 1½ Drehungen
- **Roll down** – Abrollen der Flasche über das Handgelenk
- **Roll up** – Heraufdrehen der Flasche über den Handrücken
- **Shoulder drop** – Fallen lassen hinter dem Rücken, auffangen mit der gleichen Hand
- **Sides flip** – Blenderwechsel hinter dem Rücken von Hand zu Hand
- **Simple rotation** – 180-Grad-Drehung des Shakers oder Blenders
- **Single flip** – Flasche wird in die andere Hand geworfen und dreht sich dabei einmal um 360 Grad
- **Single flip into pour** – 1½ Drehungen (seitlich) der Flasche – fertig zum Eingießen
- **Slide pour** – Ausgießen über mehrere Shaker oder Gläser hinweg ohne Unterbrechung
- **Speed-Flair** – Schnell und effektiv Drinks herstellen, dabei Elemente wie Ausgießen aus mehreren Flaschen einbeziehen
- **Spill** – (= Fehler) Beim Eingießen aus der Flasche oder beim Werfen wird etwas verschüttet
- **Spin** – Drehung der Flasche oder des Shakers auf der Handfläche
- **Stall** – 360-Grad-Drehung der Flasche aufwärts und auf dem Handrücken halten
- **Step and turn** – Doppelter Wurf über die rechte Schulter mit zweimaligem Eingießen
- **Tandem-Flair** – Synchronmixen, gegenseitige Hilfestellungen wie das Auffangen der Flaschen vom Partner
- **Thumb roll** – Heraufdrehen der Flasche über den Daumen
- **Thumb roller** – Shakerdrehung 360 Grad nach unten über dem Daumen
- **Working-Flair** – In den normalen Arbeitsablauf Bewegung einbeziehen, der Hauptaspekt liegt aber auf dem Mixen

Regeln für FBA endorsed events am Beispiel Havana Club Bar Stars Challenge

POURTEST-RUNDE: 200 PUNKTE

In dieser Runde gießen die Bartender 10 Drinks in 11 Shaker ein.

Es werden Flaschen 0,7 l Havana Club 3 years benutzt.

- $^1/_2$ oz. RH
- $1^1/_4$ oz. RH
- $^1/_2$ oz. LH und simultan $^1/_2$ oz. RH
- $2^1/_2$ oz. LH
- $1\ ^1/_4$ oz. RH
- $^3/_4$ oz. LH und simultan $^1/_2$ oz. RH
- 2 oz. LH
- $^3/_4$ oz. RH
- $^1/_2$ oz. LH mit single flip (Flasche hat 3 oz. Inhalt, Havana Club 7 years).
- $^1/_2$ oz. LH und in den nächsten Shaker $^1/_2$ oz. LH mit bounce pour.

- Shaker stehen auf dem Barbrett in einer Reihe parallel zur Bar.
- Jede $^1/_8$ oz. über oder unter dem Pour gibt 5 Punkte Abzug.
- Jedes Verschütten (spilling) gibt 5 Punkte Abzug.
- Falsche Technik (kein flip, kein bounce pour usw.) gibt 5 Punkte Abzug.
- Die Drinks müssen wie gefordert in der Reihenfolge gemacht werden.
- Bartender kann einen Drink neu machen, er erhält 10 Punkte Abzug.
- Verschüttete Drinks geben jeweils 10 Punkte Abzug.
- Vergessene Drinks geben jeweils 25 Punkte Abzug.
- Zeitüberschreitung mehr als 1 Minute: Abzug 5 Punkte je 5 Sekunden.
- Perfekter Pourtest im Zeitlimit gibt 10 Bonuspunkte.

SPEED-RUNDE: 300 PUNKTE

Jeder Bartender macht 5 Drinks nach der Rezeptliste. Direkt vor dem Start zieht der Bartender aus jeder Drinkkategorie einen Drink.

- Eisschaufel muss benutzt werden.
- Shaken Drinks müssen 1-mal geschüttelt werden.
- Shooter müssen in einem Shaker gekühlt werden, 1-mal geschüttelt und mit Strainer oder Glas abgeseiht werden.
- Garnituren und Strohhalme erst auf die fertigen Drinks.
- Alle Flaschen müssen exakt an ihre jeweilige Position zurückgestellt werden.
- Die Bar wird für jeden Teilnehmer gleich aufgebaut. Der Bartender kann den Aufbau überprüfen, darf aber nichts verrücken.
- Speed-Runde beginnt, wenn der Sprecher 3-2-1-go gibt, und endet, wenn der Bartender zurücktritt und beide Arme hebt.
- Die Orangina-Flasche muss 1-mal geschüttelt und geöffnet werden, mit Strohhalm auf die markierte Fläche auf dem Barbrett stellen.

STRAFPUNKTE

Die Strafzeiten werden zur Gesamtzeit addiert und dann entsprechend der Punkteliste umgerechnet. Jede Sekunde ist 2 Punkte wert.

- 5 Sekunden jedes Verschütten (spilling).
- 5 Sekunden jede falsche Menge (z. B. $^3/_4$ oz. statt 1 oz., Rest im Shaker oder Mixbecher).
- 5 Sekunden für jede nicht zurückgestellte Flasche.
- 5 Sekunden fehlende oder falsche Garnitur/Strohhalm/Zutat.
- 15 Sekunden falsche Technik (Shake, Strain, Eis usw.).

- 30 Sekunden fehlender Drink.
- 30 Sekunden falscher Drink.
- Bartender erhalten 10 Bonuspunkte für Fehlerfreiheit.
- Bartender erhalten 10 Bonuspunkte für jede 5 Sekunden unter 45 Sekunden Gesamtzeit inklusive Strafzeiten.

Beispiel:
Wenn ein Bartender eine Zeit von 1.20 hat und 15 Sekunden Strafzeiten erhält, wird seine Gesamtzeit 1.35 betragen. Gemäß der Punkteverteilung erhält er dann 200 Punkte.

FLAIR-RUNDE: 500 PUNKTE

Jeder Bartender macht 2 bis 3 Drinks und ein Orangina nach der Rezeptliste in mindestens 3, maximal 5 Minuten.

Der erste Drink wird mit Working-Flair zubereitet, er muss komplett fertig gestellt werden, bevor die anderen Drinks begonnen werden (Strohhalm, Garnitur).

Der zweite Drink wird mit Exhibition-Flair zubereitet und kann frei aus der Liste gewählt werden. Es darf auch ein dritter Drink gemacht werden (nicht zwingend).

- Eisschaufel oder Shaker muss benutzt werden.
- Es gibt nur Eiswürfel, kein Crushed Ice.

Der erste Drink, den der Bartender zubereitet, wird unter dem Gesichtspunkt Working-Flair bewertet, die Flaschen für diesen Drink werden $^1/_2$ bis $^3/_4$ voll sein, mit Ausnahme von Grenadine (4 oz.).

SCORING

Working-Flair, 100 Punkte
Working-Flair sind all die Sachen, die man im normalen Betrieb machen kann. In dieser Runde komprimiert auf einen Drink. Die Bewertung erfolgt nach dem Gesamteindruck für den ersten Drink.

Difficulty (Schwierigkeit), 100 Punkte
Je schwieriger die Technik/Bewegung, desto mehr Punkte. Bewertung basiert auf der ganzen Runde.

Smoothness (Flüssigkeit), 100 Punkte
Die Jury bewertet, wie der Bartender sich hinter der Bar verhält. Übergänge zwischen verschiedenen Bewegungen/Würfen, aber auch das flüssige Überspielen von Fehlern zählen hier. Sieht der Bartender so aus, als ob er hinter eine Bar gehört?

Originality (Originalität), 100 Punkte
Bartender erhalten Punkte für originelle/neue Bewegungen/Würfe.
Die Jury wird sich mit Flair sehr gut auskennen.

Variety (Vielfalt), 100 Punkte
Je mehr verschiedene Techniken der Bartender zeigt, desto höher wird er hier bewertet. Die Wiederholung von Würfen/Techniken führt hier zu einem niedrigeren Ergebnis.

Bartender erhalten 5 Punkte Abzug für jeden Genauigkeitsfehler.

- Falsche Menge gibt 5 Punkte Abzug.
- Spilling gibt 5 Punkte Abzug.
- Zeitüber-/-unterschreitung gibt 10 Punkte Abzug je 5 Sekunden.
- Fallen lassen gibt 5 Punkte Abzug.
- Bruch gibt 25 Punkte Abzug.
- Unvollständiger Drink gibt 25 Punkte Abzug.
- Bartender erhalten 10 Bonuspunkte für 0-mal fallen lassen.
- Excessive-Flair gibt 5 Punkte Abzug (leere Flaschen, Routine, die nicht zum Drink führt).
- Alle Exhibition-Flair-Flaschen werden 1 bis 2 oz. enthalten.

Autor dieses Beitrags:
Robin Weiß, Repräsentant der FBA für Deutschland
Director of Projects & Events

Flair Bartending

Pourtest Sheet

Name: .... Nr.: ....

Pourtest		soll in oz.	ist in oz.	Differenz	Punktabzug 5 P. je 1/8 oz.
1	1/2 oz. RH	1/2	....	....	....
2	1 1/4 oz. RH	1 1/4	....	....	....
3	1/2 oz. LH & 1/2 oz. RH	1	....	....	....
4	2 1/2 oz. LH	2 1/2	....	....	....
5	1 1/4 oz. RH	1 1/4	....	....	....
6	3/4 oz. LH & 1/2 oz. RH	1 1/4	....	....	....
7	2 oz. LH	2	....	....	....
8	3/4 oz. RH	3/4	....	....	....
9	1/2 oz. LH Flip	1/2	....	....	....
10	1/2 oz. LH & nächster Shaker	1/2	....	....	....
11	1/2 oz. LH bounce pour	1/2	....	....	....
				Abzug 1	....

Technik-Abzug je 5 Punkte.	....
Spills-Abzug je 5 Punkte.	....
Verschüttete oder neue Drinks je 10 Punkte.	....
Vergessene Drinks je 25 Punkte.	....
Zeitüberschreitung > 1 Minute 5 Punkte je 5 Sekunden.	....
Abzug 2	....
Bonus 10 Punkte.	....
Abzug 1 + Abzug 2 – Bonus **Gesamt**	....

100 Punkte – Gesamtabzug **ERGEBNIS** ....

Speed Sheet

Name: .... Nr.: ....

Speed Drinks	1	....	2	....	3	....	4	....	5	....	6	....
	amount	ingredient	amount	ingredient	amount	ingredient	amount	ingredient	amount	ingredient	amount	ingredient
Glass	Tall wine	....	Highball	....	Rocks	....	Shooter	....	Tumbler	....	Bottle	....
Ice		....		....		....		....				
1	....	....	....	....	....	....	....	....	oz.	....		....
2	....	....	....	....	....	....	....	....				
3			....	....			....	....				
4			....	....								
5			....	....								
6			....	....								
Garnish		....		....								
Straw		....		....		....						....

Tag required fields. Each missing tag is 5 sec. penalty time.

		Penalty time 1	....
scoop, spills and bottles not returned each is 5 sec. penalty time		Penalty time 2	....
missing or wrong drink each is 30 sec. penalty time		Penalty time 3	....
wrong technique shake, strain, build etc. is 15 sec. penalty time		Penalty time 4	....
UNADJUSTED TIME	+	Total penalties	....
		ADJUSTED TIME	....
Conversion according time scale + Bonus points		Points + Bon.	Total ....
Total points minus pour deduction final score		Points – ded.	Final ....

Flair Accuracy Sheet

Name: .... Nr.: ....

Flair Drinks	CentrO		2		3		Orangina	
	amount	ingredient	amount	ingredient	amount	ingredient	amount	ingredient
Glass	Highball	....		....		....		....
Ice		....		....		....		....
1	....	....	....	....	....	....		
2	....	....	....	....	....	....		
3	....	....	....	....	....	....		
4	....	....	....	....	....	....		
5	....	....	....	....	....	....		
6	....	....	....	....	....	....		
7	....	....	....	....	....	....		
Garnish	....	....	....	....	....	....		
Straw		....	....	....	....	....		....

Accuracy mistakes, wrong amounts, ingredients, 5 p. each.	**Deduction 1**	....
scoop, spills and bottles not returned 5 p. each	**Deduction 2**	....
incomplete drink/breaks 25 p. each	**Deduction 3**	....
drops, excessive flair 5 p. each	**Deduction 4**	....
	Bonus 0 drops	....
Time over 5 or under 3 min. 5 p. each 5 sec.	**Time deduction**	....
	Total deductions	....

Flair Sheet

Name: .... Nr.: ....

Working-Flair 100 pts. Scoring is based on first drink.	pts.
Difficulty 100 pts. Scoring is based total round.	pts.
Smoothness 100 pts. Scoring is based total round.	pts.
Originality 100 pts. Scoring is based total round.	pts.
Variety 100 pts. Scoring is based total round.	pts.
total points	
– deductions	
flair round total	

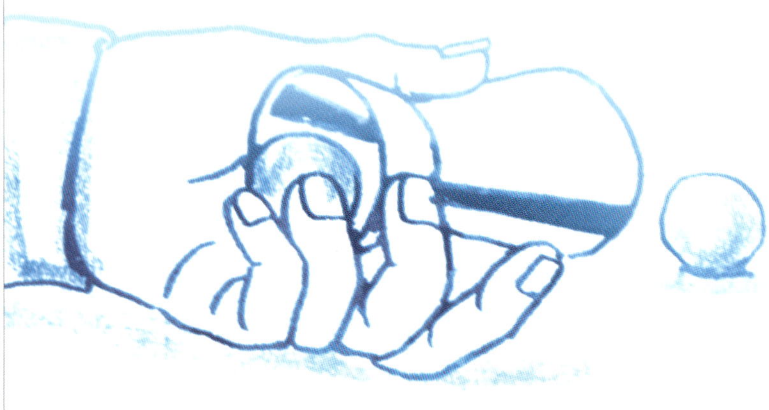

Die Wiege der Barzauberei liegt in den Chicagoer Bars der 20er-Jahre des vergangenen Jahrhunderts. In der Blütezeit der Barkultur wurde früh erkannt, dass Close up Magic – Zauberei, die direkt vor den Augen der Gäste passiert – der ideale Begleiter für hervorragende Drinks ist. Die entspannte Atmosphäre und das besondere Flair einer Bar machen diesen Ort zu einem perfekten Schauplatz einer Kunst, die schon seit jeher die Menschen faszinierte.

Wir möchten Ihnen hier einen Einblick in die Welt der Barzauberei geben. Sie lernen speziell für die Bar geeignete Kunststücke kennen, für die Sie keine aufwendigen Requisiten benötigen. Wir haben versucht, die Handhabung so einfach wie möglich zu halten, ohne dass die Effekte in ihrer Wirkung verlieren. Bevor Sie die Kunststücke Ihren Gästen zeigen, sollten Sie sich genug Zeit zum Üben nehmen. Und jetzt viel Spaß beim Einstudieren!

The Wonder Shaker

▶ AUS DER SICHT DES GASTES

Sie bieten einem Gast an, ihn auf einen Drink einzuladen, weisen ihn aber darauf hin, dass es ein sehr trockener Cocktail ist. Wie gewohnt, füllen Sie Ihr Mixglas mit Eis, sind sich aber bei der Rezeptur nicht sicher. Sie shaken unbeirrt den Drink, doch als Sie den Cocktail ins Glas abseihen wollen, ist der Shaker leer.

Obwohl die Gäste genau verfolgt haben, dass Sie das Mixglas gefüllt hatten, ist jetzt kein Tropfen mehr im Shaker.

▶ PRÄSENTATION UND HANDHABUNG

Vor Beginn des Kunststücks stecken Sie einen Schwamm so in den Boston Shaker dass er nicht herausfallen kann. So präpariert, stellen Sie den Shaker an seinen Platz. Erledigen Sie die Vorbereitung unauffällig und nicht direkt vor der Präsentation.

Beginnen Sie damit, dass Sie einen Gast auf einen Extra-Dry-Cocktail einladen. Sie bereiten Ihren Drink wie gewohnt zu. Wichtig hierbei ist, dass Sie die Aufmerksamkeit der Gäste darauf lenken, dass Sie tatsächlich Ingredienzen in das Mixglas geben. Hierbei können Sie Ihrer Phantasie freien Lauf lassen, z. B. können Sie mit drei Eiswürfeln jonglieren und sie dann ins Glas geben, oder Sie verwenden ungewöhnliche Zutaten wie Spülmittel oder Ähnliches.

Achten Sie nur darauf, dass Sie eine Füllmenge von 5 bis 6 cl nicht überschreiten. Setzen Sie den Boston Shaker auf, und shaken Sie ganz normal mit dem Mixglas auf Ihrer Seite. Öffnen Sie den Shaker, und seihen Sie den scheinbaren Drink in eine Cocktailschale. Spülen Sie den Shaker aus, wobei sich der Schwamm löst, und Sie haben sich Ihres Hilfsmittels entledigt.
Dieses Trickprinzip ist vielseitig einsetzbar, nicht nur um Flüssigkeit verschwinden zu lassen. Sie können auch Saft in Früchte oder Wasser in Eis verwandeln.

Verwandlung von Lime Juice in eine Limette

Sie stecken einen Schwamm in den Bosten Shaker und legen eine Limette darauf. Stellen Sie den Shaker so an Ihren Arbeitsplatz, dass er nicht von oben einsehbar ist. Erklären Sie Ihren Gästen, dass Sie in Ihrer Bar die Limetten selbst herstellen. Nehmen Sie den präparierten Boston Shaker, geben einen Schuss Lime Juice hinein, schwenken den Shaker kurz, und lassen Sie sich die Limette in die Hand fallen.

Bei der Eisherstellung verfahren Sie genau so, nur dass Sie das Eis in ein Glas geben.

1

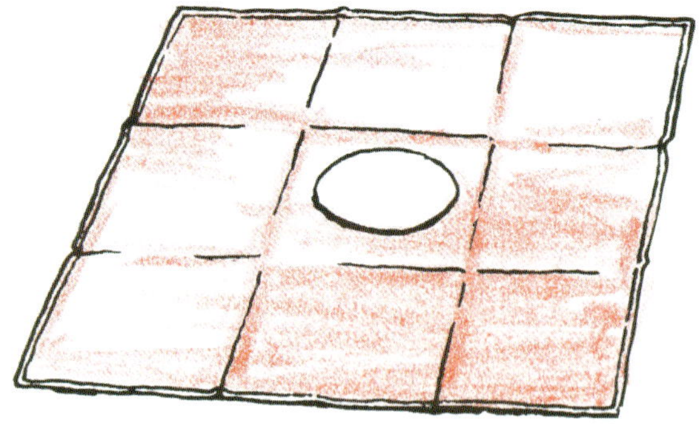

2

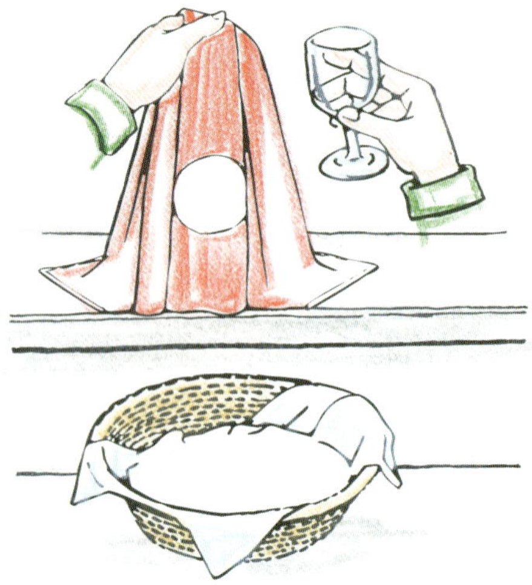

3

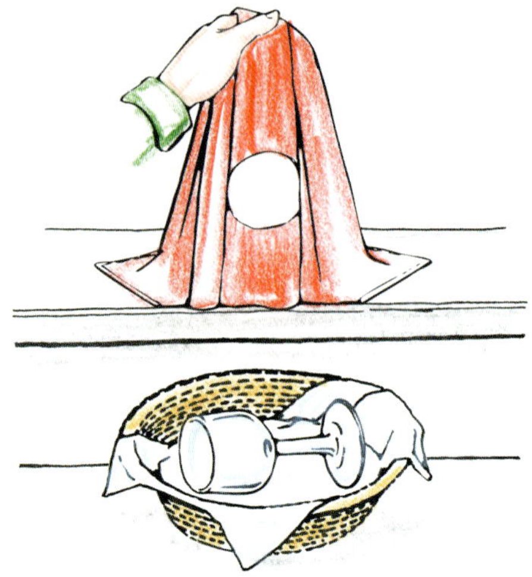

4

5

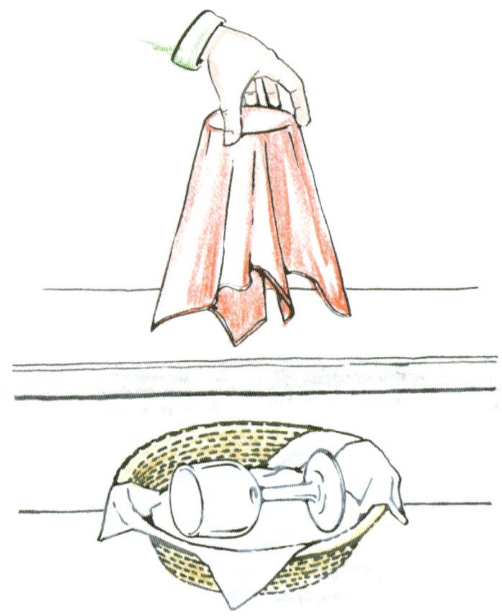

6

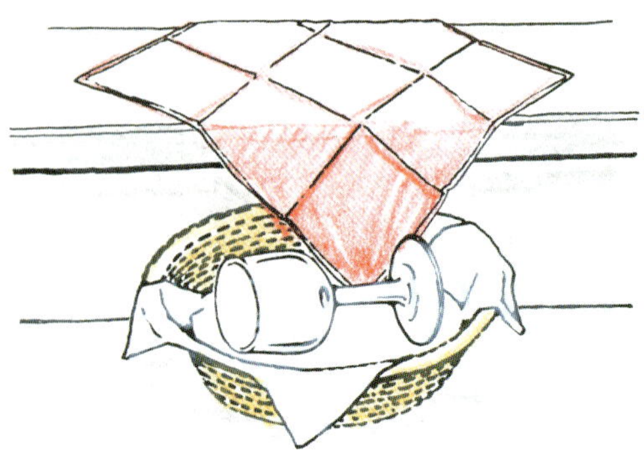

7

Das verschwindende Glas

AUS DER SICHT DES GASTES

Sie halten in Ihrer linken Hand ein Tuch und in der rechten Hand ein Glas. Nachdem Sie das Glas mit dem Tuch bedeckt haben, schnippen Sie einmal mit den Fingern, und das Glas hat sich in Luft aufgelöst. Das verschwindende Glas ist perfekt für die Zauberei an der Bar. Es ist ein echter Knüller.

REQUISITEN

Alles, was Sie dazu benötigen, ist ein Tuch (mindestens 40 x 40 cm), ein Glas, ein Obstkorb, ein kleines Kissen oder mehrere Poliertücher, eine Pappscheibe und etwas doppelseitiges Klebeband.

VORBEREITUNG

Zunächst entscheiden Sie sich für ein Glas, welches Sie später verschwinden lassen wollen. Dann schneiden Sie aus einer stärkeren Pappe eine Scheibe aus, die dem Durchmesser der Glasöffnung entspricht. Diese Scheibe befestigen Sie mit etwas doppelseitigem Klebeband in der Mitte des Tuchs. Den Obstkorb polstern Sie mit einem kleinen Kissen oder mehreren Poliertüchern aus, so dass das Glas lautlos in den Korb fallen kann. Den Korb platzieren Sie genau an der Stelle unter dem Tresen, an der Sie später das Glas verschwinden lassen wollen. Achten Sie darauf, dass der Korb von der Position der Gäste aus nicht einsehbar ist.

PRÄSENTATION UND HANDHABUNG

Leiten Sie das Kunststück damit ein, Ihren Gästen zu erzählen, dass Sie häufig gebeten wurden, Ihrem Gast einen Drink zu zaubern. Sie beschreiben weiter, dass Sie es bisher erfolglos versucht haben, aber für so nette Gäste wie sie, wären Sie natürlich gerne bereit, es noch einmal zu versuchen. Sie fragen Ihren Gast nach seinem Getränkewunsch, nehmen das Glas in Ihre rechte Hand und das präparierte Tuch in Ihre linke Hand.

Timing ist nun das Wichtigste! Sie tun so, als ob Sie das Glas unter das Tuch geben. Sobald das Glas vom Tuch verdeckt ist, lassen Sie es in einer flüssigen Bewegung in den Korb fallen. Die Fingerspitzen der rechten Hand gehen direkt unter die Pappscheibe und heben diese leicht an. Die Scheibe überzeugt die Gäste davon, dass sich das Glas noch unter dem Tuch befindet. Ihre linke Hand ergreift nun von oben den scheinbaren Rand des Glases, so dass die rechte Hand weggenommen werden kann. Halten Sie das scheinbare Glas einen Moment in der Luft, während Sie sich leicht nach vorne beugen schnippen Sie mit den Fingern der rechten Hand und lassen das Tuch fallen, so dass es sich flach auf dem Tresen ausbreitet. Lassen Sie den Effekt kurz auf die Gäste wirken. Diesen Moment nutzen Sie, um sich der Pappscheibe zu entledigen. Dazu ergreifen Sie mit der linken Hand den Rand des Tuchs und heben ihn so weit an, dass Ihre rechte Hand unter das Tuch greifen und mit den Fingerspitzen die Scheibe auf den Tresen drücken kann. In einer fließenden Bewegung ziehen Sie nun gleichzeitig das Tuch mit der linken Hand nach oben und die Scheibe mit der rechten Hand nach hinten, damit diese unter den Tresen fallen kann.

NACHGEDANKEN

Um das korrekte Timing zu üben empfiehlt es sich, das Glas mehrmals tatsächlich unter das Tuch zu geben. Achten Sie besonders darauf, das Glas ohne Unterbrechung in der Bewegung fallen zu lassen.

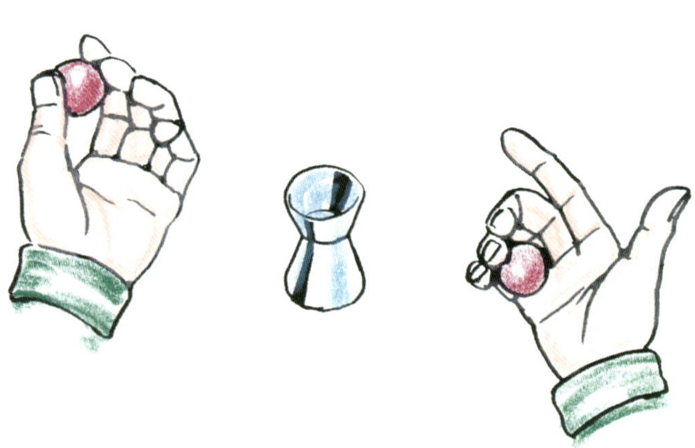

1

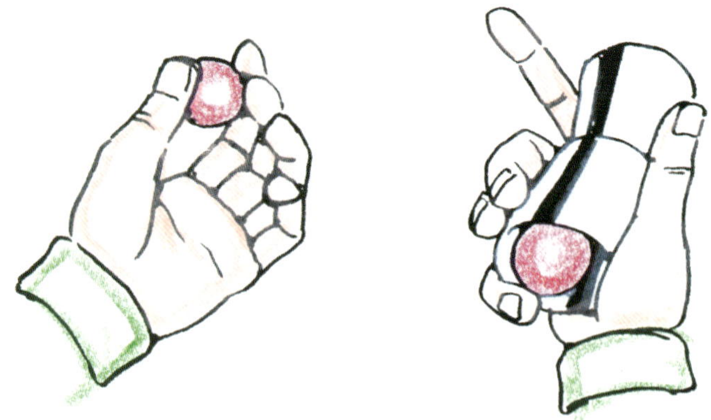

2

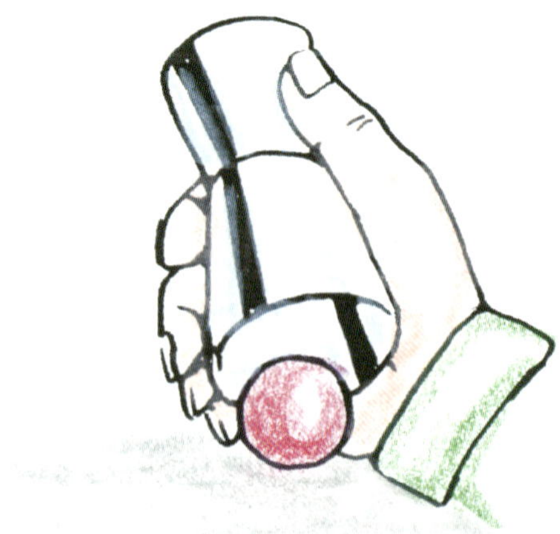

3

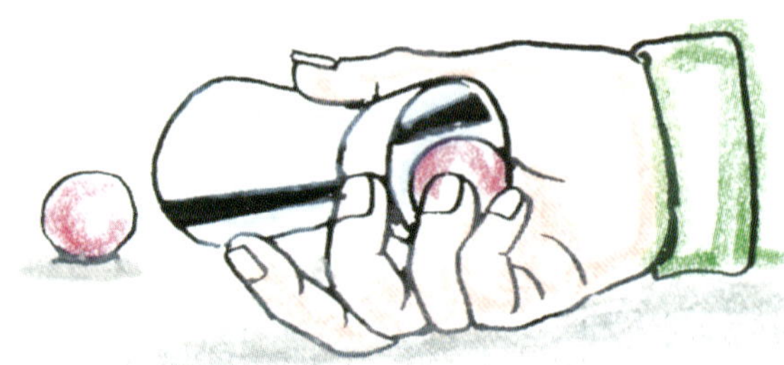

4

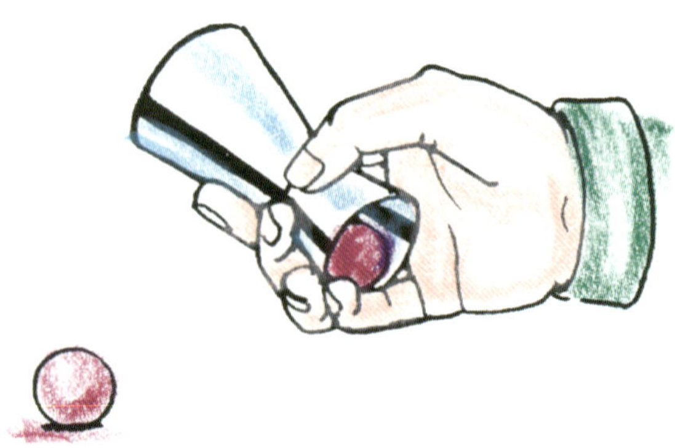

5

6

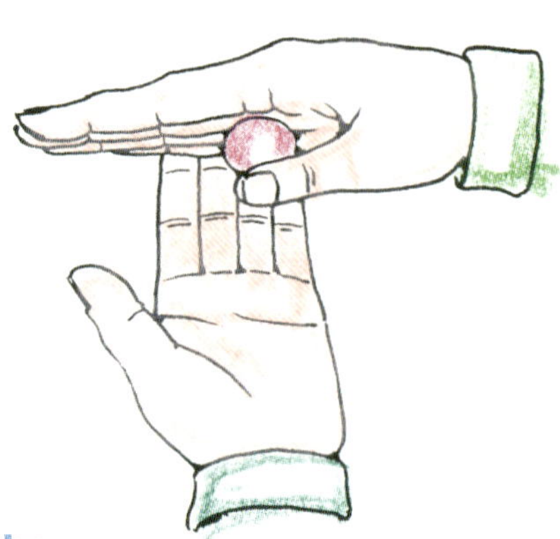

Falsche Übergabe

Fingerpalmage

Jigger Chop Cup

Das „Jiggerspiel" ist eine Variante eines Klassikers der Zauberkunst, dem „Becherspiel". Wir beschränken uns hier auf eine Routine mit einem Jigger und erklären die Grundtechniken dieses wunderschönen Kunststücks.

AUS DER SICHT DES GASTES

Sie zeigen Ihren Gästen einen Jigger und einen Ball. Den Ball stecken Sie in Ihre Hosentasche, machen eine magische Bewegung, und der Ball erscheint wieder unter dem Jigger. Zum besseren Verständnis wiederholen Sie diesen Vorgang noch einmal. Wobei die Zuschauer ganz deutlich sehen, dass der Ball in die Hosentasche geht.

Eine magische Bewegung, und der Ball erscheint wieder unter dem Jigger. Für ganz ungläubige Gäste wiederholen Sie diesen Vorgang ein drittes Mal.

Der Ball kommt in die Hosentasche. Sie lassen ihn nun von der Hosentasche durch Ihren Körper unter den Jigger wandern, wobei er sich noch vergrößert hat.

REQUISITEN

1 Jigger, 2 Bälle und eine Abschlussladung, z. B. eine Walnuss, einen großen Ball oder Ähnliches in dieser Größe.

PRÄSENTATION UND HANDHABUNG

Beim ersten Vorzeigen halten Sie den ersten Ball in der linken Hand, den zweiten, fingerpalmiert, in der rechten Hand, vom Jigger verborgen.

DIE FINGERPALMAGE

Als Palmagen bezeichnet man Griffe, mit denen man Gegenstände, wie z. B. Münzen, Bälle oder Karten, verbirgt und dabei die Hand so natürlich wie möglich hält. Dieser Griff ist die einfachste Methode, einen kleinen Gegenstand, wie hier einen Ball, zu palmieren, gleichzeitig auch die natürlichste. Der Ball wird mit Mittel- und Ringfinger festgeklemmt. Ein weiterer Vorteil dieser Palmage liegt darin, dass man die Hand scheinbar leer vorzeigen kann.

Beim Abstellen des Jiggers legen Sie den Ball darunter. Jetzt geben Sie wie folgt den Ball scheinbar in die linke Hand.

DIE FALSCHE ÜBERGABE

Halten Sie den Ball in der Position der Fingerpalmage, und legen Sie einfach in dem Moment, in dem der Ball in die linke Hand fallen würde, den Daumen auf den Ball. Lassen Sie Ihre rechte Hand locker fallen, wobei Sie den Ball in der Fingerpalmage halten.

Stecken Sie den Ball scheinbar in die linke Hosentasche. Sie ergreifen den Jigger von oben und heben ihn so an, dass der Ball nach vorne rollt. Die Aufmerksamkeit der Gäste liegt auf dem erschienenen Ball, und Sie können jetzt gefahrlos den Ball unter die 2-cl-Hälfte legen.

Nun wiederholen Sie aus der Sicht des Gastes genau diesen Vorgang ein zweites Mal. Diesmal geben Sie für alle sichtbar den Ball in die Hosentasche, dabei nehmen Sie den großen Ball in der Fingerpalmage aus der Hosentasche. Wichtig: Noch bevor die linke Hand aus der Tasche kommt, heben Sie den Jigger an, um wieder die Aufmerksamkeit der Gäste auf den erschienenen Ball zu lenken. Geben Sie den Jigger mit der 4-cl-Hälfte in die linke Hand über den großen Ball und stellen ihn auf dem Tresen ab. Mit der Erklärung, dass es offensichtlich noch Zweifler unter den Gästen gibt, wiederholen Sie den Vorgang ein drittes Mal. Sie stecken den kleinen Ball sichtbar in die Hosentasche und behaupten, ihn jetzt durch Ihren Körper unter den Jigger wandern zu lassen. Nach einer magischen Bewegung zeigen Sie die Verwandlung des Balls und genießen den Applaus Ihrer Gäste.

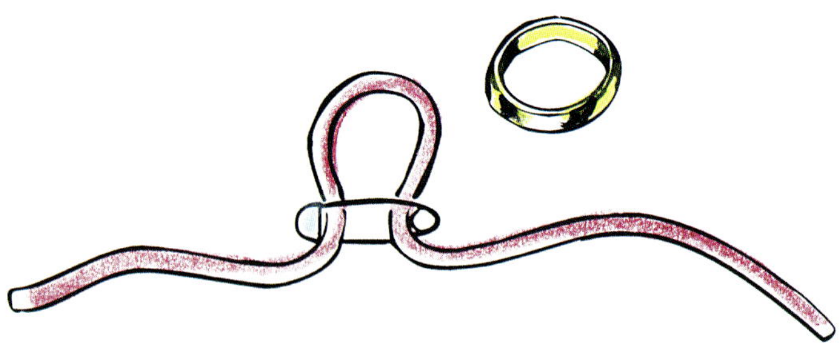

1

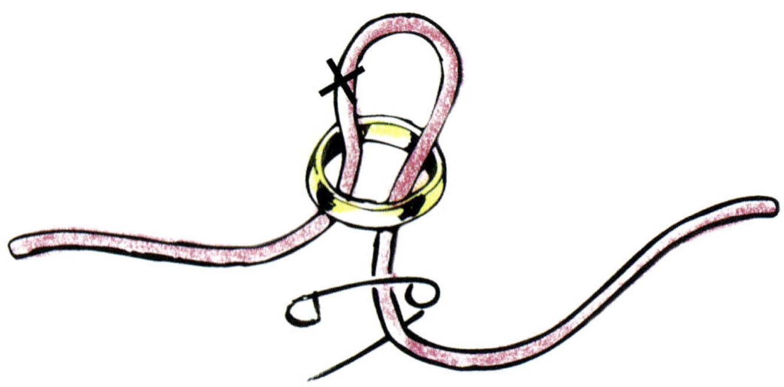

2

3

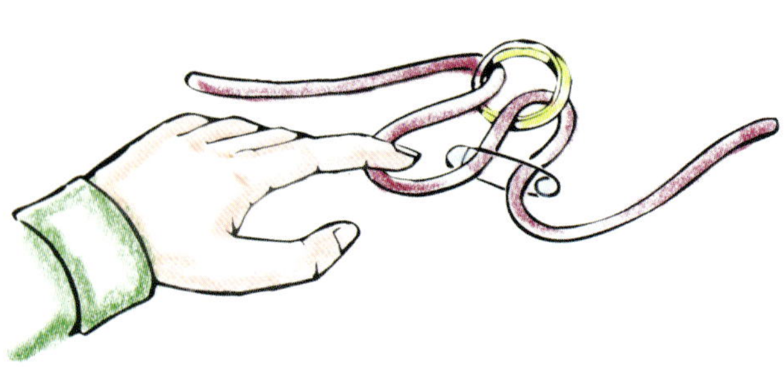

4

Das Ding mit dem Ring

AUS DER SICHT DES GASTES

Sie leihen sich den Ring einer Zuschauerin und fädeln diesen auf eine Schnur, obwohl beide Enden der Schnur die ganze Zeit von zwei Helfern festgehalten werden.

REQUISITEN

Um dieses Kunststück vorführen zu können, benötigen Sie eine etwa 60 cm lange Schnur, eine Sicherheitsnadel, ein blickdichtes Tuch, zirka 40 x 40 cm, und natürlich eine Zuschauerin. Schließlich brauchen Sie ja ihren Fingerring.

PRÄSENTATION UND HANDHABUNG

Zunächst lassen Sie die Schnur von der Zuschauerin untersuchen und legen sie dann parallel zur Tischkante vor sich auf den Tresen (die Schnur natürlich!). Dann formen Sie in der Mitte der Schnur ein „U" und fixieren die so entstandene Schlaufe mit der Sicherheitsnadel.

Jetzt legen Sie den entliehenen Ring vor die Schlaufe. Sie bitten nun zwei Gäste, die beiden Enden der Schnur zu halten, damit auch alles mit „rechten Dingen" zugeht. Betonen Sie nochmals die scheinbare Unmöglichkeit, den Ring auf die Schnur zu fädeln, und sagen Sie, dass dieses Werk nur mit Hilfe eines Geheimnisses vollbracht werden könne. Damit es auch weiterhin ein Geheimnis bleibt, legen Sie das Tuch über die Mitte der Schnur. Dies erzeugt meist einen Lacher, aber wichtiger ist die Rechtfertigung für das Tuch, die Sie auf unterhaltsame Art und Weise gegeben haben.

Jetzt geht die Arbeit für Sie erst richtig los. Sie müssen von nun an alle Handlungen mit den Händen unter dem Tuch vollziehen, also sozusagen „blind" arbeiten. Zum Üben lassen Sie am besten das Tuch erst einmal weg, auch in den Abbildungen haben wir das Tuch natürlich weggelassen. Sie gehen also mit beiden Händen unter das Tuch, öffnen sofort die Sicherheitsnadel und ziehen eine Seite der Schlaufe von der Nadel. Jetzt fädeln Sie den Ring auf die Schnur, genauso wie Sie es tun würden, wenn die Enden frei wären, nur mit dem Unterschied, dass Sie das Ende (noch!) nicht ganz durch den Ring ziehen können.

Stechen Sie jetzt die Sicherheitsnadel an der mit „X" markierten Stelle in die Schnur, und schließen Sie die Nadel wieder. Drücken Sie nun Ihre linke Zeigefingerspitze in die neu entstandene Schlaufe, aber drücken Sie nicht auf die Schnur.
Der größte Teil der Arbeit ist vollbracht, aber der Ring ist immer noch nicht auf der Schnur. Um das Werk zu vollen-

den, bedienen wir uns einer kleinen Frechheit. Der Ring ist schon da, wo wir ihn haben wollen, nur das linke Schnurende muss noch durch den Ring gezogen werden. Ihr Zeigefinger drückt auf den Tresen. Sie müssen jetzt den Eindruck vermitteln, als hätten Sie den Ring bereits aufgefädelt. Am besten, Sie lehnen sich zurück, entspannen sich und sagen laut und überzeugend: „Geschafft! Sie können jetzt loslassen." Sofort kommen Sie mit Ihrer rechten Hand unter dem Tuch hervor und nehmen dem Helfer rechts das Ende ab, während Sie den links dabei anschauen. Sobald beide Assistenten die Enden losgelassen haben, ziehen Sie langsam, aber zügig das rechte Ende nach rechts und nach oben unter dem Tuch hervor. Sie haben es tatsächlich geschafft, den Ring auf die Schnur zu fädeln. Geben Sie nochmals alles zum Untersuchen, die Zuschauerin darf ihren Ring selbst befreien, und Sie nehmen Ihren wohlverdienten Applaus entgegen, schließlich haben Sie soeben ein kleines Wunder präsentiert.

NACHGEDANKEN

Sollten Sie Bedenken haben, dass Ihre Helfer wirklich die Enden loslassen, dann denken Sie daran, wenn Ihre Assistenten davon überzeugt sind, dass Sie den Ring bereits auf der Schnur haben, dann haben diese auch keinen Grund mehr, die Enden noch länger festzuhalten. Sie können die Zuschauer aber auch einfach einen Finger auf die Schnurenden legen lassen. Es ist dann sehr leicht, den Finger hochzuheben.

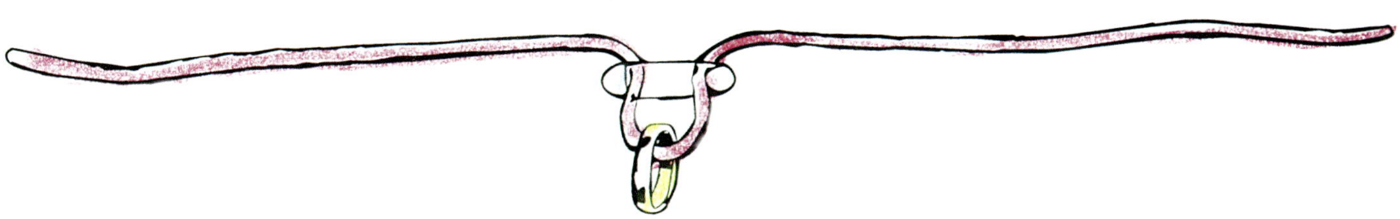

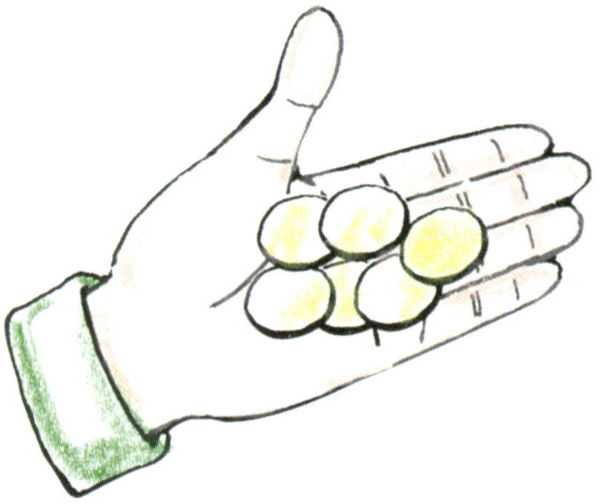

1

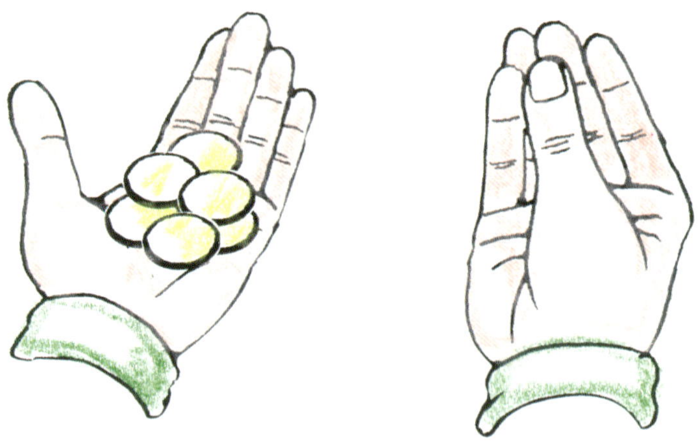

2

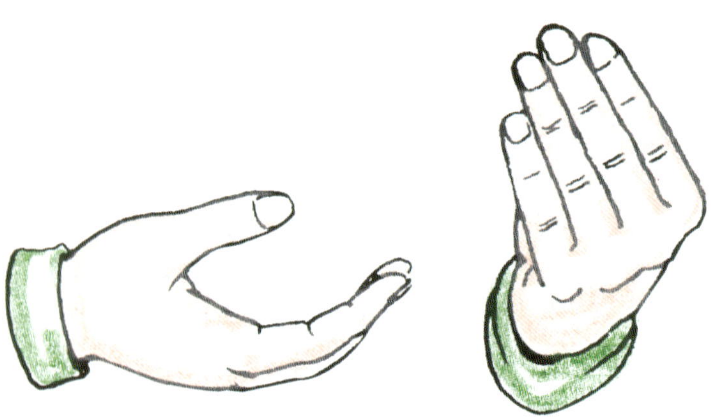

3

Für eine Hand voll Dollar

▶ AUS DER SICHT DES GASTES

Aus einer Hand voll Kleingeld nehmen Sie eine Münze, die Münze verschwindet. Sie nehmen eine zweite Münze, lassen auch diese verschwinden und zeigen Ihre Hände deutlich leer.

▶ REQUISITEN

Eine Hand voll Kleingeld.

▶ PRÄSENTATION UND HANDHABUNG

Am besten führen Sie dieses Kunststück bei passender Gelegenheit vor. Immer dann, wenn ein Gast beim Bezahlen eine Hand voll Kleingeld hervorholt, zeigen Sie diesen Trick. Ihre rechte Hand nimmt aus der Hand des Gastes eine Münze und gibt diese scheinbar in die linke Hand. Verwenden Sie dazu die „Falsche Übergabe" aus dem Kunststück „Jigger Chop Cup".
Zerreiben Sie die Münze in der linken Hand, und zeigen Sie so das Verschwinden. Sie wiederholen den Vorgang gleich noch einmal, wobei Sie genau das Gegenteil von dem, was Sie vorgeben, tun. Statt eine weitere Münze aus der Hand des Gastes zu nehmen, legen Sie die rechts fingerpalmierte Münze unbemerkt zurück. Nehmen Sie nur scheinbar eine Münze, übergeben diese mit den gleichen Bewegungen in die linke Hand, und zeigen Sie das Verschwinden. Sie können nun beide Hände leer zeigen.

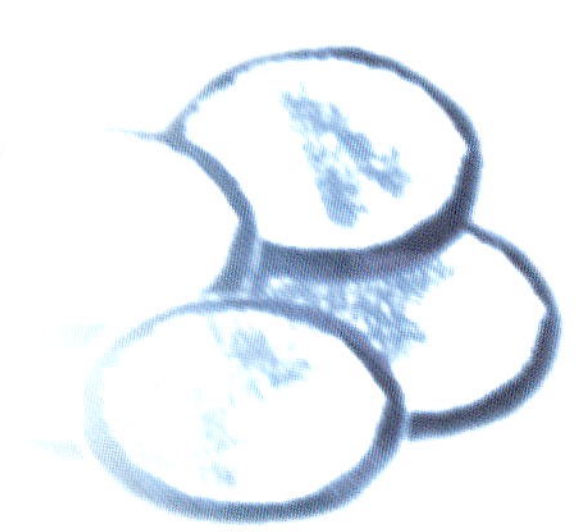

Münzendurchdringung

AUS DER SICHT DES GASTES

Sie drücken eine geliehene Münze sichtbar durch einen Bierdeckel in ein Glas.

REQUISITEN

Ein Glas, ein Bierdeckel und eine Münze in der rechten Hosentasche, z. B. ein 10-Cent-Stück.

PRÄSENTATION UND HANDHABUNG

Sie wollen Ihren Gästen die Durchdringung fester Materie zeigen. Sie erklären, dass Sie dazu eine Münze benötigen und stecken dabei beide Hände in Ihre Hosentaschen. Tun Sie so, als ob Sie nach etwas Kleingeld suchen, aber keines finden. Dabei nehmen Sie die Münze in der Fingerpalmage (siehe Jigger Chop Cup) aus der Tasche. Einer der Gäste hat bestimmt ein Geldstück, das Sie sich leihen können. Nehmen Sie die Münze des Gastes mit der rechten Hand, und zeigen Sie dabei ganz beiläufig das Innere Ihrer Hand mit Hilfe der Feinheit der Fingerpalmage leer vor. Legen Sie die Münze auf dem Tresen ab. Stellen Sie ein Glas daneben, und nehmen Sie mit der linken Hand einen Bierdeckel, den Sie in die rechte Hand direkt über die Münze legen. Den Bierdeckel, den Sie mit beiden Händen halten, legen Sie so über das Glas, dass die Münze zwischen Glas und Bierdeckel eingeklemmt liegen bleibt, ohne ins Glas zu fallen. Nehmen Sie nun das Geldstück vom Tresen und geben es scheinbar mit der „Falschen Übergabe“ aus „Jigger Chop Cup“ in die linke Hand. Die linke Hand tut so, als ob sie die Münze durch den Bierdeckel drückt. Dabei bewegen Sie den Bierdeckel gerade so viel, dass das verborgene Geldstück in das Glas fällt.

NACHGEDANKEN

Sie können das Geldstück natürlich auch schon bevor Sie sich die Münze leihen zwischen Bierdeckel und Glas laden. Damit haben Sie die Möglichkeit, die zweite Verschwindemethode aus „Eine Hand voll Dollar“ zu verwenden.

1

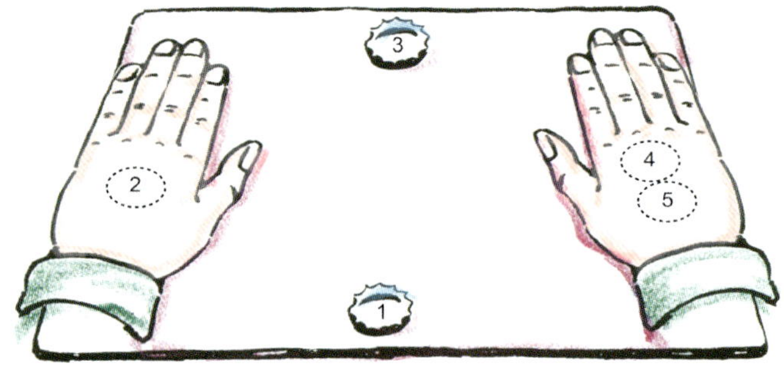

2

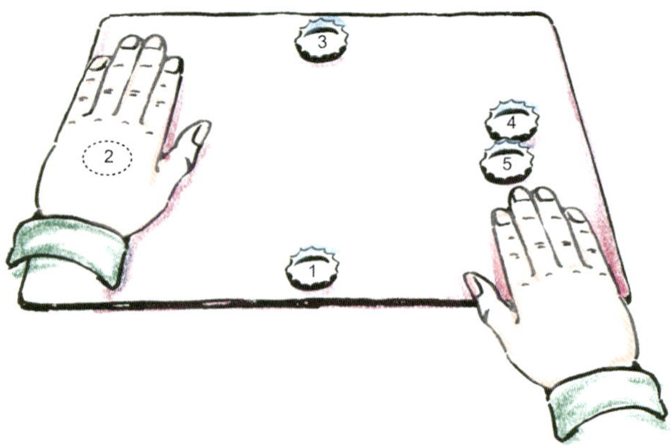

3

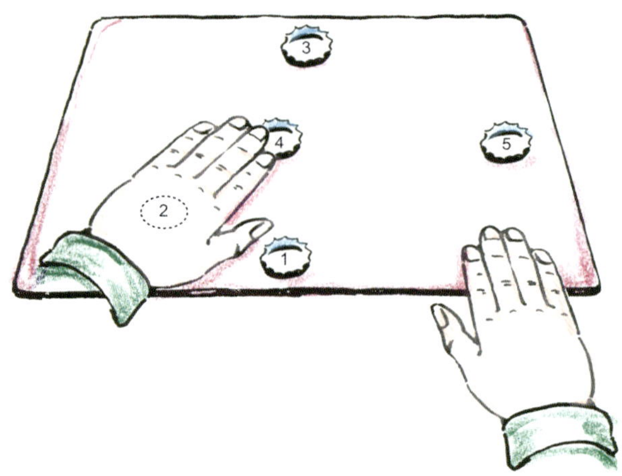

4

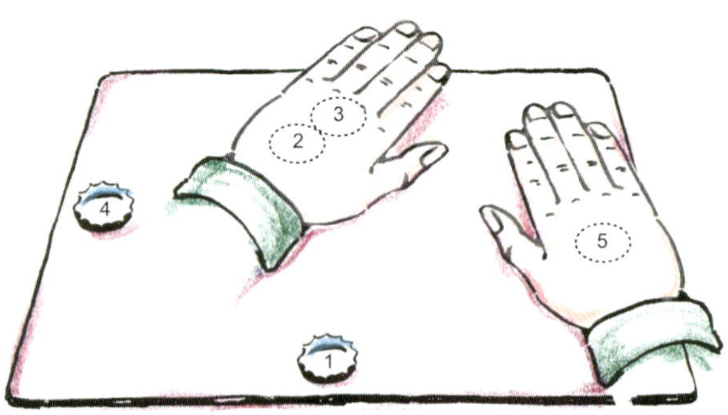

5

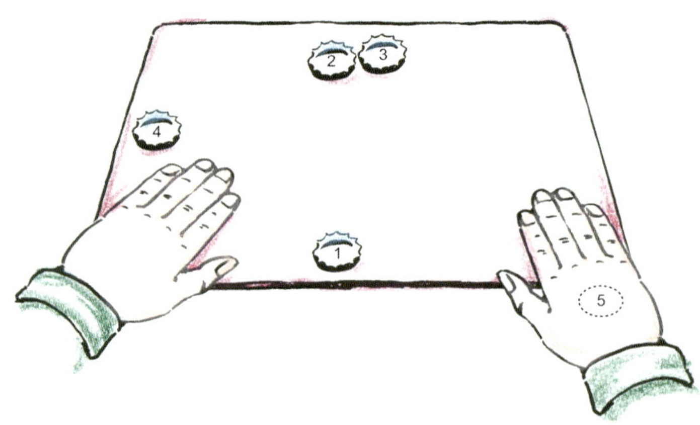

6

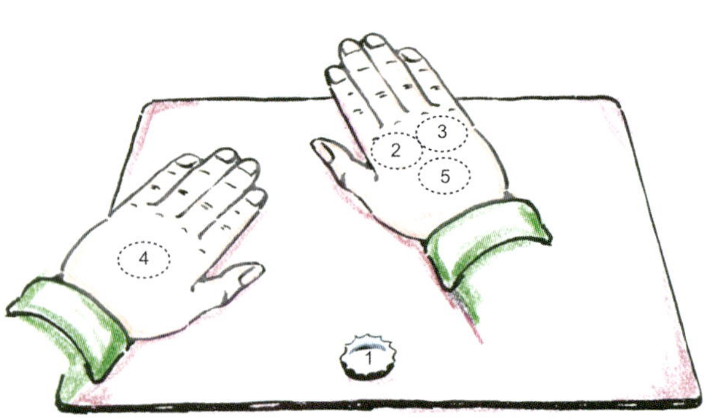

7

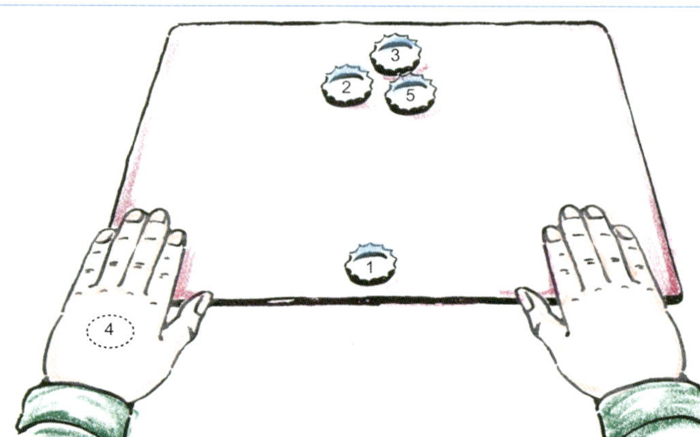

8

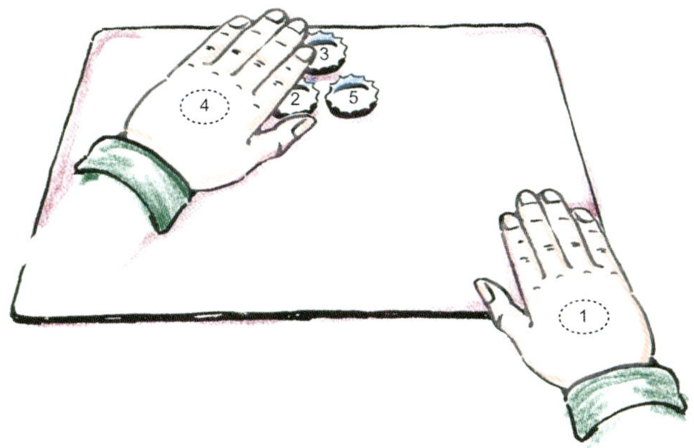

9

10

Chink a Chink

AUS DER SICHT DES GASTES

Sie zeigen Ihren Gästen 4 Kronkorken, die Sie in einem Quadrat auf den Tresen legen. Auf magische Art und Weise wandern die Korken hin und her, um sich am Ende unter einer Hand zu versammeln.

REQUISITEN

4 Kronkorken, 1 Extrakorken (außerhalb der Sicht der Gäste, jederzeit greifbar) und eine weiche Unterlage (oder ein Poliertuch).

PRÄSENTATION UND HANDHABUNG

Fragen Sie Ihre Gäste, ob sie schon jemals etwas vom „verhexten Bar-Quadrat" gehört haben. Wenn ja, dann zeigen Sie das „Ding mit dem Ring" und vergessen das mit dem Quadrat. Wenn nicht, dann breiten Sie Ihre Unterlage vor sich auf den Tresen, und holen Sie dramatisch Ihre 4 (vier!) Kronkorken hervor. Legen Sie sie in einem Quadrat aus. Den Extrakorken palmieren Sie in der rechten Hand. Befolgen Sie nun die einzelnen Schritte:

- Mit der linken Hand bedecken Sie Korken Nr. 2 (Nummerierung siehe Abb. 2), mit der rechten Hand Nr. 4. Dabei palmieren Sie Nr. 2 und lassen den Extrakorken Nr. 5 fallen. Heben Sie beide Hände an und zeigen die Wanderung.
- Den Korken (Nr. 4) schieben Sie offen an die Stelle von Nr. 2 zurück. Jetzt bedecken Sie mit der linken Hand Nr. 3, lassen den palmierten Korken los und palmieren gleichzeitig mit der rechten Hand Nr. 5. Zeigen Sie die Wanderung.
- Bedecken Sie mit der rechten Hand Nr. 3 und 2, lassen Sie Nr. 5 los und palmieren mit der linken Hand Nr. 4. Zeigen Sie die Wanderung.
- Bedecken Sie mit der linken Hand die 3 Korken, lassen Nr. 4 liegen, und palmieren Sie Nr. 1 mit der rechten Hand. Heben Sie zuerst die rechte Hand an, um zu zeigen, dass auch der letzte Korken gewandert ist. Gleich darauf heben Sie die linke Hand hoch. Gleichzeitig fällt Ihre rechte Hand an die Tresenkante und lässt den palmierten Korken z. B. in den Obstkorb (siehe „Das verschwindende Glas") fallen.

Das Ganze sollte flüssig und ohne Hast durchgeführt werden.

Hinweise zum Abschluss

▶ WIE MAN DIE KUNSTSTÜCKE ÜBT

Studieren Sie zuerst die Tricks, die Ihnen besonders gefallen. Lesen Sie die Beschreibung erst einmal ganz durch. Besorgen Sie sich dann alle Requisiten, die Sie für das Kunststück benötigen, und gehen Sie den ganzen Ablauf langsam Schritt für Schritt durch. Wiederholen Sie den Ablauf immer wieder, und Sie merken schnell, wo die meisten Schwierigkeiten auftreten. Diese Stellen üben Sie einzeln so lange, bis Sie den Ablauf flüssig beherrschen. Gehen Sie dann zur nächsten Schwierigkeit über, bis alle Probleme beseitigt sind. Jetzt üben Sie wieder das ganze Kunststück vor einem Spiegel oder besser noch vor einer Videokamera.

Führen Sie keinen Trick vor, den Sie nicht ausreichend einstudiert haben!

Am besten, Sie testen die Kunststücke erst einmal in der Familie vor Freunden oder Kollegen, die Sie ruhig nach ihrer Meinung fragen können. Sobald Sie hier überzeugen, ist die Zeit gekommen, auch Ihre Gäste mit Ihren Tricks zu verblüffen.

Grundregeln der Zauberkunst

- Selbst wenn Ihre Gäste noch so neugierig sind, erklären Sie Ihnen nie das Geheimnis eines Kunststücks. Sie nehmen sich und ihnen damit die Freude an der Illusion.
- Wiederholen Sie einen Trick nicht vor den gleichen Gästen am gleichen Tag.
- Nehmen Sie den Gästen nicht die Überraschung des Effektes, indem Sie zu ausführlich und zu detailliert beschreiben, was passiert.

Autoren dieses Beitrags:
Oliver Lah (Barmeister) & Frank Lupo (Zauberkünstler)

Externes Cocktailcatering – Events außer Haus

Seit vielen Jahren kennt man Essen, Trinken und Feiern außerhalb von Restaurants und Hotels. Firmen und Privatpersonen beauftragen Caterer mit diesem Geschäft. Dabei wurde das Getränkesortiment sehr eingeschränkt, im Angebot gab es meist Bier, Wein, Sekt und alkoholfreie Purgetränke sowie Kaffee.

Dies hat sich in den letzten Jahren geändert, und häufig werden von den Auftraggebern auch Angebote zu Mixgetränken erwartet. Es entstand besonders in den Großstädten ein bislang völlig unbekannter neuer Anbieter: der Cocktailcaterer.

Meist allein, aber auch in Kooperation mit einem Foodcaterer werden im ganzen Land die unterschiedlichsten Events durchgeführt.

Hierbei unterscheidet man in zwei Gruppen:

- Cocktailcatering mit Aktivverkauf
  (Drinks werden gegen sofortige Bezahlung angeboten)
- Cocktailcatering für Firmen oder Privatpersonen
  (Abrechnung erfolgt am Ende der Veranstaltung)

Die externe Produktion von Mischgetränken erfordert eine besondere Vorbereitung und ist mit einem normalen Bargeschäft nicht vergleichbar.

Das Getränkesortiment

GRUNDSÄTZE

Ein Catering ist keine komplette Cocktailbar und hat somit auch Einschränkungen. Das Risiko liegt bei der Einschätzung des Gästekreises und Anzahl der georderten Drinks. Auch die Dauer einer Veranstaltung ist ein wichtiger Punkt bei der Zusammenstellung der Getränkeauswahl.

Versuchen Sie, möglichst folgende Fehlerquellen zu vermeiden:

- zu große Auswahl an Mixgetränken
- ausschließlich klassisches Sortiment der Drinks
- zu großer Bedarf an unterschiedlichen Gläsern
- zu großer Bedarf an Mixware
- zu kleiner Eisvorrat
- nicht ausreichender Vorrat an Garnituren

Optimieren Sie das Angebot der Drinks:

- Mehrfachverwendung der Gläser
- Mehrfachverwendung der Spirituosen
- variable Garnituren

ALLGEMEINE EMPFEHLUNG

- je nach Absprache nicht mehr als etwa 10 alkoholische Getränke (Fancy & Caribbean Drinks, Trendgetränke)
- mindestens 3 alkoholfreie Mixgetränke unterschiedlichen Geschmacks
- Sonderwünsche nach Absprache
  (saisonale Abhängigkeit prüfen)

Cocktailcatering

Die Ausrüstungsliste (Equipment)

- Mobiltresen mit 2 Arbeitsplätzen und Schnellspüleinheit
- Thermoeisboxen für Eiswürfel und Crushed Ice
- 1 Elektrikblender mit je 3 Blendbechern
- 2 Elektrikmixer mit je 2 Aufsätzen
- 4 Boston Shaker je Arbeitsplatz
- 2 Mixgläser
- 2 Barstrainer je Arbeitsplatz
- 2 Rührlöffel je Arbeitsplatz
- 1 Schneidebrett mit 2 Messern
- 1 Obstbowle für Früchte
- Condiment Holder für Fertiggarnituren
- Behälter für Trockengewürze (Zucker, Salz usw.)
- 4 Barrail-Matten
- 2 Arbeitspitcher für Werkzeuge, z. B. Löffel, Strainer
- 4 Muddler
- 2 Flaschenöffner
- 1 Weinöffner
- 2 Sektverschlüsse
- 1 Siphon oder Sodaspender
- 2 Bar Caddys
- 2 Messbecher für Purausschank von Whisk(e)y und Cognac
- etwa 20 Gießer
- 2 Eisschaufeln, mittel, 1 Eisschaufel, groß
- 2 Eiszangen
- etwa 10 Poure&More-Flaschen (Quart und 1/2 Gallone)
- 1 Eispickel

Die Gläser

GRUNDSÄTZE

- nicht zu großes Sortiment, mehrfach verwendbar
- sehr stabiles Glas
- ausreichende Menge der Glasarten
- leicht zu reinigen
- Sondersortiment: Champagner, Cognac, Whisk(e)y
- transportierbar in Boxen, Spüleinsätzen, Originalkartons

GLASFORMEN

Bewährt hat sich auf Grund seiner besonderen Eigenschaften das Sortiment der Firma Libbey/USA. Obwohl die Form und das Aussehen anfangs ungewohnt erscheint, haben sich diese Gläser tausendfach bewährt.
Beurteilen Sie das Glas erst, wenn sich der komplette Drink mit Garnitur darin befindet.

EMPFEHLENSWERTE AUSRÜSTUNGEN

- Highball
- Collins
- Special Highball
- Double Rocks/Rocks
- Squall Hurrican
- Napoli Grande

Die Auswahl der Gläser wird aber generell nach den Bedürfnissen und Vorgaben des Veranstalters erstellt.
Besondere Wünsche müssen auf ihre Realisierung geprüft werden.

Sonstige Ausrüstung

- Trinkröhrchen
- Zahnstocher
- Stirrer
- Tabletts (Service, Garnituren)
- Cocktailservietten
- Barschürzen (mit Reserve)
- Reserve für Oberbekleidung (T-Shirt, Bluse, Hemd)
- Geschirrtücher
- Wischtücher
- Spülmittel
- Müllsäcke
- Flaschenboxen
- Eimer für Schmelzwasser der Eisboxen
- Rückbar/Tisch
- Abdeckungen für Rückbar
- Arbeitshocker
- Champagner Bowle
- Licht oder Werbungsbeleuchtung
- Angebotstafel (eventuell Barkarte mit Ständer)
- Aschenbecher
- Aschenpinsel
- Streichhölzer
- Feuerzeug
- Humidor mit Befüllung
- Boxen für Szenedrinks (Flavoured Beer usw.)
- bei Outdoor Sonnenschirme
- eventuell Musikanlage
- eventuell Partybeleuchtung

Der Arbeitsablauf

GRUNDSÄTZE

Planen Sie die Zeit vor der Veranstaltung großzügig. Ein Catering ist nicht mit normalen Bar-Setups vergleichbar.

Der Arbeitsplatz sollte spätestens 30 Minuten vor dem Eintreffen der Gäste komplett fertig sein.

Gönnen Sie jetzt Ihren Mitarbeitern und sich eine Pause!

Jedes Catering hat seinen eigenen Charakter, und deshalb gibt es hier nur allgemeine Regeln.

SETUP

- Eisbevorratung aller Eisarten
- Garnituranfertigung (mit Lagerung)
- Caddy-Kontrolle
- Kontrolle der Mixwaren
- Kontrolle der Filler
- Herstellen der Premixer
- Wasser- und Energieversorgung prüfen
- Optischen Gesamteindruck prüfen
- Outfit der Mitarbeiter prüfen
- Einweisen der Hilfskräfte

PREPARATION

- Optimieren Sie durch samplerorder (Mehrfachbestellungen)
- Setzen Sie verstärkt Premixer im Bereich der Filler ein
- Arbeiten Sie überwiegend im dry blending
- Verwenden Sie so oft wie möglich Standardgarnituren
- Arbeiten Sie im freepouring

Cocktailcatering

Der Barhelfer

Kleine Aufträge bis etwa 50 Personen können auch allein durchgeführt werden, bei größeren Veranstaltungen ist der Einsatz eines Barassistenten unbedingt notwendig.

Die für die Cocktailproduktion zuständigen Mitarbeiter haben keine Zeit und Möglichkeit, Nebenarbeiten auszuführen.

Der Barhelfer ist vor der Veranstaltung in seinen Aufgabenbereich einzuweisen.

▶ AUFGABEN

- Schneiden von Obst oder Garnituren
- Ansetzen von Premixern nach Rezepturvorlage
- Bereitstellen von Gläsern
- Ergänzen von Mixwaren
- Leergut- und Restebeseitigung
- Abräumen und Einsammeln von Gläsern (eventuell spülen)
- Aschenbecherkontrolle
- Sauberkeit der Barrails und der Arbeitsflächen
- Arbeitsplatzaufbau und -abbau
- Eisergänzung, eventuell Herstellung von Crushed Ice
- Spülen von Equipment (Shaker, Blender, Mixer)

Alle Cocktailcaterings besitzen ihren eigenen, individuellen Charakter, je nach Art und Umfang der Veranstaltung. Besonders in der Vorbereitung sind sie teilweise zeitaufwendig und am Anfang auch schwierig einzuschätzen. Doch diese neue Form des Cocktailservice erfreut sich zunehmender Beliebtheit bei Firmen und Privatgästen.

In einigen Städten beginnt sich ein so genannter „Driveservice“ zu entwickeln, das heißt: Cocktail ins Haus! Ähnlich wie Pizzaanbieter kann man seine Drinks nun direkt in die Wohnung bestellen. Der Barkeeper mixt praktisch vor der Haustür im Auto und serviert sofort die Getränke.

Diese Art von Service ist in den Großmetropolen anderer Länder schon seit längerem bekannt und recht erfolgreich.

Nun noch einige wichtige Hinweise für Caterings vor Ort:

- Möglichst das Objekt vorher besichtigen
- Anschlussmöglichkeiten für Wasser und Strom prüfen
- Beleuchtung für Nachtstunden kontrollieren
- Genaue Absprache mit dem Veranstalter ist notwendig
- Notfallprogramm bei Outdoor (Regen, Wind) erarbeiten
- Unbedingt Eisreserven mitführen
- Spontane Verlängerung der Veranstaltung einplanen
- Waren- und Equipmentsicherung nach dem Ende organisieren

Tipp:
Legen Sie sich eine persönliche Fehlerliste an. Tragen Sie alle Pannen genau ein.

Haben Sie Geduld für Folgeaufträge, ein Bekanntheitsgrad stellt sich nach etwa 2 Jahren ein.

Die Preisliste (Übungsvorlage)

Tagesmiete mobiler Bartresen (2 Arbeitsplätze)	....	Euro
Tagesmiete mobiler Bartresen (1 Arbeitsplatz)	....	Euro
Tagesmiete der Spüleinheit	....	Euro
Grundpreis Auf- und Abbau	....	Euro
Grundpreis Auf- und Abbau ohne Mobiltresen	....	Euro
Barmeister Tagessatz (10 Stunden)	....	Euro
Barmeister halber Tagessatz (bis 6 Stunden)	....	Euro
Berufsbarkeeper Tagessatz (10 Stunden)	....	Euro
Berufsbarkeeper halber Tagessatz (bis 6 Stunden)	....	Euro
Servicekräfte Tagessatz (10 Stunden)	....	Euro
Spül- und Hilfskräfte (10 Stunden)	....	Euro
Barausstattung Tagesmiete (Maschinen/Ausrüstung)	....	Euro
Glasausstattung Sortiment (bis 80 Personen)	....	Euro
Glasausstattung ab 100 Personen, gestaffelt (Verlust wird berechnet)	....	Euro
Fahrtkosten An- und Abreise (je km) Firmenfahrzeug	....	Euro
Fahrtkosten bei LKW-Anmietung laut Angebot	....	Euro
Kosten für Anfahrtszeit/Abreisezeit	....	Euro
Warenkosten bei Beschaffung (nach Verbrauch)	....	EK + 20 % (Bsp.)
Beschaffung von Mixeis je Kilogramm	....	Euro
Tagesspesensatz je Arbeitskraft	....	Euro
Übernachtungen laut Angebot	....	nach Aufwand
Sonstige Aufwendungen	....	nach Aufwand

Alle Preise verstehen sich in Euro zuzüglich der gesetzlichen Mehrwertsteuer. Das Angebot ist freibleibend und gültig bis zum.................................

Bewerbungen für Bars

Sie haben nun sehr viel Zeit und Geld in Ihre Ausbildung investiert und Ihren Abschluss mit Zertifikat oder IHK-Prüfung bestanden. Der Weg zu einem interessanten Arbeitsplatz ist frei; falls Sie bereits einen haben, könnten sich andere Perspektiven eröffnen. Dass Bartender nicht lebenslang in einem Betrieb arbeiten, ist normal.
Genau wie Köche braucht man Erfahrungen in den verschiedenen Bartypen mit ihren Besonderheiten. Die Unterschiede allein von Hotelbar zu Hotelbar sind groß, und Szenebars haben wieder völlig andere Arbeitsbedingungen.
Sehr gute Erfahrungen kann man auch auf Cruiselinern und im Ausland sammeln. Da es auf der ganzen Welt Cocktailbars gibt, ist Arbeit in Hülle und Fülle vorhanden.

Bevor Sie sich für einen anderen Arbeitsplatz entscheiden, sollte man sich diesen anonym als „Gast" erst einmal ansehen. Besuchen Sie diese Bar dann in der „Druckzeit", so können Sie erkennen, wie oder ob professionell gearbeitet wird. Entspricht sie Ihren Vorstellungen, bitten Sie um den Namen des Besitzers oder die Anschrift des Betriebs. Erklären Sie Servicekräften und anderen Mitarbeitern nicht den Grund dafür. Haben Sie vom Chef einen Termin erhalten, müssen Sie sich gründlich vorbereiten, um einen guten Eindruck zu machen.
Nachfolgende Hinweise zu Bewerbungen sind mit Hilfe von orginal amerikanischen Unterlagen und aus praktischen Erfahrungen aufgearbeitet worden.
Viele Barbetreiber arbeiten nach einem vergleichbaren Muster im Vorstellungsgespräch.

Die häufigsten Fragen

- Wie lange arbeiten Sie schon als Barkeeper?
- Kommen Sie mit Menschen zurecht?
- Welche Qualifikation im Barbereich haben Sie?
- Wie viele Sprachen beherrschen Sie?
- Wie schnell können Sie Drinks zubereiten?
- Warum wollen Sie in unserer Bar arbeiten?
- Haben Sie schon mit Computerkassen gearbeitet?
- Wie viele Drinks beherrschen Sie auswendig?

Der Unternehmer will jetzt herausfinden, ob Sie für die Stelle geeignet sind. Er versucht, Ihre Persönlichkeit zu erkennen, die beruflichen Fähigkeiten und Talente.

Auch Fragen nach Freizeitinteressen und Ihrem „Lieblingsdrink" (sagen Sie nie Cola!) sind nicht unüblich.

Bevor Sie sich persönlich vorstellen, betrachten Sie sich selbst kritisch! Das äußere Erscheinungsbild sagt viel über Ihre Persönlichkeit aus.
Beherzigen Sie nachfolgende Tipps:

Damen

- Tragen Sie ein konservatives Kostüm oder Kleid (keine Jeans!)
- Make-up sparsam verwenden
- Nagellack (wenn überhaupt) in dezenten Farben
- Strümpfe nochmals prüfen (Ersatzstrümpfe!)
- Parfüm sehr dezent auflegen
- Keine Sonnenbrille
- Schmuck und Ringe sehr dezent
- Normale Straßenschuhe (keine Turnschuhe)

Herren

- Gründlich rasieren, möglichst keine Kinnbärte
- Normalfrisur, Haare nicht zu lang, aber auch nicht zu kurz
- Gut gebügelte Hose, Hemd mit „gedämpfter" Krawatte
- Kein schweres Aftershave oder Parfüm
- Piercings und, falls vorhanden, Tätowierungen verdecken
- Gut geputzte Schuhe in dunkler Farbe
- Keine Kugelschreiber im oder am Hemd

Das Gespräch

Man wird Sie freundlich, aber gezielt, „abklopfen". In vielen Ländern haben Bars keine Personalchefs, der Betreiber oder ein engagierter „Einstellungsprofi" wird sich mit Ihnen unterhalten. Verwenden Sie unbedingt die „Do's" und die „Dont's".

Grundsatz:
Seien Sie ehrlich!

Do's

- Sprechen Sie den „Gastgeber“ mit Namen an
- Seien Sie entspannt, aber selbstsicher
- Drücken Sie die Hand kräftig (Handrücken oben!)
- Warten Sie ab, bis man Ihnen einen Stuhl anbietet
- Halten Sie Augenkontakt (rechtes Auge)
- Lächeln Sie ab und zu
- Lassen Sie sich mit Antworten einen Augenblick Zeit
- Nicken Sie ab und zu, während Sie sprechen
- Sprechen Sie vorerst nur über arbeitsbezogene Dinge
- Danken Sie für das Gespräch und die Zeit

Dont's

- Lügen Sie niemals
- Sprechen Sie möglichst akzentfrei, vermeiden Sie Slangs
- Unterbrechen Sie Ihren Gesprächspartner nicht
- Rauchen Sie nicht, auch bei angebotener Zigarette
- Streiten Sie nicht über fachliche Themen
- Sprechen Sie nicht über körperliche Beschwerden, auch nicht aus der Familie
- Fragen Sie nie zuerst nach Urlaub, Gehalt, Prämien usw. Warten Sie dabei auf Angebote!
- Keine abfälligen Bemerkungen über frühere Arbeitgeber
- Sitzen Sie nie lässig auf dem Stuhl (Beinstellung!)
- Erklären Sie nicht mögliche andere Bewerbungen
- Setzen Sie den Chef nicht unter Zeitdruck
- Beenden Sie das Gespräch nicht (warten Sie ab)
- Bleiben Sie so lange sitzen, bis der Gesprächspartner aufsteht

Der Praxistest

Es kann vorkommen, dass man Sie zu Probearbeiten auffordert. Verlangen Sie dafür niemals eine Vergütung! Ist der Test im Anschluss an das Gespräch, gehen Sie darauf ein.
Wird ein anderer Tag vereinbart, nutzen Sie nochmals die Zeit zum Üben.

Mögliche Varianten

- Rezepttest (Abfragen von Standards)
- Vorführtest (z. B. Herstellen eines Mai Tai)
- Pouringtest (Kontrolle von Messübungen aus der Hand)
- Flairtest (je nach Barcharakter) – einfache Übungen aus dem Showprogramm

Andere Bewerbungsformen

Haben Sie nicht die Möglichkeit, sich direkt vorzustellen, erfolgt das in der Regel schriftlich, manchmal telefonisch.

Der Bewerbungsbogen ist von Land zu Land unterschiedlich, international ist er recht kurz, in der Regel zwei bis drei Seiten. Diese Unterlagen werden Ihnen zugesandt und müssen ausgefüllt werden.

▸ WICHTIGE HINWEISE

- Die Unterlagen vorab kopieren, falls Sie sich verschreiben
- Genau durchlesen, noch nichts eintragen
- Keine Fragen unbeantwortet lassen (mögliche Antwort: trifft nicht zu)
- Schreiben Sie in der Druckfarbe des Bewerbungsbogens (außer er ist weiß)
- Bei Gehalt eintragen: verhandelbar
der Stelle entsprechend
offen, nach Absprache
- Zwei bis drei gute Referenzen eintragen (viele Arbeitgeber rufen dort an!)
- Bei Arbeitsbeginn **sofort** eintragen

Bewerbungen für Bars

In Deutschland verfahren Sie bei schriftlichen Bewerbungen nach dem üblichen Standard. Beachten Sie, dass ein vorteilhaftes Foto beigelegt wird.

Telefontest

Bei Bewerbungen um Führungspositionen wie Barchef oder Manager können vom Arbeitgeber Rückrufe kommen. Es wird in der Regel der Tag und die Uhrzeit dafür vereinbart. Legen Sie sich alle notwendigen Unterlagen dazu bereit. Prüfen Sie Ihren Anrufbeantworter auf eventuell nicht angebrachte Ansagen.

Hinweis:
Während des Gesprächs ist es möglich, dass der Personalchef plötzlich in Englisch mit Ihnen spricht. Bereiten Sie sich unbedingt darauf vor (Schreibzeug, Wörterbuch, PC-Anwendungen).

Die Ablehnung

Nicht alle Bewerbungen sind erfolgreich, gehen Sie kritisch damit um. Sie sind nicht der einzige Bewerber, Absagen gehören einfach dazu. Das bedeutet nicht, jetzt aufzugeben. Möglicherweise sind Ihnen nur simple Fehler unterlaufen. Warum hat es aber nicht geklappt?

DIE WICHTIGSTEN GRÜNDE DER NICHTEINSTELLUNG

- zu spätes Erscheinen zum Gespräch (15 Minuten früher da sein!)
- übertriebenes Selbstbewusstsein (Arroganz)
- falsche Kleidung und Körpergeruch
- keine Persönlichkeit, zu wenig Ausstrahlung
- schlechte Aussprache, holprige Gespräche
- zu hohe oder zu niedrige Lohnvorstellungen
- schlechte Vorbereitung, schlampige Bewerbungsunterlagen
- mangelnde Barausbildung
- keine Bereitschaft, klein anzufangen
- Nachrede über andere Arbeitgeber
- falscher Händedruck („Bockwursthand“)
- zu wählerisch (Dienstzeiten, Überstunden)
- körperliche Beeinträchtigungen
- nicht teamfähig (Eigenbrötler, Besserwisser)
- „Fußbodenblick“ (keine Fähigkeit, Augenkontakt zu halten)
- Zeitdruck bei Vorstellung
- keine Karrierewünsche (persönliche Entwicklung)

Fazit

Die Arbeit an der Bar ist ein Frontjob, der die Leistungen des Hauses widerspiegelt.

Der Manager weiß, dass aktiver Verkauf nur über Persönlichkeit geht. Stammgäste bevorzugen „ihren Barkeeper“ und wechseln häufig, wenn er nicht mehr da ist.

Sie sind die Bezugsperson in einem lockeren Gästekreis und entspannter Umgebung.

Viele Hotelchefs oder F&B-Manager haben ihre Karriere an der Bar begonnen. Nutzen Sie diese Gelegenheit!

Später werden Sie ähnlich reagieren und nie vergessen, wie Sie angefangen haben – als professioneller Barkeeper!

Kapitel 31

Meine eigene Bar – Checkliste für Existenzgründer

Im letzten Kapitel des Buchs soll es um die Eigenständigkeit gehen.
Eingangs möchte ich erwähnen, dass nun keine betriebswirtschaftlichen Rechenbeispiele folgen. Ohne Fakten und Vorlagen ist dies ohnehin nicht möglich.

Die Praxis zeigt, dass viele Bartender irgendwann den Wunsch haben, einen eigenen Betrieb zu führen. Gesammelte Erfahrungen aus jahrelanger Tresentätigkeit sind auch eine ideale Grundlage dafür. Es gibt übrigens mehr Barleute als Köche, die diesen Schritt wagen.

Betrachten Sie nachfolgende Tipps nicht als Wirtschaftsberatung, sondern eher als grundlegende Gedanken für die Selbstständigkeit.

Konkrete Besprechungen sollte man vor dem Gang zur Bank mit einem professionellen Berater (z. B. FCSI) vorbereiten. Der finanzielle Aufwand dafür ist oft überschaubar und immer geringer als ein abzusehender Konkurs.

Rät man Ihnen ab, überdenken Sie Ihr Konzept nochmals in Ruhe, und suchen Sie nach anderen Möglichkeiten. Besser dann ein Top-Tender in Lohn und Brot, als mit wehenden Fahnen unterzugehen.

Mut gehört immer zu einem solchen Schritt. Die Bar aber bietet eine reelle Chance, die Selbstständigkeit umzusetzen. Nachfolgende Checkliste soll Ihnen dabei helfen, eine grundsätzliche Garantie stellt sie aber nicht dar!

Geschäftsidee

- Was ist meine Idee?
- Welchen Nutzen hat mein Angebot?
- Wo liegen die Risiken?
- Wie bekannt bin ich in meiner Stadt?
- Wie finanziere ich?
- Gibt es professionelle Mitarbeiter am Markt?

Markteinschätzung

- Welchen Gästekreis will ich erreichen?
- Wie viele Gäste kann ich zu welcher Zeit erwarten?
- Wie abhängig bin ich wirtschaftlich?

Konkurrenzanalyse

- Wie viele Bars gibt es bereits am Standort?
- Wie fachlich schätze ich deren Mitarbeiter ein?
- Welches Konzept verwirklichen diese Bars?
- Was kosten dort vergleichbare Getränke?
- Ist meine Idee neu, mein Angebot interessant?
- Wie werden Mitbewerber reagieren?
- Welche Serviceformen bieten andere Bars (Catering, Drive-Service)?
- Gibt es attraktive Verkaufsformen wie Happy Hour, Drink & Store, Aktionstage?

Standortanalyse

- Welche Verkehrslage habe ich?
- Wie viele Parkplätze sind vorgeschrieben – und wie viele habe ich wirklich?
- Bin ich wetter- oder saisonabhängig?
- Erzeugt mein Betrieb eventuell Nachtlärm?
- Hat die Stadt mindestens 15 000 Einwohner oder diesen Einzugskreis?
- In welcher Region liege ich?
- Welche Trinkgewohnheiten sind bislang im Ort üblich?

Geschäftsverbindungen

- Brauche ich eine Brauerei oder einen Getränkehändler zur Finanzierung?
- Habe ich Partner zur Finanzierung, die die Branche kennen?
- Welche Unternehmensform wähle ich?
- Wie viele Mitarbeiter brauche ich?
- Sind leistungsstarke Lieferanten in der Nähe?

Zukunftsaussichten

- Welche Branchenentwicklung findet in der Bar statt?
- Wie entwickelt sich in absehbarer Zeit die Gästefrequenz und Gästestruktur?
- Welche Neuorientierung im Barbereich ist möglich?
- Welcher Modewelle unterliegt eventuell meine Geschäftsidee?
- Welche zusätzlichen Leistungen am Gast kann ich umsetzen und halten?
- Sind in Zukunft in der näheren Umgebung Bargroßketten zu erwarten?
- Welche marktorientierte permanente Fachqualifikation kann ich nutzen?
- Habe ich genügend Deckung für eventuelle „Durststrecken"?
- Ist genügend Zeit für persönliche Gästebetreuung durch mich?

Sicher ließe sich die Liste noch beliebig lang fortsetzen. Versuchen Sie vorerst, alle Fragen ausführlich abzuklären und zu beantworten.

Zwischen Idee und Umsetzung können längere Zeiträume liegen. Lassen Sie den Mut nicht sinken, wenn der erste Versuch misslingt. Die Erfahrungen zeigen auch, dass eine Geschäftsübernahme mit neuem Konzept sehr erfolgreich sein kann.

Führen Sie lange vor Ihrer Planung eine Plus-Minus-Liste. Was mache ich auch so? Was lasse ich lieber bleiben?

Eine neue Bar ist nicht eine Frage des Alters, sondern eher eine Frage der mit Herz und Seele umgesetzten Erfahrung. Auch Sie können es sicherlich irgendwann!

Ich wünsche Ihnen dazu Erfolg, eine glückliche Hand und stets genügend Eis im Shaker!

Uwe Voigt
Barschule Rostock
American Cocktail College

Bezugsquellen für Barbetriebe

American Bar Concept, Düsseldorf
Am Wehrhahn 87
40211 Düsseldorf
Tel. (02 11) 35 78 10
Fax (02 11) 1 71 05 39

APS glass & Bar Supply, Hamburg
Obenhauptstraße 1
22335 Hamburg
Tel. (0 40) 48 00 31-44
Fax (0 40) 48 00 31-31

Bacardi GmbH
Hindenburgstraße 49
22297 Hamburg
Tel. (0 40) 3 39 50-0
Fax (0 40) 3 39 50-2 14

Bernard-Massard
Jacobstraße 8
54202 Trier
Tel. (06 51) 71 96-0
Fax (06 51) 71 96-3 10

Borco-Marken-Import Matthiesen GmbH & Co.
Winsbergring 14–22
22525 Hamburg
Tel. (0 40) 8 53 16-0
Fax (0 40) 85 85 00

Campari Deutschland
Bajuwarenring 1
82041 Oberhaching
Tel. (0 89) 2 10 37-0
Fax (0 89) 2 10 37-1 90

CITTI-Park, Rostock
Handwerkstraße 1
18069 Rostock
Tel. (03 81) 12 33-0
Fax (03 81) 12 33-2 46

Diageo
Europastraße 10
65385 Rüdesheim
Tel. (0 67 22) 1 22 22
Fax (0 67 22) 1 22 24

Eggers & Franke GmbH & Co. KG
Töferbohm 8
28195 Bremen
Tel. (04 21) 30 53-0
Fax (04 21) 30 53-1 10

Loóza Fruchtsäfte, Wolfra-Kelterei GmbH
Justus-von-Liebig-Straße 8
85435 Erding
Tel. (0 81 22) 4 11-1 69
Fax (0 81 22) 4 11-2 69

Pernod-Ricard Deutschland GmbH
Universitätsstraße 91
50931 Köln
Tel. (02 21) 43 09 09-0
Fax (02 21) 43 09 09-43

Schlumberger GmbH & Co. KG
Buschstraße 20
53340 Meckenheim
Tel. (0 22 25) 9 25-0
Fax (0 22 25) 9 25-1 51

Team Spirit Internationale Markengetränke GmbH
Hubert-Underberg-Allee 1
47493 Rheinberg
Tel. (0 28 43) 92 96-0
Fax (0 28 43) 92 96-3 91

Underberg AG
Hubert-Underberg-Allee 1
47493 Rheinberg
Tel. (0 28 43) 9 20-0
Fax (0 28 43) 9 20-2 87

Danksagungen

Uwe Voigt, Leiter und Gründer der Barschule Rostock

Als mich der Matthaes Verlag, Stuttgart, anrief und mir vorschlug, ein Barbuch zu schreiben, war ich zuerst etwas skeptisch. Woher die Zeit nehmen, wie macht man so etwas und andere Fragen ließen die Gedanken kreisen. Jetzt, am Ende, bin ich froh und stolz über diesen Auftrag.
Doch ohne Hilfe vieler Kollegen wäre dieses Werk kaum in dieser Form erschienen. Ein großes Dankeschön geht besonders an

- American Bar Concept, Düsseldorf, Kent Steinbach
- APS glass & Bar Supply, Hamburg
- Bacardi Deutschland, Hamburg
- Borco-Marken-Import, Hamburg
- Campari Deutschland, München
- Eggers & Franke, Bremen
- Foodservice Consultants Society International, Louisville, KY, USA
- Pernod-Ricard Deutschland, Köln
- Schlumberger, Meckenheim
- AIDA Cruises
- Team Spirit, Rheinberg
- CITTI-Park, Rostock
- Deutsche Barkeeper-Union, Hamburg, Bernhard Stöhr
- Hoffmann & Reichelt Fotodesign, Delmenhorst
- Robin Weiß, Präsident der FBA, Deutschland
- Oliver Lah, Barmeister, Berlin
- Frank Lupo, Zauberkünstler, Berlin
- Gerd Emersleben, Servierobermeister, Rostock
- Dietrich Bock, Erkrath-Hochdahl, Buchautor
- Viele Barbetriebe in Rostock und Berlin (für Fotoaufnahmen)
- Manuela Fallet, Sekretärin, Barschule Rostock
- Gabriela Voigt, Geschäftsführerin Barschule Rostock

Natürlich gilt ein ebenso herzlicher Dank meinen Lektoren beim Matthaes Verlag.
Ohne ihre Unterstützung, ihr professionelles Wissen und die vielen hilfreichen Tipps wäre dieses Werk kein Fachbuch geworden.

Nicht zu vergessen und mit unermüdlicher Geduld im Hintergrund meine Frau Gabi, die mir monatelang geduldig und rücksichtsvoll den Rücken freigehalten hat.

Allen Schülern und besonders den Teilnehmern des Barmeisterkurses 2001, welche tapfer auch die ungewöhnlichste Rezeptur probiert haben, wünsche ich mit diesem Handbuch für Berufsbarkeeper angenehme Erinnerungen an Rostock und eine glanzvolle Zukunft an dem faszinierenden Arbeitsplatz „Bar“.

Uwe Voigt
Barmeister & Inhaber der Barschule Rostock

Portrait der Barschule Rostock

Die Barschule Rostock, American Cocktail College wurde als gastronomische Privatschule 1992 gegründet. Sie widmet sich der Ausbildung von Berufsbarkeepern mit folgenden Einzelkursen:

- Bartechnik & Bartechnologie
- American Bartender
- Professional Bartender
- Barmixer/IHK
- Barmeister/IHK
- Cocktailcatering
- World of Spirits

Zusatzkurse erweitern und ergänzen die Grundausbildung im Barbereich:

- Grundlagen des Flair Bartending (Stufe 1)
- Extreme Bartending (Show Stufe 2 und 3)
- Close up Magic (Barzauberei)
- Wein, Champagne & Co.
- Hobbymixer

Das Gütesiegel des Zentralverbands für Aus- und Weiterbildungs Mecklenburg-Vorpommern wurde 1996 zuerkannt. Durch das Bildungsministerium des Landes Mecklenburg-Vorpommern erhielt die Barschule Rostock 1998 den Titel „Staatlich anerkannte Einrichtung der Weiterbildung".

Zum erweiterten Programm der Cocktailschule gehören unter anderem:

- Ausbildung vor Ort für Berufsfachschulen
- Personaltraining für Hotelketten und Barbetriebe
- Crewtraining für Cruiseliner an Bord
- Einrichtungsberatung für Cocktailbars
- Lehrgänge des Berufsförderungsdienstes der Bundeswehr
- Beratung und Personaltraining für Bar- und Hotelketten im Ausland
- Anonyme Qualitäts-Checks, auch im Ausland
- Externes Cocktailcatering und Messebetreuung
- Crewtraining für Fluggesellschaften
- Betreuung von Ferienclubs der Reiseveranstalter
- Training für Einzelpersonen

Einige unserer Kurse werden jährlich in den Städten Berlin, sowie in El Gouna/Ägypten durchgeführt.

Wir sind in folgenden Mitgliedsverbänden vertreten:

- Deutsche Barkeeper-Union e. V.
- Deutscher Hotel- und Gaststättenverband
- Flair Bartender Association, Germany
- Verband der internationalen Fachberater und Fachplaner (FCSI)

Die Trainings- und Ausbildungsräume der Barschule Rostock sind mit modernster amerikanischer Technik ausgestattet. Es wird nach den Rules der Internationalen Bartender Association (IBA) ausgebildet.

Trainerteam:

- Antje Gühlke, Barmeisterin, Restaurantmeisterin
- Torsten Bechmann, Barmeister
- Dennis N. Schulz, Barmeister
- Gerd Emersleben, Restaurantobermeister

Alle Trainer der Barschule besitzen Meisterabschlüsse und verfügen über internationale Erfahrungen. Auch sind unsere Trainer IHK-berufene Prüfer der Ausbildungsstufen IHK-Barmixer und IHK-Barmeister.

Kontaktadresse:

BARSCHULE ROSTOCK
American Cocktail College
An der Jägerbäk 3, D-18069 Rostock
Tel. +49 (03 81) 8 00 10 46
Fax +49 (03 81) 8 00 10 46

E-Mail: *BarschuleRostock@t-online.de*
Internet: *www.barschule-rostock.de*
www.barschule-rostock.com
www.barschule.de

Quellenverzeichnis der Fachliteratur

- **Die Bar**
  Nano Rigamouti und Rolf Holderegger
  Unico Verlag, St. Gallen, 1993

- **Erlesene Cocktails für private Gäste**
  Dietrich Bock
  Selbstverlag, 1997

- **Guide to Tequila**
  Laurence Kretchmer, Black Dog & Leverthal Publishers
  New York, 1998

- **Smoothies**
  Mary Corpening Barber, Cronick Books
  San Francisco, 1997

- **The Martini Book**
  Sally Ann Berk, Black Dog & Leverthal Publishers
  New York, 1997

- **Whisky & Whiskey**
  Jim Murray, Lichtenberg Verlag, München, 1997

Diverse Ausbildungsunterlagen folgender Berufskurse der Barschule Rostock (Staatlich anerkannte Einrichtung der Weiterbildung):

- American Bartender
- Barmixer/IHK
- Barmeister/IHK
- Cocktailcatering & Cruiselinertraining
- Flair Bartending
- Close up Magic

Grundrezepturen und originale Herstellungen wurden gesammelt in

- arabischen Länder
- Australien
- Kanada
- Europa
- Indien
- den USA und auf karibischen Inseln
- Malaysia
- Mexiko

Unser besonderer Dank für die Bereitstellung der Vorlagen für die Abbildungen auf den Seiten 11, 12 und 13 gilt Herrn Dietrich Bock, Autor des Buchs „Erlesene Cocktails für private Gäste“.

Alphabetisches Rezeptregister

Impressum

ISBN: 978-3-87515-018-6

2., überarbeitete Auflage 2007

Satz und Gestaltung: Schrift & Bild Nienaber GmbH, Verden
Fotografie: Hoffmann & Reichelt, Delmenhorst
Beveragestyling: Gabriela Voigt, Barschule Rostock

Gesamtherstellung: Matthaes Druck, Stuttgart

Printed in Germany